高等院校国际经济与贸易专业系列教材

国际贸易实务

（新形态版）

主　编　胡　跃
参　编　邵明杰　蓝振峰　周慧燕

机 械 工 业 出 版 社

本书结合当前我国对外贸易发展的时代背景，根据最新修订、颁布的《Incoterms 2020》《UCP600》等国际贸易惯例，通过实地调研外贸企业对外贸人才的需求编写而成。

本书以外贸业务为主线，按进出口业务的三个环节展开，分别对交易前的准备、进出口合同条款的谈判和磋商、进出口合同的履行进行了全面的论述，最后介绍当前国际贸易中比较普遍采用的贸易方式。本书反映国际贸易最新知识点。每章章末都配有本章小结、思考与练习，方便读者对各章的重点和难点问题进行复习。本书线上资源丰富，在相应内容处设置了二维码，读者只需要扫描二维码，就可以随时随地观看在线视频或在线做题。

本书内容新颖，结构合理，重点突出，具有较强的系统性与逻辑性，注重技能训练，易于自学。本书既可作为高等院校经济类、管理类专业的“国际贸易实务”课程教材，也可作为在外贸、运输、保险、银行、海关、商检等相关机构实际工作的专业人员的培训教材和参考读物。

图书在版编目（CIP）数据

国际贸易实务：新形态版/胡跃主编．—北京：机械工业出版社，2020.8（2022.1 重印）
高等院校国际经济与贸易专业系列教材
ISBN 978-7-111-66165-8

Ⅰ.①国…　Ⅱ.①胡…　Ⅲ.①国际贸易－贸易实务－高等学校－教材　Ⅳ.①F740.4

中国版本图书馆 CIP 数据核字（2020）第 132878 号

机械工业出版社（北京市百万庄大街 22 号　邮政编码 100037）
策划编辑：常爱艳　责任编辑：常爱艳　刘　静
责任校对：张玉静　封面设计：鞠　杨
责任印制：常天培
北京机工印刷厂印刷
2022 年 1 月第 1 版第 3 次印刷
184mm×260mm · 15 印张 · 334 千字
标准书号：ISBN 978-7-111-66165-8
定价：44.80 元

电话服务	网络服务
客服电话：010-88361066	机　工　官　网：www.cmpbook.com
010-88379833	机　工　官　博：weibo.com/cmp1952
010-68326294	金　　书　　网：www.golden-book.com
封底无防伪标均为盗版	机工教育服务网：www.cmpedu.com

前　言

国际贸易实务，又称进出口贸易实务，是经济贸易类专业的核心课程。该课程以外贸业务为主线，以国际贸易惯例为主要依据，重点研究商品品质、数量、包装、价格、装运、保险、支付等贸易合同条款及贸易合同的签订与履行。通过该课程的学习，要求学生理解和掌握国际贸易惯例，理解进出口合同各项条款，掌握进出口业务的流程，了解有关国际贸易的单据格式与内容，做到能正确拟订合同条款，熟练填制进出口合同，培养学生厘清进出口业务流程的能力，也为后续国际商务单证、外贸函电、国际结算、国际贸易综合模拟等课程的开展奠定必要的基础。

编者结合当前我国对外贸易发展的时代背景，根据最新修订、颁布的《Incoterms 2020》《UCP600》等国际贸易惯例，通过实地调研外贸企业对外贸人才的需求，突出应用型本科人才培养的特点编写了本书。

与国内同类教材相比较，本书的主要特点如下：

(1) 以外贸业务为主线。按进出口业务的三个环节展开，分别对交易前的准备、进出口合同条款的谈判和磋商、进出口合同的履行进行了全面的论述，最后介绍当前国际贸易中比较普遍采用的贸易方式。本书的专业性、实用性和针对性都比较强。

(2) 反映最新知识点。本书在编写过程中，结合最新修订颁布的《Incoterms 2020》，对国际贸易术语章节进行了更新。每章章末都配有本章小结、思考与练习，方便读者对各章的重点和难点问题进行复习。

(3) 线上资源丰富。本书在相应内容处设置了二维码，读者只需扫描二维码，就可以随时随地观看在线教学视频或在线做题。

总之，本书内容新颖，结构合理，重点突出，具有较强的系统性与逻辑性，注重技能训练，易于自学。本书既可作为高等院校经济类、管理类专业的“国际贸易实务”课程教材，也可作为在外贸、运输、保险、银行、海关、商检等相关机构实际工作的专业人员的培训教材和参考读物。

本书由宁波大学科学技术学院胡跃主编，邵明杰、蓝振峰和周慧燕参编。书中涉及的所有在线内容均由胡跃完成，全书由胡跃总纂定稿。

我们为选择本书作为授课教材的教师提供免费教学电子课件（PPT）、习题答案（含线上）和教学大纲，请联系责任编辑索取：changay@126.com。

本书在编写过程中参考了国内外有关国际贸易的文献资料，吸收了其中的一些成果，也得到了相关领域专家学者的大力支持，在此一并致谢。由于编者水平有限，不足之处在所难免，敬请同仁、读者不吝赐教。

编　者

教 学 建 议

1. 课程定位与作用

“国际贸易实务”是国际经济与贸易专业的核心课程。课程以外贸业务为主线，以国际贸易惯例为主要依据，重点研究商品品质、数量、包装、价格、装运、保险、支付等贸易合同条款及贸易合同的签订与履行。通过该课程的学习，要求学生理解和掌握国际贸易惯例，理解进出口合同各项条款，掌握进出口业务的流程，了解有关国际贸易的单据格式与内容，做到能正确拟订合同条款、熟练填制进出口合同，也为后续国际商务单证、外贸函电、国际结算、国际贸易综合模拟等课程的开展奠定必要的基础。

2. 课程基本理念

课程以满足进出口业务的岗位知识体系为原则，既要考虑学生的现实基础，又要考虑新时期对本科教育人才培养的发展要求。在课程内容上，分为理论教学和实务模拟操作两大部分，在突出理论教学对实际业务指导作用的同时，有针对性地开展国际贸易中各环节的操作应用，锻炼学生的动手能力，突出应用型本科的教学特色。在教学设计上，基于“互联网 + 教学”的混合式教学方式，以学生为主体，培养学生掌握进出口业务流程的能力及正确拟订合同条款的能力，将素质教育的理念切实贯彻到日常的教育教学过程中。在教学评价上，采用过程性评价与终决性评价相结合的方式，突出学生对课程内容应用能力的考核。

3. 课程设计思路

针对课程以外贸业务为主线的知识体系特点，本着理论联系实际的原则，将课程主要设置为三大模块：贸易合同条款模块（第 1 ~ 8 章）、贸易合同签订和履行模块（第 9 章）、国际贸易方式模块（第 10 章），先学习贸易合同涉及的所有条款内容，再根据合同条款内容签订合同并履行合同，最后了解贸易方式。课程内容共分为 10 章讲授，各章的学时分配如下（以一学期 64 学时为例）：

教学内容		以工作任务为主型的教学（学时）	以知识讲授为主型的教学（学时）	小计（学时）
第 1 章	概述	—	2	2
第 2 章	商品的名称、品质、数量与包装	2	4	6
第 3 章	国际贸易术语	2	4	6
第 4 章	进出口合同价格条款	2	4	6
第 5 章	进出口合同装运条款	2	4	6
第 6 章	进出口合同保险条款	2	4	6
第 7 章	进出口合同支付条款	2	4	6
第 8 章	检验、索赔、不可抗力和仲裁条款	—	2	2
第 9 章	进出口合同的商订和履行	14	8	22
第 10 章	国际贸易方式	—	2	2
合计		26	38	64

为了提高学生的综合素质和技能，调动学生的积极性，建议采用线上线下混合式教学方法。在能力培养方面，主要采用仿真模拟操作的翻转教学改革，减少学生填制贸易合同的困惑，培养学生正确拟订合同条款、熟练填制进出口合同的能力。在素质培养方面，要求学生遵纪守法、廉洁自律，珍视国格和人格，严守国家机密和商业机密，自觉遵守外事纪律，遵守企业的各项规章制度，做到：对本职工作认真负责，忠于职守；努力学习，勇于实践；积极开拓，锐意进取。

4. 课程教学目标

(1) 总体目标

本课程的总体目标是让学生能独立、规范、正确地填制进出口合同，掌握国际贸易业务各流程。通过对课程的学习，学生能具备有关国际贸易商品价格计算、国际货物运输、国际货物运输保险、国际贸易货款结算等从事国际贸易相关业务工作的知识，打牢进出口合同各条款填制的基础，掌握国际贸易惯例下国际贸易术语、国际贸易支付的应用技能，建立高度的敬业精神和良好的职业道德观念，提高从事外贸业务的职业素养。

(2) 分类目标

1) 知识学习目标

① 掌握品质条款、数量条款及包装条款的基本内容，掌握合同中有关品质、数量、包装等条款的写作技巧。

② 了解有关国际贸易术语的国际惯例，掌握《Incoterms 2020》下国际贸易术语的含义，掌握 FOB（船上交货）、CFR（成本加运费）、CIF（成本加保险费、运费）三种主要贸易术语的风险、责任、义务及相关问题。理解主要贸易术语的区别与联系。

③ 掌握国际商品价格的构成及对外报价，掌握贸易术语间的价格换算、商品成本核算、佣金计算。

④ 了解国际海洋货物运输方面的基本知识，掌握班轮运输的特点及海运提单的性质、种类、内容，学会运费的计算，掌握海洋运输条款的写作技巧。

⑤ 掌握国际海洋货物运输保险的承保范围，掌握单独海损与共同海损的条件、计算和区别，掌握我国海洋货物运输保险的基本内容、保险条款的具体写作技巧。

⑥ 理解国际贸易中常用的各种支付工具，能够掌握最常用的四种支付方式——T/T（电汇）、D/P（汇款交单）、D/A（承兑交单）、L/C（信用证）的业务流程，理解这四种支付方式的应用。

⑦ 了解商品检验的意义、作用和有关检验证书，了解索赔条款的意义和内容，了解不可抗力的范围与条件，理解商品检验的时间和地点规定。

⑧ 理解国际贸易交易磋商的四个环节，掌握发盘、接受的构成条件，掌握国际贸易合同的填制要求。

⑨ 理解国际货物买卖合同履行的程序和步骤，掌握进出口合同履行各个环节应注意的问题。

2) 能力培养目标

① 能够结合货物进出口的具体情况，选择合理的贸易方式、运输方式、支付

方式及办理相应保险等业务的能力。

② 具备对外贸易成本核算并合理报价的能力。

③ 具备佣金、运费、保险费计算的能力。

④ 能够运用交易磋商的技巧与客户进行询盘、发盘、还盘直至接受。

⑤ 能够根据双方意图制订合同各条款，签订合法有效的贸易合同。

⑥ 具备履行进出口合同的能力。

⑦ 熟悉国际贸易惯例与法规，并将其应用于贸易的实际操作。

⑧ 具备制订工作计划的能力和解决实际业务问题的能力。

⑨ 具备较好的学习新知识和新技能的能力。

3）素质提升目标

① 提升学生诚实正直、严谨踏实等基本品性素质。

② 提升学生专业自信心，以及持之以恒、积极进取、自强不息的精神素质。

③ 提升学生职业定位、个人规划、挫折承受力等专业必备素质。

④ 提升学生从事外贸业务沟通、团队合作精神等交往素质。

⑤ 提升学生洞察力、应变思维、创造性意识、影响他人等能力素质。

目　录

第1章 概述

学习目标

- 掌握国际货物买卖合同条款的主要内容及其适用范围
- 理解国际贸易惯例的含义及特点
- 领会进出口业务的操作流程

1.1 国际贸易实务的研究内容

国际贸易实务（International Trade Practice），也称进出口贸易实务，是研究国际货物买卖的有关理论和实际业务操作的过程。作为国际经济与贸易专业必修的专业基础课程，国际贸易实务是一门具有涉外活动特点的实践性很强的综合性应用学科，它涉及国际贸易理论与政策、国际贸易法律与惯例、国际结算与汇兑、国际运输与保险、国际市场营销等知识的综合运用。

国际货物买卖是通过磋商、订立和履行国际货物买卖合同进行的。要订立和履行好国际货物买卖合同，必须掌握其条款的内涵和规定方法，熟悉合同磋商、订立履行合同的基本环节。由于世界各国存在法律上的不同规定和贸易习惯上的差异，当涉及买卖双方的利害关系时，经常会出现矛盾和博弈，面临各种困难和风险。因此，学会运用有关国际惯例和法律规则处理纠纷、防范风险是很有必要的。而今，国际货物贸易除了传统经营方式以外，还产生了融货物、技术、劳务和资本移动于一体的诸如加工贸易、补偿贸易、期货贸易、包销、代理等新的国际贸易方式。因此，"国际贸易实务"课程的研究内容主要涉及国际货物买卖合同条款、国际货物买卖合同管理和风险管理、国际贸易方式三个方面。

1.1.1 国际货物买卖合同条款

国际货物买卖合同条款是交易双方当事人在交接货物、收付货款和解决争议等方面的权利与义务的具体体现，也是交易双方履行合同义务的依据和调整双方经济关系的法律文件。按照各国法律规定，买卖双方可以根据"契约自主"的原则，在不违反法律的前提下，规定符合双方意愿的条款，这就必然导致合同的多样性。因此，研究合同中各项条款的法律含义及其所体现的权利和义务关系，是"国际贸易实务"课程最基本的内容。

国际货物买卖合同条款主要包括商品的名称和质量、数量、包装、价格、运输、保险、货款收付、检验、索赔、不可抗力和仲裁等。要学习并掌握合同条款的基本内容，相关业务知识和操作方法，以及合同条款的规定方法。

1.1.2 国际货物买卖合同管理和风险管理

1. 国际货物买卖合同管理

国际货物买卖是以合同为中心进行的，要经历交易磋商、合同的签订和合同的履行等过程。

进过交易前的准备，买卖双方取得业务联系，即可通过函电洽商或当面谈判等方式，就各项交易条件达成一致协议，合同即告成立。订立合同的过程，一般包括询盘、发盘、还盘和接受四个环节。其中发盘和接受是合同成立不可缺少的基本环节和法律步骤。经过磋商成立合同后，买卖双方就应本着“重合同、守信用”的原则，按照合同的规定在享有各自权利的同时承担各自应尽的义务。

2. 国际货物买卖风险管理

在进行国际货物买卖合同的过程中，不可避免地会遇到各种各样的风险。例如，合同一方当事人失信违约造成的合同风险，国际市场供求变化和价格波动带来的市场风险，国际货物运输面临的运输风险，国际货款结算遭遇的信用风险，政局动荡引发的政治社会风险等，都可能造成损失。采取有效的风险管理和防范措施，是交易得以顺利进行的重要保证。

1.1.3 国际贸易方式

由于国际经济关系的不断变化，国际贸易的迅速发展，国际贸易的方式也日趋多样化。除了通常采用的单边进口和单边出口之外，还有经销、代理、寄售、展卖、招标与投标、拍卖、对销贸易、加工贸易等多种形式。掌握这些贸易方式的做法、特点及作用是十分必要的。

1.2 国际货物买卖的特点

国际货物买卖与国内贸易相比，虽然都属商品交换范畴，但由于国际货物买卖是在国家（地区）与国家（地区）之间进行的，因此具有许多不同于国内贸易的特点。

1. 国际性

国际货物买卖是一项具有涉外性质的商务活动，在对外交往中不仅要考虑经济利益，还应配合外交活动，认真贯彻对外方针政策，切实按国际规范行事，恪守“重合同、守信用”的原则，树立良好的对外形象和信誉。

2. 复杂性

由于国际货物买卖涉及不同国家或地区，不仅在法律体系方面可能存在差异和冲突，很可能受到有关国家或地区对外贸易政策、措施、法律以及外汇管制等方面的制约，而且各国的语言文化、风俗习惯、宗教信仰也不尽相同，所涉及的问题和范围也要比国内贸易复杂。

此外，国际货物买卖地域广、期限长、中间环节多，这也使得国际货物买卖更为复杂。具体来说，国际货物买卖的每笔交易除了买卖双方之外，还涉及各种中间商、代理商以及国内外的运输、保险、港口、海关、检验与检疫、银行、政府机关等部门的协作与配合，或接受其监督与管理。交易过程的关系错综复杂，稍有不慎就可能造成损失或引起纠纷，以致提交仲裁或司法诉讼，从而影响交易的完成与合同的履行。

3. 风险性

由于国际货物买卖的交易数量和金额通常都比较大，从合同的磋商开始，一直到最后合同的履行，间隔时间往往比较长，货物由出口国到进口国都需要经过长途运输，有的还需要使用多种运输方式才能完成，加之国际市场广阔，交易双方相距遥远，国际贸易界的从业机构和人员情况复杂等诸多因素，故交易中容易产生欺诈活动，稍有不慎，就可能受骗上当，货款两空，蒙受巨大的经济损失。因此，买卖双方在交易过程中承担的商业风险、信用风险、商品风险、运输风险等比国内贸易大得多。

从事国际货物买卖还会受到交易双方所在国家政治、经济以及其他客观条件的影响，具有更大的不确定性，尤其是在国际局势动荡不定，市场竞争日益激烈，贸易摩擦时有发生，各国货币汇率浮动频繁，货物价格经常波动，政治、经济、金融危机难以准确预测的复杂背景下，买卖双方在交易过程中所承担的政治和政策风险、市场行情风险、金融汇兑风险等大大超过了国内贸易。

由此可见，国际货物买卖具有线长、面广、环节多、难度大、变化快等特点。这就要求从事进出口贸易的人员，不仅必须掌握国际贸易的基本原则、基本政策，而且还要掌握进出口贸易的基本知识、基本技能与方法，具备分析和处理实际业务问题的能力，提高整体素质，特别是要学会掌握国际市场的动态变化，善于随机应变，以确保社会经济效益的顺利实现。

1.3 国际货物买卖合同

进出口贸易是以国际货物买卖合同为中心而进行的，因此，国际货物买卖合同是国际货物买卖活动中最基本也是最主要的合同。国际货物买卖合同是营业地在不同国家（地区）的当事人之间达成的一方交付货物另一方支付货款的有关货物买卖诸事项的协议，是当事人双方各自履行约定义务的依据，也是发生违约行为时进行补救、处理争议的法律文件。订立好国际货物买卖合同对于当事人双方是十分重要的。

1.3.1 国际货物买卖合同的基本内容

一项有效的国际货物买卖合同必须具备必要的内容，否则就会使合同当事人履行义务、进行违约补救或是处理争议时造成困难。有些内容如未规定，甚至会导致合同无效。一般来说，国际货物买卖合同应具备以下五项基本内容：

（1）合同的标的。这项内容用以明确所交易的货物，主要包括商品的名称、质量、数量和包装条款。

（2）货物的价格。一般包括货物的单价和总价，或是确定价格的方法，有时还规定有关价格调整的条款。

（3）卖方的义务。主要规定何时、何地以何种方式交付货物，以及如何移交有关货物的单据和货物的所有权。

（4）买方的义务。主要涉及何时以何种方式支付货款和受领货物。

（5）争议的预防与处理。主要涉及商品检验、索赔、不可抗力、仲裁等事项的规定。

1.3.2 国际货物买卖合同适用的法律

由于国际贸易具有很多不同于国内贸易的特点，其交易环境、交易条件、贸易做法及所涉及的问题都比国内贸易更加复杂，也就更加容易产生争议。为保证国际货物买卖能够顺利进行，并得到法律的承认与保护，国际贸易业务必须符合法律规范。但由于国际贸易的当事人一般身处不同的国家或地区，具有不同的法律和制度，因此，国际货物买卖合同的当事人能够在不违反国家强制性法律规定的情况下自由约定合同内容，选择用于处理合同争议所适用的规范。国际货物买卖合同适用的规范可以是国际公约，也可以是某一国内法，还可以是国际惯例。

1. 国内法

国内法（Domestic Law）是指由某一国家制定或认可，并在本国主权管辖范围内生效的法律。但由于从事国际货物贸易的当事人地处不同国家，要遵守各自国家的国内法律制度，而不同国家的法律对同一问题往往会有不一致的规定，此时，一旦发生合同争议引起法律诉讼，就涉及适用何国法律作为争议处理依据的问题。为了解决这种“法律冲突”，一般以在国内法中规定“冲突规范”的办法加以解决。例如，我国《合同法》第一百二十六条规定：“涉外合同的当事人可以选择处理合同争议所适用的法律，但法律另有规定的除外。涉外合同的当事人没有选择的，适用与合同有最密切联系的国家的法律。”据此，除非法律另有规定，只要与国外当事人达成协议，我国当事人可以在合同中选择处理合同争议所适用的法律，既可选择适用我国法律，也可以选择适用对方国家法律或是双方同意的第三国法律或有关的国家条约。如果合同的当事人没有选择处理合同争议所适用的法律，则由受理争议的法院或仲裁机构根据合同具体情况选择认定“与合同有最密切联系的国家的法律”来处理争议案件。

有关国际货物买卖的国内法律主要有英国 1979 年修订的《货物买卖法》（Sale of Goods Act）和美国 1977 年修订的《统一商法典》（Uniform Commercial Code, U. C. C）等。

2. 国际条约

国际条约（International Treaty）是指两个或两个以上的主权国家，为确定彼此的政治、经济、贸易、文化、军事等方面的关系、权利和义务而缔结的诸如公约、协定和议定书等各种协议的总称。按照缔约方的数目，国际公约可划分为双边条约和多边条约（又称公约）。在国际贸易领域，影响力最大的当属国际多边条约，即由多个国家缔结的国际公约。国际条约依法缔结生效后，对当事各方都具有约束力，必须由当事各方自觉履行。对此，国际法上有一项“条约必须遵守”的基本原则，则缔结条约以后，各方必须按照条约规定，行使自己的权利，履行自己的义务，不得违反。因此，国际条约是国际贸易所应遵守的重要法律之一。

与我国对外贸易有关的国际条约主要是我国与其他国家缔结的双边或多边的贸易协定、支付协定，以及我国缔结或参加的有关国际贸易、海运、空运、工业产权、知识产权、仲裁等方面的协定或公约。其中，1988年1月1日正式生效的《联合国国际货物销售合同公约》（United Nations Convention on Contract for the International Sale of Goods，CISG）是与我国进行货物进出口贸易关系最密切、最重要的一项国际公约。《联合国国际货物销售合同公约》，简称《公约》，由序言和四个部分组成，共一百零一条。其序言中规定了公约的宗旨。其他四个部分为：①适用范围和总则；②合同的订立；③货物销售；④最后条款。我国于1986年12月11日加入该公约成为成员国，并对该公约提出了两项保留。

（1）关于公约适用范围的保留。根据《公约》第一条第（1）款a项的规定，如果合同双方当事人的营业地处于不同的国家，而且这些国家都是《公约》的缔结国，则《公约》就适用于它们之间订立的买卖合同。该项中的b项又规定，只要双方当事人的营业地处于不同的国家，即使他们的营业地所在国不是《公约》的缔约国，但如果按照国际私法的规则导致适用某一缔约国的法律，则《公约》亦将适用于这些当事人之间订立的国际货物买卖合同。这项规定的目的是为了扩大《公约》的适用范围。我国在核准《公约》时完全同意a项的规定，但对于b项规定提出了保留，不同意扩大《公约》的适用范围，我国认为《公约》的适用范围仅限于双方营业地分处于不同缔约国的当事人之间所订立的货物买卖合同。

（2）关于合同形式的保留。《公约》第十一条规定：“销售合同无须以书面订立或证明，在形式方面不受任何其他条件的限制。销售合同可以用包括证明人在内的任何方式证明。”按照此项规定，国际货物买卖合同不一定要以书面的形式订立或以书面来证明，在形式方面不受任何其他条件的限制，口头合同和书面合同均有效力。《公约》的这一规定同我国当时的《涉外经济合同法》关于涉外经济合同必须采用书面形式订立的规定是不一致的。因此，我国在核准《公约》时，对此提出了保留。但是，我国现行的《合同法》第十条已经不再要求合同必须采用书面形式订立，此规定已经与《公约》第十一条的规定相一致，我国对《公约》的这一保留现在已经没有实际意义了。

此外，《中华人民共和国民法通则》第一百四十二条又明确规定：“中华人民共和国缔结或者参加的国际条约同中华人民共和国的民事法律有不同规定的，适用国际条约的规定。但中华人民共和国声明保留的条款除外。”由此可见，根据“条约必须遵守”的原则，在法律适用的问题上，除国家在缔结或参加时声明保留的条款以外，国家缔结或参加的有关国家条约优先于国内法。

【案例分析1-1】

2017年2月，中国天津A公司与美国设在中国广州的外商独资企业B公司在大连签订了一份货物买卖合同。合同规定，由B公司向A公司出售一批移动电信设备，总金额为200万美元，交货地点为A公司设在沈阳的仓库。合同还规定，双方当事人如在合同履行过程中发生争议，可进行友好协商解决；如协商未果，提交仲裁，明确双方适用《联合国国际货物销售合同公约》。

试分析双方当事人对合同条款所做出的法律适用方面的选择是否恰当。

【分析】 有不妥之处。只有营业地分处不同缔约国才适用《联合国国际货物销售合同公约》，本案中，签订合同的双方营业地都在中国，中国天津A公司与美国设在中国广州的外商独资企业B公司在大连签订的货物买卖合同不是国际货物买卖合同。因此，双方规定所适用的法律为《联合国国际货物销售合同公约》有不妥之处。

3. 国际贸易惯例

国际贸易惯例（International Trade Practice）一般是指在国际贸易业务中经过反复实践形成的，并经过国际组织或商业团体加以解释和编纂成文的一些行为规范和习惯做法。《公约》第九条对国际贸易惯例所做的解释是：“在国际贸易上已为有关特定贸易所涉同类合同的当事人所广泛知道并为他们所经常遵守。”

法律与国际贸易惯例有着本质区别。国际贸易惯例本身不是法律，其适用条件是以当事人的意思自治为基础的。因此，国际贸易惯例对于国际贸易的双方当事人不具有普遍的强制性，只有当事人在合同中规定加以采用时才对合同当事人具有法律约束力。但目前国际贸易惯例与国际公约在强制力上的区别已经趋于淡化，采用国际贸易惯例已经成为国际上的一种趋势。与法律相比，国际贸易惯例具有可选择性、可变更性，能够弥补法律的不足，有利于解决进出口业务各环节可能遇到的问题，起到规范贸易行为、促进贸易正常进行的作用。在国际贸易实践中，运用国际贸易惯例，一般应遵循以下原则：

（1）国际贸易惯例的适用不能违背有关的法律和社会公共利益。国际贸易惯例对法律具有补充或解释的作用，因此，适用国际贸易惯例不得违背法院地或仲裁地所在国的社会公共利益，也不得与本案同时适用的某国法律规定相冲突，这是绝大多数国家的法律强制性规定的通则。此外，在一方当事人对该项国际贸易惯例的存在提出疑问时，仲裁员或法官可对其是否存在进行必要的举证和审查。

（2）国际贸易惯例的适用不能违背合同明确规定的条款。由于国际贸易惯例对当事人无普遍强制性，当事人在采用时可以对其内容进行更改或补充。如果买卖双方在合同中做出了不同于某项国际贸易惯例的规定，只要合同有效成立，双方当事人均要以合同规定为准履行各项义务。一旦发生争议，法院和仲裁机构也以合同为准维护其有效性。

（3）当事人未明确主张适用国际贸易惯例时，法官或仲裁机构有权主动适用有关的国际贸易惯例。如果双方在合同中既未排除，也未注明该合同适用某项国际贸易惯例，当发生争议时，受理争议案件的司法或仲裁机构往往使用某项国际贸易惯例进行判决或裁决。如果对于同一争议存在多个不同的惯例，则应考虑适用与具体交易有最密切联系的国际贸易惯例。

在国际贸易业务实践中，国际贸易惯例多种多样。关于贸易术语方面，被世界大多数国家的贸易商和银行广泛使用的国际惯例，是国际商会制定的《国际贸易术语解释通则》（International Rules for the Interpretation of Trade Terms，Incoterms）。此外，如国际法协会制定的《1932年华沙-牛津规则》（Warsaw-Oxford Rules 1932）、美国全国对外贸易协会公布的《1941年美国对外贸易定义（修订本）》（Revised American Foreign Trade Definition 1941）等也具有一定的影响力。关于国际货物收款的国际惯例主要有国际商会制定的《托收统一规则》（Uniform Rules for Collection，URC）、《跟单信用证统一惯例》（Uniform Custom and Practice for Documentary Credit，UCP）等。

1.4 进出口业务基本流程

由于每笔进出口贸易的交易方式和成本条件不同，其业务环节也不尽相同。各环节的工作，有的分先后进行，有的交叉进行，也有的齐头并进。但是，不论是进口贸易还是出口贸易，一般都包括交易前的准备、交易磋商和签订合同、履行合同等。

1.4.1 出口业务基本流程

1. 出口交易前的准备

出口交易前的准备工作主要包括下列事项：

(1) 进行国际市场调研。国际市场调研包括对进口国别地区的调研、对国际商品市场的调研和对目标市场客户的调研，其目的是了解市场状况，做到知彼知己，掌握主动，以制定正确的经营决策。

(2) 制定出口商品经营方案。出口商品经营方案是出口企业对出口商品在一定时期内所做的全面业务安排，以期实现企业的预期目标。其内容通常有国内货源情况、国外市场特点、计划安排和实现计划的措施等，具体包括目标市场选择、客户关系的建立、广告宣传的开展、贸易方式、价格（包括佣金与折扣）、支付条件以及出口商品成本和经济效益的核算等。

(3) 落实货源，制定出口商品的生产计划。

(4) 广告宣传。其目的是向国外客户和消费者介绍我国的出口商品。

(5) 对外建立业务关系。在做好以上工作的基础上，选定交易对象与之建立业务关系。这是正式开展业务的重要步骤，是能否达成交易的基础。

2. 交易磋商与签订合同

(1) 推销。进出口商要将产品打进国际市场，必须先开拓市场，寻找合适的交易对象。可以通过寄送业务推广函电（Sale Letter）或在计算机网络、国外杂志、报纸上刊登产品广告来推销自己，同时也可通过参加商展、实地到国外考察等途径来寻找交易对象，增进贸易机会。

(2) 询盘。又称为询价。进口商收到出口商的业务推广函电或看到广告后，根据自己的需要，对有意进一步洽商的出口商予以询盘（Inquiry），以期达成交易。

(3) 发盘。发盘又称为报价。出口商按买主来函要求，先向供货的工厂询盘，然后计算出口报价回函给进口商。这期间可能需要函电多次往返接洽，最后得到关于价格条款的一致意见。

(4) 签订合同。国外买主与出口商经一番讨价还价后，就各项交易条件达成一致，正式签订外销合同（Contract 或 Agreement）。外销合同可以由出口商起草，也可以由进口商起草。

3. 履行出口合同

出口合同的履行过程中包括备货、催证、审证、改证、租船订舱、报关报检、投保、装船和制单结汇等多个环节。

1.4.2 进口业务基本流程

1. 进口交易前的准备

进口交易前的准备工作主要有编制进口计划报批、选择目标市场和交易对象、制定进口商品经营方案等。具体应做好以下工作：

（1）合理安排商品采购数量与时间以及采购市场。根据国内需要的缓急和国际市场的具体情况，适当安排订货数量、订货时间和进口国别或地区，在满足国内需要的情况下争取有利的交易时机。

（2）选择合适的交易对象。根据不同的经营渠道，如制造厂商、代理商、经销商等，权衡利弊，选择信资好、经营能力强并对我方友好的客户作为重要交易对象。

（3）严格掌握交易价格。根据国际市场价格水平和经营意图，拟定价格掌握幅度，作为洽商交易的依据。

（4）灵活选择交易条件与贸易方式。根据商品的品种、进口地区、成交对象、经营意图、采购的品种和数量、贸易习惯做法等灵活选择交易条件与贸易方式。

2. 进口交易磋商与签订合同

进口交易磋商与签订合同的做法与出口贸易基本相同。但应特别注意以下问题：不要向同一地区过多询盘，防止国外商人乘机抬价；对不同国家或地区的报价要仔细综合比较，货比三家，选择适当的采购市场和供货对象；对合同交易条件的磋商应尽可能详细、具体，并争取有利的价格及其他交易条件。交易达成之后，需签署正式的书面合同，其形式和内容与出口合同相似，但名称多为购买合同和购货确认书。

3. 履行进口合同

进口货物大多数是按 FOB 条件并采用信用证方式成交，按此条件签订的进口合同，其履行的一般程序包括以下内容：

（1）开立信用证。签订进口合同后，买方应按合同规定向银行办理开证手续，按合同内容填写开证申请书，银行根据开证申请书内容开立信用证。如卖方收到信用证后提出修改信用证的请求，经同意后，可向银行办理改证手续。

（2）派船接运货物并办理保险。按 FOB 条件，买方在办妥租船订舱手续后，应及时通知卖方船名及船期，以便卖方备货装船。此外，买方还需办理保险手续，当进口货物装运后，应及时将船名、提单名、开航日期、装运港、目的港以及货物的名称和数量等内容通知保险公司。

（3）审单与付汇。银行收到国外寄来的汇票及单据后，对照信用证的规定，核对单据的份数和内容。如内容无误，即由银行对国外付款。如审核国外单据发现证、单不符时，应做出适当处理。

（4）报关、验收和拨交。进口货物到货后，需办理报验、报关手续，货、证经海关查验无误后，予以放行，由买方自行或委托货运代理提取货物并拨交给用户。

（5）办理索赔。进口商品常因品质、数量、包装等不符合合同规定，而需向有关方面提出索赔。根据造成损失原因的不同，可向卖方索赔、向轮船公司索赔以及向保险公司索赔。

1.4.3 信用证支付方式下的进出口流程

图1-1所示为信用证支付方式下的进出口流程。

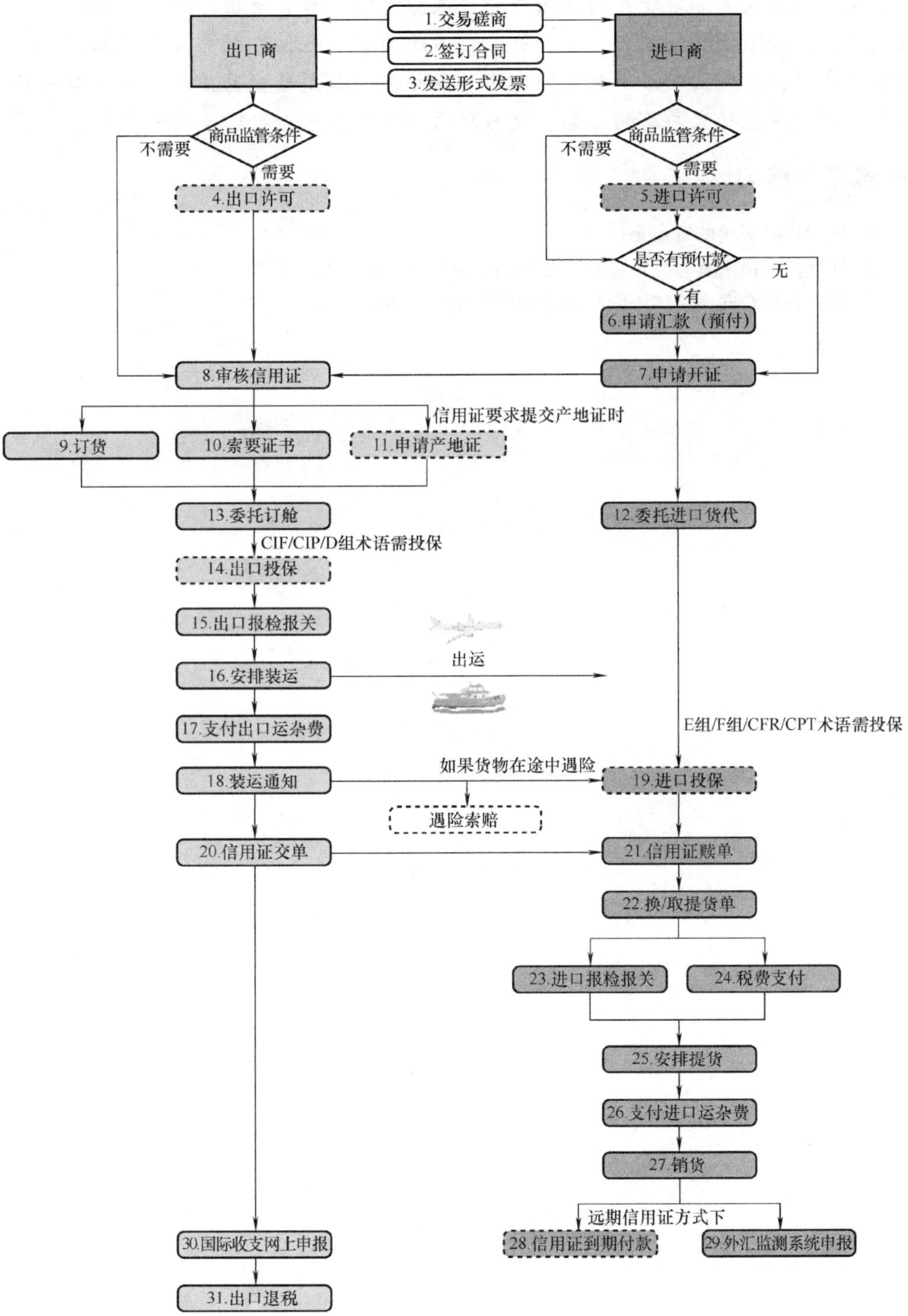

图1-1 信用证支付方式下的进出口流程

■ 本章小结

国际贸易实务是研究国际货物买卖的有关理论和实际业务操作的课程，其主要的研究内容涉及国际货物买卖合同条款。国际货物买卖具有国际性、复杂性和风险性的特点。国际货物买卖合同是营业地在不同国家（地区）的当事人之间订立的货物买卖合同，其适用的法律包括国内法、国际条约和国际贸易惯例。进出口业务的操作流程一般包括交易前的准备、交易磋商和签订合同、履行合同等。

■ 思考与练习

1. 国际货物买卖的特点是什么？
2. 国际贸易惯例具有什么特点？常见的惯例有哪些？
3. 如何看待合同、法律、国际贸易惯例之间的关系？

第2章 商品的名称、品质、数量与包装

学习目标

- 掌握标的物各条款的重要性
- 理解和掌握表示商品品质的方法和品质条款
- 掌握计量单位和计量方法，理解数量条款
- 掌握运输包装的标志

2.1 商品的名称

在国际货物买卖中，商品的名称是货物描述的重要组成部分，是不可缺少的主要交易条件。按照有关的法律和惯例，如果卖方所提交的货物与合同约定的商品名称不符，买方有权提出损害赔偿、拒收货物或撤销合同。因此，商品的名称条款是重要的合同条款之一，其内容一定要明确具体，尽可能符合国际上的常用惯例。

2.1.1 商品名称的含义及法律意义

商品的名称（Name of Commodity）或品名是指能使某种商品区别于其他商品的一种称呼或概念。

国际货物买卖合同是一种实物买卖，它以一定物体的实际交付为要件，即买卖的对象是具有一定外观形态并占有一定空间的有形物。买卖合同的特征是，通过合同的履行，将合同标的物的所有权由卖方转移至买方。众所周知，在国际贸易中，一手交钱、一手接货的情况极少，从签订合同到交付货物往往需要一段较长的时间。加之交易双方在洽商交易和签订买卖合同时，通常很少能见到具体商品，一般只是凭借对拟买卖的商品的必要描述来确定交易的标的物。可见，在国际贸易买卖合同中，列明合同的标的物，就成为必不可少的条件。

约定商品的品名条款具有重要的法律和实践意义。品名条款是构成商品描述的重要组成部分，是交易双方交接货物的依据之一。在国际货物买卖合同签订后，卖方所交货物必须与合同中所列明的商品名称或描述相符，否则属违约行为。

2.1.2 商品名称的命名方法

商品的名称在一定程度上体现了商品的自然属性、用途以及主要的性能特性。商品的命名方法、种类繁多，概括起来主要有以下几种：

（1）以用途命名。这种方法突出了商品的用途，便于购买者按需购买，如洗衣

机、运动鞋、太阳镜等。

（2）以适用的原材料命名。这种方法突出商品所使用的主要原材料，反映了商品的品质，如棉布、羊绒衫、不锈钢锅等。

（3）以主要成分命名。以某种商品含有的主要成分命名便于消费者清楚地了解该商品的效能，如双黄连口服液、番茄酱、西洋参含片等。

（4）以制造工艺命名。这种命名方法在于增强消费者对该商品的了解，使消费者对其质量产生信赖，如二锅头、精制盐等。

（5）以外观造型命名。这种方法使消费者从外观就能清楚地了解商品的特征，一目了然，如折叠伞、喇叭裤、红豆等。

（6）以人物名字命名。这种方法是以著名人物的名字命名以引起消费者的注意和兴趣，如孔乙己茴香豆、李宁运动服等。

2.1.3 规定品名条款时应注意的问题

国际货物买卖合同中的品名条款是合同中的要件。因此，在规定此项条款时双方应予以重视，具体来说应注意下列问题：

（1）内容必须具体、明确，切忌空泛、笼统。例如，品名为大豆，就不够具体，应标明哪个产地的大豆，如东北大豆。

（2）根据商品实际情况实事求是地规定。合同中品名条款规定要恰当，必须是卖方有能力生产或供应的品种、规格或型号，凡是做不到或不必要的描述性词句不要列入，以免造成履约困难。

（3）尽可能使用国际上通用的名称。许多商品不同国家的称谓不统一，为避免误解，应尽可能使用国际通用称呼。例如，病毒唑的国际通用名称为利巴韦林。对于某些新商品的名称及其译名，应力求准确、易懂，应与《商品名称及编码协调制度》规定的品名相适应，并注意它的外文翻译是否一致。

（4）注意选用合适的品名。有些商品具有不同的名称，会因名称不同导致关税税率和班轮运费费率不同，甚至所受的进出口限制也不同。例如，一家公司出口苹果酒，品名写为“CIDER”，结果遭到拒付。原因是“CIDER”除了苹果酒的意思之外，还有苹果汁的意思，海关无从收税，正确的写法应为“APPLE WINE”。

【小资料 2-1】

HS 编码制度简介

《商品名称及编码协调制度》简称“协调制度”，又称“HS”（The Harmonized Commodity Description and Coding System），是 1983 年 6 月海关合作理事会（现名世界海关组织）主持制定的一部供海关、统计、进出口管理及与国际贸易有关各方共同使用的商品分类编码体系。HS 编码“协调”涵盖了《海关合作理事会税则商品分类目录》（CCCN）和联合国的《国际贸易标准分类》（SITC）两大分类编码体系，是系统的、多用途的国际贸易商品分类体系。它除了用于海关税则和贸易统计外，对运输商品的计费、统计、计算机数据传递、国际贸易单证简化以及普遍优惠制税号的利用等方面，都提供了一套可使用的国际贸易商品分类体系。HS 于 1988 年 1 月 1 日正式实施，每 4 年修订 1 次。世界上已有 150 多个国家和地区使用 HS，全球贸易总量90%以上的货物都是以HS分类的。

2.2　商品的品质

商品的品质（Quality of Goods）是指商品的“外观形态”和“内在质量”的综合。商品的“外观形态”是指通过人们的感觉器官可以直接获得的商品的外形特征，如商品的大小、长短、色泽、轻重、味道等。商品的“内在质量”是指商品的物理性能、化学成分、生物特征、技术指标和要求等，一般需借助各种仪器、设备分析测试才能获得。例如，羊毛、生丝的回潮率、布匹的缩水率、化工产品的熔点和沸点等。

2.2.1　品质的重要性

提高商品的品质具有十分重要的意义，因为品质的优劣直接影响商品的使用价值和价值，它是决定商品使用效能和影响商品价格的重要因素，在当前国际竞争空前激烈的条件下，许多国家都把提高商品的品质作为非价格竞争的一个主要组成部分，力争以质取胜，它是加强对外竞销的重要手段之一。因此，在出口贸易中，不断改进和提高出口商品的质量，可以增强出口竞争能力，扩大销路，提高售价，为国家和企业创造更多的外汇收入。

在国际货物买卖中，商品品质是引起法律纠纷最重要的因素之一。这是因为品质的优劣直接影响商品的价格与销售，关系到买卖双方的切身利益。各国法律大多对卖方应承担的交货品质的义务和责任做出了具体规定。英国的《货物买卖法》把品质条款作为合同的要件，《公约》规定，卖方交付货物必须符合约定的品质。

2.2.2　商品品质的表示方法

国际贸易中，由于交易的商品种类繁多，特点各异，故表示品质的方法也不相同。概括起来，国际贸易中惯常用来表示商品品质的方法，包括以实物表示和凭文字说明表示两类。

1. 以实物表示

以实物表示即指买卖双方在洽商时，由卖方或由买方提出少量足以代表商品质量的实物作为样品，要求对方确认，样品一经确认便成为买卖双方交接货物的质量依据，包括凭成交商品的实际品质和凭样品两种方法。前者称“看货买卖”，后者称“凭样品买卖”。这是由于这些商品本身的特点，其质量难以用文字说明来表示，或者出于市场习惯而采用的一种方法。

（1）看货买卖（Actual Quality）。看货买卖是指买卖双方根据成交货物的实际品质进行交易。这种方法多半用于拍卖、寄售和展卖业务中，尤其适用于具有独特性质的商品，如珠宝、首饰、字画及特定工艺制品等。

（2）凭样品买卖（Sale by Sample）。样品通常是指从一批商品中抽出来的或由生产、使用部门设计、加工出来的，足以反映和代表整批商品品质的少量实物。凡以样品表示商品品质并以此作为交货依据的，称为凭样品买卖。

在国际贸易中，凭样品买卖可分为以下几种：

1）凭卖方样品买卖。凭卖方样品买卖是指由卖方提供样品并以此作为交货的品质依据。凭卖方样品成交后，卖方所交整批货物的品质必须与自己所提供的样品完全相同。

2）凭买方样品买卖。凭买方样品买卖是指买方为了使其订购的商品符合自身要求，有时也提供样品由卖方依样承制，如卖方同意按买方提供的样品成交，则卖方所交整批货物的品质必须与买方所提供的样品完全相同，也称为来样成交或来样制作。

3）对等样品。卖方可根据买方提供的样品，加工复制出一个类似的样品交买方确认，这种经确认后的样品称为“对等样品或回样”（Conforming Sample or Counter Sample），也称为“确认样品”。

4）参考样品。参考样品是仅以介绍商品为目的的样品，最好标明“仅供参考”（For Reference Only）字样，以免与标准样品混淆。

5）复样。在凭卖方样品成交的情况下，要注意卖方在向买方寄出原样或标准样品的同时，一定要注意保留一份或数份与送交样品品质完全相同的样品，称为“复样”（Duplicate Sample）或称为“留样”（Keep Sample），以备将来组织生产、交货或处理品质纠纷时核对之用。还要注意标准样品和留存的复样编制相同的号码，注明提交买方的日期，并妥善保管。

凭样品买卖时应当注意以下几点：①对外寄送的样品必须具有代表性。样品既不能选择最好的，也不能选择最差的，而只能选择适中的。因为如果选择了最好的，买方一旦确认了，卖方就必须严格按照这些最好的样品品质交货。②应留有复样，以备交货或处理纠纷之用。③应了解和掌握有关法律对凭样品买卖的具体规定。④应尽量争取把“凭买方样品买卖”变为“按对等样品买卖”方式成交。⑤卖方交货品质必须与样品完全一致，若对品质无把握时，可在合同中特别订明“品质与样品大致相同”（Quality to be nearly the same to the sample）字样。凭样品买卖，容易在履约过程中产生品质方面的争议，因此不能滥用此种表示方法，只能酌情采用。

2. 凭文字说明表示

根据某些商品的特征，必须以文字、图表、相片等方式来表示商品品质，这种表示商品品质的方法即称为凭文字说明。具体包括下列几种：

（1）凭规格买卖。商品规格（Specification of Goods）是指一些足以反映商品品质的主要指标，如化学成分、含量、纯度、性能、容量、长短、粗细等。不同的商品规格也各不相同，用规格指标来表示不同商品的品质称为“凭规格买卖”，这种方法简单易行，明确具体，在国际贸易中运用广泛。例如：

漂白棉布	纱支	密度（每英寸）	幅宽（英寸）
	30支×36支	72×69	38英寸×121.5码
Bleached Cotton Shirting	Yarn Counts	No. of threads (per inch)	Width (inch)
	30s×36s	72×69	38"×121.5yds

（2）凭等级买卖。商品等级（Grade）是指同一类商品按其品质或规格上的差

异分为品质优劣各不相同的若干等级，每一种等级分别代表一定的品质规格。

例如：

一级大豆，二级大豆。

又如：

鲜鸡蛋：蛋壳呈浅棕色，清洁、品质新鲜、大小均匀

特级：每枚净重60~65克

一级：每枚净重55~60克

二级：每枚净重50~55克

三级：每枚净重45~50克

Fresh Hen Eggs：Shell light brown and clean，even in size

Grade AA：60~65gm per egg

Grade A：55~60gm per egg

Grade B：50~55gm per egg

Grade C：45~50gm per egg

（3）凭标准买卖。商品的标准是指将商品的规格和等级予以标准化，一般由标准化组织、政府机关、行业团体、工商组织及商品交易所等制定，并在一定范围内实施，如英国BS、美国ANSI、法国NF、德国DIN、日本JIS等。

标准分为企业标准、行业标准、国家标准、区域标准和国际标准等。例如国际标准化组织（ISO）制定的标准、国际电工委员会（IEC）制定的标准等。由于各国的标准常常随着生产技术的发展和情况的变化进行修改和变动，因此某个国家或某个部门颁布的某类商品的标准往往会有不同年份的版本。版本不同，质量标准的内容也不尽相同。因此，在买卖货物采用标准时，应当注明采用标准的版本年份，以免引起争议。例如，目前，我国出口到欧洲的机电产品必须要经过“CE”认证，否则，欧洲各海关就会对未经过“CE”认证的机电产品拒之门外。

在实际业务中，对于某些品质变化较大而难以规定统一标准的农副产品往往采用“良好平均品质”（Fair Average Quality，FAQ），它是指一定时期内某地出口货物的平均品质，一般是指中等货而言，也称为“大路货”。

上好可销品质（Good Merchantable Quality，GMQ）是指卖方必须保证其交付的货物品质良好，合乎销售条件，在成交时无须以其他方式证明产品的品质，主要适应于木材和冷冻产品类。此方法抽象笼统，在执行中容易引起争议，应尽量少用。

（4）凭说明书和图样买卖。在国际贸易中，有些机器、电器和仪表等技术密集型产品，因其结构复杂，对材料和设计的要求非常严格，用以说明其性能的数据较多，很难用几个简单的指标来表明商品品质的全貌。对这类商品，通常是以说明书并附以图样、照片、分析表及各种数据来说明其具体性能和结构特点。

（5）凭商标或牌号买卖。凭商标或牌号买卖是指对于某些品质比较稳定且在市场上已有良好信誉和知名度的商品，买卖双方在交易磋商中可采用这些商品的商标或牌名来表示商品品质，如龙井茶叶、安踏运动鞋等。

（6）凭产地名称买卖。有些产品因生产地区的自然条件或传统加工工艺在产品品质方面具有其他产区的产品所不具有的独特风格和特色，对这类产品，一般用产

地名称来表示其品质，如法国香水、德国啤酒、四川榨菜、绍兴花雕酒、宁波汤圆等。

2.2.3 合同中的品质条款

1. 基本内容

品质条款是合同中的一项主要条款，它是买卖双方对商品品质按照不同的表示方法进行的具体规定。一般应列明商品的品名、规格、等级、标准、商标、牌号等。在凭样品买卖时，应列明样品的编号和寄送日期，有时还加列交货品质与样品一致或相符的说明。在凭标准买卖时，一般应列明所采用的标准及标准版本的年份。合同中的品质条款是买卖双方交货的重要依据，也是商检机构进行品质检验、仲裁机构进行仲裁和法院解决品质纠纷案件的依据。

2. 规定品质条款的注意事项

（1）对某些商品可规定品质机动幅度。在国际贸易中，由于某些产品的特性、运输条件以及气候等因素的影响，有时卖方很难达到合同所规定的商品品质，为了避免因交货品质与买卖合同稍有不符而造成违约，保证合同能够顺利履行，可以在合同品质条款中做出某些变通规定。常见的有以下两种规定办法：

1）品质机动幅度。品质机动幅度是指卖方所交商品品质指标可以在一定幅度内机动。在品质机动幅度内，一般不另行计算增减价，即按照合同价格计收价款。但有些货物，如果经买卖双方协商同意，也可在合同中规定按交货的品质情况加价或减价，这就是品质增减价条款。关于品质机动幅度，有下列几种规定方法：①规定范围；②规定极限；③规定上下差异。

例如：

C708 中国灰鸭绒，含绒量 90%，允许上下 1% 浮动。

又如：

中国芝麻：水分最高 8%，杂质最高 2%，含油量最低 52%。

2）品质公差。品质公差是指由于科学技术水平、生产水平的限制而导致某些工业品在该行业质量上公认的误差。例如，机器加工的零件尺寸、钟表的走时，在实际中都存在一定的误差，但只要卖方所交货物的品质差异在品质公差范围内，就可认为达到了合同中的品质要求。

（2）正确使用表示商品品质的方法。在出口交易中，根据商品的特性正确使用表示商品品质的方法，凡可用一种方式表示的，就不要采用两种或两种以上的方法表示，以免造成交货困难。此外，在凭样品买卖时，还可订立“交货品质与样品大体相似”或其他类似条款。

（3）品质条款要有科学性和合理性。在规定品质条款时，要从实际出发，防止品质条件偏高或偏低，对于影响品质的重要指标，不能出现遗漏，应将其规定好，对于次要指标，可以少规定，以免由于某项质量指标规定不科学而影响质量指标，造成不应有的经济损失。品质条款应明确、具体，不宜采用诸如“左右”“大约”之类的笼统字眼，以免引起争议。

2.3　商品的数量

商品的数量是国际贸易中不可缺少的主要条件之一。数量是买卖双方交接货物的依据，正确掌握成交数量，对促进交易的达成具有重要的作用。根据《公约》第三十五条：按约定的数量交付货物是卖方的一项基本义务。如果卖方交付货物数量大于合同规定的数量，则买方可以拒收多交的部分，也可以收取多交部分中的一部分或全部，但应按合同价格作价；如果卖方交货数量少于合同规定，卖方应在规定的交货期内补交不足部分，但不得给买方造成不合理的不便或使买方承担不合理的开支，即便如此，买方也保留要求损害赔偿的权利。

2.3.1　计量单位

国际贸易中使用的计量单位很多，在国际货物买卖合同中常用到以下计量单位：

（1）按重量（Weight）计算。农副产品、矿产品和工业制成品等都按重量计算。常用的重量单位有公吨（metric ton，M/T）、长吨（long ton）、短吨（short ton）、千克（kilogram，kg）、克（gram，g）、盎司（ounce，oz）。例如，金、银、铂等多采用盎司为计量单位，钻石采用克拉（carat）为计量单位。

（2）按数量（Quantity）计算。大多数工业制成品，尤其是日用消费品、工业品、机械产品以及少部分土特产品，习惯按数量进行买卖。常用的数量计量单位有件（piece，pc）、双（pair）、套（set）、打（dozen）、令（ream）、罗（gross）、袋（bag）、包（bale）。

（3）按长度（Length）计算。长度单位多用于纺织品、金属绳索等商品的交易中。常用的长度计量单位有米（meter）、英尺（foot）、码（yard，yd）。

（4）按面积（Area）计算。面积单位在玻璃板、地毯、皮革等商品的交易中使用。常用的面积计量单位有平方米（square meter）、平方英尺（square foot）、平方码（square yard）。

（5）按体积（Volume）计算。体积单位仅用于木材、天然气和化学气体等。常用的体积单位有立方米（cubic meter）、立方英尺（cubic foot）、立方码（cubic yard）。

（6）按容积（Capacity）计算。容积单位适用于各种液量和干量货物、常用的液量单位有加仑（gallon）、公升（litre）；常用干量单位有蒲式耳（bushel），多用于谷物产品。

【小资料 2-2】

度量衡制度

在国际贸易中，由于商品的种类、特性和各国度量衡制度的不同，计量单位的方法也不同，主要有以下几种：

（1）公制（The Metric System）。基本单位为千克和米，为欧洲大陆及世界大多数国家所采用。

（2）英制（The British System）。基本单位是磅、码、英尺、英寸、长吨等，为英联邦国家所采用。

（3）美制（The US System）。基本单位也是磅、码，和英制相同，但有个别派生单位不一致。例如英制为长吨，等于2240磅，而美制为短吨，等于2000磅。此外容积单位加仑和蒲式耳，英美制名称相同，大小不同。

（4）国际单位制（The International System）。这是国际法制计量组织在公制基础上制定公布的。其基本单位包括千克、米、秒、摩尔、坎德拉、安培和坎德拉七种，我国规定采用国际单位制计量。

【小资料2-3】

1 打(dozen，doz/dz) = 12 个(piece，pc)

1 罗(gross) = 12 打 = 144 个

1 令(ream) = 500 张(pc)

1 英尺(foot) = 12 英寸(inch)

1 米(metre) ≈ 1.094 码(yard)

1 磅(pound) ≈ 0.454 千克(kilogram，kg)

(UK)1 长吨(long ton) ≈ 1.016 046 908 8 吨/公吨(metric ton，M/T)

(US)1 短吨(short ton) ≈ 0.907 184 74 吨/公吨(metric ton，M/T)

【案例分析2-1】

我出口公司在交易会上与外商当面谈妥出口大米10 000公吨，每公吨USD275 FOB中国口岸。但我方公司在签约时，合同上只笼统地写了10 000吨，我方当事人主观上认为合同上的吨就是指公吨。后来，外商来证要求按长吨供货。如果我方照证办理则要多交大米160公吨，折合美元为44 000美元。于是，双方发生争议。

【分析】 根据度量衡制度，吨有公吨、长吨、短吨之分。本案例中合同上只笼统地写了10 000吨，我方主观上认为合同上的吨就是公吨，太不严谨了，导致外商认为是长吨，损失惨重。因此，我们在国际贸易中涉及数量单位“吨”时，务必要明确具体是什么吨。

2.3.2 重量单位

（1）按毛重（Gross Weight）计算。毛重是指商品本身的重量加包装物的重量。有些商品单位价值较低或以净重计量有困难，用“以毛作净”（Gross for Net）的方法计算重量，作为计价和交易的依据，例如，中国小麦，50公吨，单层麻袋装，每袋100千克，以毛作净。

（2）按净重（Net weight）计算。净重是指商品本身的重量，即除去包装物后的商品实际重量。以毛作净实际上就是以毛重当作净重计价，适用于有些价值较低的农产品或其他商品。按国际惯例，如果合同中没有明确规定采用毛重还是净重计价，应以净重计价。采用净重计重时，计算包装物的重量有下列几种方法：

1）按实际皮重（Actual Tare）计算。这是指对包装逐件衡量后所得的总和。

2）按平均皮重（Average Tare）计算。如果商品所使用的包装比较统一，重量相差不大，则可以从整批货物中抽出一定的件数，称出其皮重，然后求平均值，再乘以总件数，就可求出整批货物的皮重。

3）按习惯皮重（Customary Tare）计算。如果使用的包装材料和规格已比较定型，皮重已为市场公认，计算皮重时，无须对包装逐件过秤，按习惯上公认的皮重乘以总件数即可。

4）按约定皮重（Computed Tare）计算。即以买卖双方事先约定的包装重量作为计算的基础。

（3）按公量（Conditioned Weight）计算。公量是指用科学的方法抽去商品中的水分，再加上标准水分重量所得的重量。有些商品，如棉花、羊毛、生丝等有较强的吸湿性，其所含水分易受客观环境影响，故其重量很不稳定，国际上采用按公量计算方法。公量的计算公式如下：

$$\text{公量} = \text{干量} + \text{标准含水量}$$
$$= \frac{\text{实际重量} \times (1 + \text{标准回潮率})}{1 + \text{实际回潮率}}$$

（4）按理论重量（Theoretical Weight）计算。理论重量是指一些商品有固定的规格、尺寸，重量大致相等，通过件数计算其重量，如马口铁、钢板等。

（5）法定重量（Legal Weight）和实物净重（Net Weight）。法定重量是商品重量加上直接接触商品的包装物料的重量。从法定重量中扣除直接接触商品的包装物料后所表示出来的商品重量则称为实物净重。

2.3.3 合同中的数量条款

1. 合同中数量条款的基本内容

买卖合同中的数量条款主要包括成交商品的数量和计量单位。按重量成交的商品，还需要订明计算重量的方法。*例如，中国大米1000公吨，麻袋装，以毛作净。*

2. 订立数量条款时的注意事项

在履约过程中，由于商品特性、生产条件、运输工具的承载能力以及包装方式的限制，有时卖方要做到严格按量交货确有一定困难。为了避免因卖方实际交货不足或超过合同规定而引起的法律责任，方便合同履行，对于一些数量较难严格控制的商品，可以在合同中加订一个数量机动幅度条款，通常称其为“溢短装条款”。

溢短装条款（More or Less Clause）是在买卖合同的数量条款中，明确规定卖方允许多装或少装的百分比，其幅度不超过规定的百分比为限。*例如，大米100公吨，卖方可溢短装5%（Rice 100M/T, with 5% more or less at seller's option），即卖方交货量可在95~105M/T之间。*关于溢短装，应注意以下问题：

（1）可短装的百分比。视商品的特点、数量、交易习惯、运输工具等情况确定。

在粮食、矿砂、化肥和食糖等大宗商品的交易中，由于商品特性、货源变化、船舱容量、装载技术和包装等因素的影响，要求准确地按约定数量交货，有时存在一定困难，可在合同中规定数量机动幅度条款，即数量增减条款或溢短装条款。

根据《跟单信用证统一惯例》（国际商会第600号出版物，简称《UCP600》），“约”或“大约”等类似词语用于信用证规定的数量时，应解释为允许有关数量有不超过10%的增减幅度；在信用证未以包装单位件数或货物自身件数的方式规定货物数量时，对于散装货物数量允许有5%的增减幅度，只要总支取金额不超过信用证金额。

（2）溢短装的选择权在买方或卖方。一般来说，是由卖方选择。但如果涉及海洋运输，交货量的多少与承载货物的船只的舱容有关，在租用船只时，要与船方商定。在此情况下，溢短装条款一般由负责安排船只的一方选择，或者干脆由船长选择，也就是说，机动幅度的选择权根据情况不同可由买方行使，也可由卖方行使，或由船方行使。

（3）溢短装的计价一般按合同价格计算，也可按装船日或到货日的国际市场价格计算。

溢短装数量的计价方法要公平合理。目前，对于机动幅度内超出或低于合同数量的多装或少装部分，一般按合同价格计算。在按合同价格计算时，由于交货时市价的变化，会对某一方不利。为防止这种情况发生，可在合同中规定，多装或少装部分，可按装船时或货到时的市价计算。不能按市价达成协议的，可交由仲裁机构解决。

【案例分析2-2】

中国某公司从国外进口小麦，合同规定：数量200万M/T，每公吨100美元。而外商装船时共装运了230万M/T，对多装的30万M/T，我方应如何处理？如果外商只装运了180万M/T，我方是否有权拒收全部小麦？

【分析】 根据《公约》第三十五条规定：按约定的数量交付货物是卖方的一项基本义务。如果卖方交付货物数量大于合同规定的数量，买方可以拒收多交的部分，也可以收取多交部分中的一部分或全部，但应按合同价格作价；如果卖方交货数量少于合同规定，卖方应在规定的交货期内补交不足部分，但不得给买方造成不合理的不便或使买方承担不合理的开支，即便如此，买方也保留要求损害赔偿的权利。

本案例中，我方对外商多交的30万M/T，可以拒收也可以全部收下，还可以只收下其中的一部分，如果我方收取多交小麦的全部或一部分，要按每公吨100美元付款。如果外商只装运了180万M/T，我方无权拒收全部小麦。我方可要求外商在交货期内补交，如在补交期间，外商给我方带来不合理的开支，我方有保留要求损害赔偿的权利。

2.4 商品的包装

在国际货物买卖中，包装条款是买卖合同中的一项主要条件。按照某些国家的法律规定，如卖方交付的货物未按约定的条件包装，或者货物的包装与行业习惯不符，买方有权拒收货物。如果货物虽按约定的方式包装，但与其他货物混杂在一起，买方可以拒收违反规定包装的那部分货物，甚至可以拒收整批货物。商品的包装按其在流通过程中作用的不同，可分为运输包装、销售包装和中性包装等。

2.4.1　运输包装

运输包装（Transport Package）又称为大包装或外包装，其主要作用在于保护商品，防止在储运过程中发生货损货差。

1. 运输包装的种类

（1）单件运输包装。单件运输包装是指货物在运输过程中作为一个计件单位的包装。按包装造型不同，分为箱、桶、袋、包、捆等。箱按包装用料不同，分为纸箱、木箱、铁箱、塑料箱等，适用于不能挤压的货物；桶有铁桶、水桶、塑料桶等，适用于液体、粉状物等的包装；用捆或包形式的包装适用于羊毛、棉花等可挤压的货物。

（2）集合运输包装。集合运输包装是指将若干单件运输包装组合成一件大包装，以利于更有效地保护货物，提高装卸效率和节省运输费用。常见的集合运输包装有集装袋、集装包、集装箱、托盘等。

2. 运输包装的标志

运输包装的标志是指为了方便货物运输、装卸及储存保管，便于识别货物而在商品外包装上刷写的标志，按其作用分以下三类：

（1）运输标志（Shipping Mark）。运输标志又称唛头，通常是由一个简单的几何图形和一些字母、数字及简单的文字组成，便于运输、辨认货物，防止错发错运。

为简化国际贸易程序，国际标准化组织制定了一套运输标志向各国推荐使用。该标准运输标志包括：①收货人或买方名称的英文缩写字母或简称；②参考号：如运单号、订单号、发票号、合同号；③目的地：货物最终目的地或目的港的名称；④件号：包装货物的每件货物的顺序号和总件数均需标上，如 No. 1-100、No. 2-100、No. 100-100 等。运输标志按合同规定刷制，若合同和信用证都没有规定具体要求时，由卖方决定。

例如：

ABC	收货人名称缩写
SC-201008	参考号
ROTTERDAM	目的地
No. 1-200	件号

（2）指示性标志（Indicative Mark）。指示性标志是指提示人们在装卸、运输和保管货物过程中需要注意事项的标志。指示性标志示例如图 2-1 所示。

图 2-1　指示性标志示例

（3）警告性标志（Warning Mark）。警告性标志又称危险品标志，是指在易燃品、爆炸品、有毒品、腐蚀性物品、放射性物品的运输包装上标明其危险性质的文字或图形说明。警告性标志示例如图 2-2 所示。

图 2-2　警告性标志示例

2.4.2　销售包装

销售包装（Selling Packing）又称内包装或小包装，是直接接触商品并随商品进入零售网点和消费者直接见面的包装。这类包装除具有保护商品的功能之外，还便于陈列和促销，便于消费者选购和保存，具有美化商品、促进销售的功能。因此，对于销售包装应适应国际市场的需要，便于陈列展销，便于识别，要有艺术吸引力，以吸引顾客、提高售价和扩大销售。

1. 销售包装的分类

（1）挂式包装。这是指带有吊钩、吊带、挂孔等装置的包装。例如挂钟的包装等。

（2）堆叠式包装。这是指便于堆叠、摆设、陈列的包装。例如罐、盒等。

（3）携带式包装。这是指附有提手装置的包装。

（4）易开包装。这是指标有特定的开启部位或装置的包装，如易拉罐等。

（5）喷雾包装。这是指带有自动喷出流体的装置的包装，如各种喷雾杀虫剂等。

2. 销售包装的标示和说明

在销售包装上，一般都附有装潢画面和文字说明，并印有条码的标志。在设计和制作包装时应注意以下几点：

（1）包装的装潢画面要求美观大方、富有艺术吸引力，并突出商品的特点，其图案和色彩应适应有关国家的民族习惯、宗教信仰和爱好等。

（2）文字说明。在销售包装上应有必要的文字说明，如商标、牌号、品名、产地、数量、成分、规格、用途、使用方法、注意事项等，这些文字说明必须实事求是、简明扼要，必要时也可以中外文并用。

（3）条码。条码是将宽度不等的多个黑条和空白，按照一定的编码规则排列，用以表达一组信息的图形标识符。常见的条码是由反射率相差很大的黑条（简称条）和白条（简称空）排成的平行线图案。

国际上通用的包装上的条码有两种：一种是由美国、加拿大组织的统一编码委员会编制的 UPC 码；另一种是由欧共体 12 国成立的欧洲物品编码协会编制，该组织后改为国际物品编码组织，其使用的物品标志符号为 EAN 码。1991 年 4 月我国正式加入国际物品编码组织。该会分配给我国的国别号有 690 ~ 699，凡标有这些条码的商品，即表示是中国出产。另外，978 ~ 979 为图书，977 为连续出版物。

2.4.3　中性包装

中性包装主要是为了打破进口国家和地区实行的各种限制和政治歧视，是扩大商品出口的一种竞争手段。目前，某些出口商品使用中性包装已成为国际贸易中的一种习惯做法。我国采用这种包装方式，有利于打破某些国家和地区对我国商品实行不合理的配额限制，使我国商品能进入这些国家和地区市场。

中性包装包括无牌中性包装和定牌中性包装两种。

无牌中性包装是指包装上既无生产地名和厂商名称，又无商标、品牌。

定牌是指卖方按买方要求在其出售的商品或包装上标明买方指定的商标或品牌。定牌的具体做法有以下几种：

（1）对某些国外大量而长期稳定的订货，为了扩大销售，可以接受买方指定的商标，不加注生产国别的标志，即定牌中性包装。

（2）接受国外买方指定的商标或牌名，但在商标或牌名下标明“中华人民共和国制造”或“中国制造”。

（3）接受国外买方指定的商标或牌名，同时在商标或牌名下注明由买方所在国家工厂制造，即定牌定产地。

2.4.4　合同中的包装条款

包装条款主要规定商品包装的方式、材料、费用的负担和运输标志。按照国际惯例，包装条件是主要交易条件之一，是货物说明的组成部分。当货物的包装与合同的规定或行业惯例有严重不符时，买方有权索赔损失，甚至拒收货物。例如，如果买方订购的是一磅或两磅装的酱菜，卖方供应四磅或五磅装的酱菜就算违约，买方就有权拒收货物。

为了订好包装条款，便于合同顺利履行，在商订包装条款时，应注意下列事项：

（1）要考虑商品特点和不同运输方式的要求。商品的特性、形状和使用的运输方式不同，对包装的要求也不相同。因此，在约定包装材料、包装方式、包装规格和包装标志时，必须从实际出发，使约定的包装科学、合理，并满足安全、适用和适销的要求。

（2）对包装的规定要明确具体。不宜只笼统规定“适合海运包装”“习惯包装”，要根据具体商品做具体明确的规定。

（3）要考虑有关国家和地区的现行法律。有的国家和地区对包装材料、运输标志等有严格的限制和规定，因此要对此十分注意。

（4）明确包装费用由何方负担。包装由谁供应通常有三种做法：一是卖方提供包装；二是卖方提供并把包装收回；三是由买方提供包装。包装费用一般包括在货价之内不另计收，但也有不计在货价之内，而规定由买方另外支付的。究竟由何方负担，应在包装条款中订明。

（5）对于危险品，应规定包装符合《国际海运危险货物规则》的有关要求。

【案例分析 2-3】

某出口公司销往加拿大一批货物，价值 15 万美元。合同规定用塑料袋包装，每件要求使用英、法两种文字的贴头。但出口公司实际交货时改用了其他包装，并只使用了英文的贴头。国外商人为了适应当地市场的销售需求，不得不雇人更换包装和贴头，致使买方支付额外的费用，最终要求该出口公司赔偿其损失。

【分析】 合同中明确规定了包装材料及要求，出口公司实际交货时擅自更改包装材料及要求，违法了合同规定，理应赔偿进口商的损失。

■ 本章小结

商品的名称、品质、数量和包装都是国际货物买卖合同中不可缺少的主要条件，因此，品名条款、品质条款、数量条款和包装条款都是国际贸易买卖合同中的主要条款，是买卖双方交接货物的基本依据，关系到买卖双方的权利和义务。如果卖方交付的货物不符合约定的品名、品质、数量和包装，则买方有权提出损害赔偿要求，直至拒收货物或撤销合同。因此，在交易磋商中对商品的品名、品质、数量和包装进行认真磋商，然后，在合同中订明相应的条款，不仅具有重要的法律意义，而且具有重要的实践意义。《公约》对这些问题都有比较详细的规定，应该理解其中的有关规定，在国际贸易实践中认真参照执行。

■ 思考与练习

1. 我国某出口公司凭买方样品成交金属拉手一批，合同规定 3 月—4 月装船，但需买方认可回样后方能装运。2 月下旬买方开来信用证也有同样的字句。我方多次试制回样未得到买方认可，故我不能如期装运。到了 5 月，买方以延误船期而要求赔偿。问我方该如何处理？

2. 我国某出口公司向日本出口驴肉一批，合同规定：每箱净重 16.6kg，共 1500 箱，合计 24.9t。但货抵国外后，经日本海关查验，每箱净重并非 16.6kg 而是 20kg，计 1500 箱，合 30t。海关认为单、货不符，进口商以多报少。问这将会出现何种后果？

3. 我国某公司向科威特出口冻羊肉 20M/T，每公吨 FOB 价 400 美元，合同规定数量可增减 10%。国外按时开来信用证，证中规定金额为 8000 美元，数量约 20M/T。结果我方按 22M/T 发货装运，但持单到银行办理议付时遭拒绝。问原因何在？

4. 在荷兰某一超级市场上有黄色竹制罐装的茶叶一批，罐的一面刻有中文“中国茶叶”四字，另一面刻有我国古装仕女图，看上去精致美观，颇具有民族特点，但国外消费者鲜有问津。问其故何在？

第3章
国际贸易术语

学习目标

- 了解贸易术语及国际贸易惯例的概念、性质
- 识记各种贸易术语的含义、买卖双方的主要义务，能比较各贸易术语的异同
- 理解各种贸易术语应注意的问题，能运用贸易术语分析问题

3.1 贸易术语的含义

国际贸易具有线长、面广、环节多、风险大的特点，货物从生产者手里转到国外消费者手中，这中间要经长途运输、过多道关卡，牵涉银行、海关、保险等各部门，货物遭遇自然灾害或意外事故的可能性也相对要大一些。交易双方在洽商交易、订立合同时，必然要考虑下面几个重要问题：

（1）卖方在什么地方，以什么方式办理交货？

（2）货物发生损坏或灭失的风险何时由卖方转移给买方承担？

（3）由谁负责办理货物的运输、保险以及通关过境的手续？

（4）由谁承担办理上述事项时所需的各种费用？

（5）买卖双方需要交接哪些有关的单据？

在具体交易中，以上问题都是必须明确的，贸易术语正是为了解决这些问题，在实践中产生和发展起来的。

在上述问题中，交货地点是核心问题，它的确定往往对其余问题有决定作用，交货地点不同，卖方承担的风险、责任和费用也不相同。至于如何规定，要由买卖双方协商。贸易术语直接关系到商品的价格构成，这也是许多人将贸易术语称为价格术语的原因。

综上所述，可见贸易术语是在长期的国际贸易实践中产生的，它是用来表示商品的价格构成，说明交货地点，确定风险、责任、费用划分等问题的专门用语。

贸易术语是国际贸易发展到一定历史阶段的产物，它的出现又推动了国际贸易的发展，它的出现和广泛应用，对于简化交易手续、缩短洽商时间和节省费用开支，都发挥了重要的作用。

3.2 有关贸易术语的国际贸易惯例

贸易术语在国际贸易中的运用可以追溯到100多年前，但是在相当长的时间内，在国际上没有形成对各种贸易术语的统一解释。由于各国之间的交往和联系远不如今天这样密切，不同国家和地区在使用贸易术语和规定交货条件时，必然会出现各种不同的解释和做法。这些分歧的存在对于国际贸易的发展显然是很不利的。为了解决这一问题，国际商会、国际法协会等国际组织以及美国一些著名商业团体经过长期的努力，分别制定了解释国际贸易术语的规则，这些规则在国际上被广泛采用，因而成为一般的国际贸易惯例。由此可见，习惯做法与贸易惯例是有区别的。国际贸易业务中反复实践的习惯做法只有经国际组织加以编纂与解释才能成为国际贸易惯例。

国际贸易惯例的适用是以当事人的意思自治为基础的，因为惯例本身不是法律，它对贸易双方不具有强制性，故买卖双方有权在合同中做出与某项惯例不符的规定。只要合同有效成立，双方均要遵照合同的规定履行。一旦发生争议，法院和仲裁机构也要维护合同的有效性。但是，国际贸易惯例对贸易实践仍具有重要的指导作用。这体现在，一方面，如果双方都同意采用某种惯例来约束该项交易，并在合同中做出明确规定，那么这项约定的惯例就具有了强制性。许多大宗交易的合同中也都做出采用何种规则的规定，这有助于避免对贸易术语的不同解释而引起的争执。另一方面，如果双方对某一问题没有做出明确规定，也未注明该合同适用某项惯例，在合同执行中发生争议时，受理该争议案的司法和仲裁机构也往往会引用某一国际贸易惯例进行判决或裁决。因此，国际贸易惯例虽然不具有强制性，但它对国际贸易实践的指导作用却不容忽视，不少贸易惯例被广泛采纳、沿用，说明它们是行之有效的。在我国的对外贸易中，在平等互利的前提下，适当采用这些惯例，有利于外贸业务的开展，而且，通过学习掌握有关国际贸易惯例的知识，可以帮助我们避免或减少贸易争端。即使在发生争议时，我们也可以引用某项惯例，争取有利地位，减少不必要的损失。

有关贸易术语的国际贸易惯例主要有以下三种：

1.《1932年华沙-牛津规则》

《华沙-牛津规则》是国际法协会专门为解释CIF合同而制定的。19世纪中叶，CIF贸易术语开始在国际贸易中得到广泛采用，然而对使用这一术语时买卖双方各自承担的具体义务，并没有统一的规定和解释。对此，国际法协会于1928年在波兰首都华沙开会，制定了关于CIF买卖合同的统一规则，称之为《1928年华沙规则》，共包括22条。其后，在1930年的纽约会议、1931年的巴黎会议和1932年的牛津会议上，将此规则修订为21条，并更名为《1932年华沙-牛津规则》，沿用至今。这一规则对于CIF合同的性质、买卖双方所承担的风险、责任和费用的划分以及所有权转移的方式等问题都做了比较详细的解释，并在总则中说明，这一规则供交易双方自愿采用。

2.《1941年美国对外贸易定义（修订本）》

《美国对外贸易定义》是由美国九个商业团体制定的。它最早于1919年在纽约制定，原称为《美国出口报价及其缩写条例》，后来于1941年在美国第27届全国对外贸易会议上对该条例做了修订，命名为《1941年美国对外贸易定义（修订本）》，这一修订本经美国商会、美国进口商协会和全国对外贸易协会所组成的联合委员会通过，由全国对外贸易协会予以公布。

《1941年美国对外贸易定义（修订本）》中所解释的贸易术语共有六种，分别为：

（1）Ex Point of Origin（产地交货）。

（2）Free on Board（在运输工具上交货）。

（3）Free Along Side（在运输工具旁边交货）。

（4）Cost & Freight（成本加运费）。

（5）Cost，Insurance and Freight（成本加保险费、运费）。

（6）Ex Dock（目的港码头交货）。

《1941年美国对外贸易定义（修订本）》在美洲国家采用较多，由于它对贸易术语的解释，特别是对第（2）和第（3）种术语的解释与Incoterms有明显的差异，因此在同美洲国家进行交易时应加以注意。

在《1941年美国对外贸易定义（修订本）》的序言中也明确指出，本定义并无法律的约束力，除非有专门的立法规定或为法院判决所认可。为使其对有关当事人产生法律上的约束力，建议买卖双方接受此定义作为买卖合同的一个组成部分。

3.《国际贸易术语解释通则》

《国际贸易术语解释通则》（International Rules for the Interpretation of Trade Terms）是国际商会为统一各种贸易术语的不同解释制订的，1936年制订了最初的版本，命名为《1936年国际贸易术语解释通则》（《Incoterms 1936》）。随后，为适应国际贸易实践发展的需要，国际商会先后于1953年、1967年、1976年、1980年和1990年等进行过多次修订和补充。

最近三次修订是1999年、2010年和2019年。为使贸易术语更进一步适应世界上无关税区的发展、交易中使用电子信息的增多以及运输方式的变化，国际商会于1999年9月公布《2000年国际贸易术语解释通则》，简称《2000年通则》（《Incoterms 2000》）。2010年9月27日，国际商会正式推出《2010年国际贸易术语解释通则》（以下简称《2010年通则》），于2011年1月1日正式生效。2019年9月，国际商会公布了《2020年国际贸易术语解释通则》，简称《2020年通则》（《Incoterms 2020》），于2020年1月1日起生效。《2020年通则》相比《2010年通则》并没有进行大幅度的修改，主要是对一些术语的细节问题进行了改进，其中主体内容仍旧延续了《2010年通则》的规定。

《2000年通则》将13种贸易术语按不同类别分为E、F、C、D四个组。E组只包括一个术语——EXW。这是在商品产地交货的贸易术语。F组包含有FCA、FAS和FOB三种贸易术语，按这些术语成交，卖方须将货物交给买方指定的承运人，从交货地至目的地的运费由买方负担。C 组包括 CFR、CIF、CPT 和 CIP 四种贸易术语。采用这些术语时，卖方要订立运输合同，但不承担从装运地启运后所发生的货物损坏或灭失的风险及额外费用。D 组中包括五种贸易术语，它们是 DAF、DES、DEQ、DDU 和 DDP。按照这些贸易术语达成交易，卖方必须负担将货物运往指定的进口国交货地点的一切风险、责任和费用。

2010 年 9 月 27 日，国际商会正式推出《2010 年通则》，删去了《2000 年通则》中 D 组术语中的 DDU、DAF、DES、DEQ，只保留了 DDP，同时新增加了两种 D 组贸易术语，即 DAT（Delivered at Terminal）与 DAP（Delivered at Place），以取代被删去的术语。《2010 年通则》将贸易术语划分为适用于各种运输的 EXW、FCA、CPT、CIP、DAP、DDP，以及只适用于海运和内河运输的 FOB、FAS、CFR、CIF，并将贸易术语的适用范围扩大到国内贸易中，赋予电子单据与书面单据同样的效力，增加对出口国安检的义务分配，要求双方明确交货位置，将承运人定义为缔约承运人，这些都在很大程度上反映了国际货物贸易的实践要求，并进一步与《公约》及《鹿特丹规则》衔接。

《2020 年通则》仍为 E、F、C、D 四组 11 个贸易术语。E 组仍为一个贸易术语，为 EXW（Ex Works）；F 组仍为三个贸易术语，分别为 FCA（Free Carrier）、FOB（Free on Board）和 FAS（Free alongside Ship）；C 组仍为四个贸易术语，分别为 CFR（Cost and Freight）、CIF（Cost，Insurance and Freight）、CPT（Carriage Paid to）和 CIP（Carriage and Insurance Paid to）；D 组虽然仍为三个贸易术语，但名称有所调整，分别为 DAP（Delivered at Place）、DPU（Delivered at Place Unloaded）和 DDP（Delivered Duty Paid）。

3.3 六种主要贸易术语

国际贸易中使用的贸易术语有十多种，但迄今为止采用最多的仍只是装运港交货的三种术语：FOB、CFR 和 CIF。在业务中，人们习惯称这些术语为常用贸易术语。今后，随着运输方式的不断进步，集装箱多式联运业务进一步普及，适应这一发展需要的 FCA、CPT 和 CIP 术语也必将成为国际贸易中的常用贸易术语。因此，这里将上述六种作为主要国际贸易术语提出来，加以介绍。

3.3.1 FOB

Free on Board（... named port of shipment）

船上交货（……指定装运港）

1. 基本特征

卖方需将货物送到指定装运港并将货物装载于买方指定的船上（... placing them on board），或买方取得已交付至船上的货物（链式销售或连环销售）时，卖方即完成其交货义务。买方自此时之后，承担货物灭失或损失的一切风险和费用。

2. 适用范围

该贸易术语适用于海运或内河运输。

3. 买卖双方的基本义务

（1）卖方基本义务。

1）负责在合同规定的日期或期间内，在指定装运港，将符合合同的货物按港口惯常方式交至买方指定的船上，并给予买方充分的通知。

2）负责办理货物出口手续，取得出口许可证或其他核准书。

3）负责在装运港船上交付货物为止的一切费用和风险。

4）负责提供商业发票和证明货物已交至船上的通常单据。

（2）买方基本义务。

1）负责按合同规定支付价款。

2）负责租船或订舱，支付运费，并给予卖方关于船名、装船地点和要求交货时间的充分通知。

3）自负风险和费用取得进口许可证或其他核准书，并办理货物进口以及必要时经由另一国过境运输的一切海关手续。

4）负担在装运港船上卖方交付货物后的一切费用和风险。

5）收取卖方按合同规定交付的货物，接受与合同相符的单据。

4. 使用FOB贸易术语应注意的问题

（1）在以FOB条件成交的交易中，买方往往要求卖方代办运输事宜，此时，卖方仅仅提供服务，其风险和费用仍然由买方承担。

（2）卖方在交货后应及时给予买方充分通知，以便买方安排投保、通关、接货。若卖方怠于此项通知，致使买方无法投保，即使货物已在装运港，货物在此情况下的风险也并不被认为已由卖方转移给买方。

（3）在该术语下，买方有义务安排运输事宜，并将相关的船名、装货地、交货地及交货时间等信息及时通知卖方。若买方怠于此项通知，或所指定船舶未按时抵达，或不能装运货物，或提前截止装货，则货物的风险和费用可提前转移，只要货物已经特定化。

（4）在出口旺季或运费、保险费不稳定时，出口商一般采用该术语报价或续订；而进口商如果与运费同盟订有运输合同或与保险人订立了预约保险，亦愿意以FOB条件成交。

（5）为防止货物因意外事故致损，而买方又拒绝付款，卖方最好投保出口信用保险或卖方利益险；为防止货物在装运前的内陆运输风险，卖方应投保内陆运输险。

5.《1941年美国对外贸易定义（修订本）》中FOB与《2020年通则》中FOB的差异

（1）两者的适用范围不同。《2020年通则》中的FOB只适应于水上运输，而美国的FOB可适用于六种情况下的运输，其中只有第（5）种是在装运港船上交货。采用第（5）种FOB时，除必须标明装运港名称外，还必须在FOB后加上"船舶"（Vessel）字样，否则，有可能是指在内陆运输工具上交货。

（2）两者办理出口手续的责任不同。在《2020年通则》的FOB条件下，卖方自担风险和费用，负责办理出口手续；而在美国的FOB条件下，卖方只是在买方的请求并由其承担费用的情况下，协助买方取得由原产地及/或装运国家签发的，为货物出口或在目的地进口所需的各种证件，且出口税和其他有关费用由买方承担。

6. FOB贸易术语的变形

在租船运输中，如果船方不愿意负担装船费用，买卖双方往往在FOB后加列附加条件，用来说明装船费用由谁负担，称为FOB贸易术语的变形。

（1）FOB Liner Terms（FOB班轮条件）。采用这一变形，装船费由买方承担，卖方不负担装船的有关费用。

（2）FOB Under Tackle（FOB吊钩下交货）。这一变形是指卖方负担费用将货物交到买方指定船只的吊钩所及之处，而吊装入舱及其他费用概由买方负担。

（3）FOB Stowed（FOB理舱费在内，FOBS）。这一变形是指卖方负责将货物装入船舱并承担包括理舱费在内的装船费用。理舱费是指货物入舱后进行安置和整理的费用。

（4）FOB Trimmed（FOB平舱费在内，FOBT）。这一变形是指卖方负责将货物装入船舱并承担包括平舱费在内的装船费用。平舱费是指对装入船舱的散装货物进行平整所需的费用。

（5）FOBST（FOB Stowed and Trimmed）。这一变形是指由卖方承担包括理舱费和平舱费在内的各项装船费用。

（6）FOB Stowed and Lashed（FOB理舱费和捆扎费在内）。这一变形是指在FOB交易条件下，卖方须负责将钢材等货物装入船舱并负责理舱和捆扎货物的费用。

（7）FOB Ex Spout（FOB喷管口交货）。这一变形是指在散装粮食以FOB交易条件下，当货物使用电动喷管装船时，卖方承担在装船喷管口处交货，但货物进入船舱内的平舱费由买方承担。

（8）FOB Ex Chute（FOB斜槽交货）。这一变形是指在FOB交易条件下，当货物使用斜槽装货时，卖方须负责将货物从斜槽滑入船舱内为止，但货物进入船舱内的平舱费由买方负担。

【案例分析3-1】

裁决结果截然不同的两个FOB合同贸易纠纷案

洋葱头案：某公司出口洋葱头，FOB大连。装船前检验合格，但是，目的港卸货时发现部分洋葱头腐烂。买方就该货损向卖方索赔，遭到拒赔，引发贸易纠纷，双方同意将该争议案件提交仲裁。仲裁机构调查发现：洋葱头装船后，由于船舶的通风设备失灵，导致货损，裁决卖方可以拒赔。

燕麦种子案：某公司出口燕麦种子，FOB天津新港。合同规定燕麦种子的发芽率不得低于90%，装运前燕麦种子发芽率超过90%，合格。目的港检验结果显示该批种子的发芽率不足50%，不合格。买方就该货损向卖方索赔，遭到拒赔，引发贸易纠纷，双方同意将该争议案件提交仲裁。仲裁机构调查发现：由于卖方未能于该批燕麦种子包装前对包装物（麻袋）进行充分的熏蒸处理，致使麻袋上残留虫卵，在运输途中虫卵孵化，啃噬了燕麦种子胚芽，致损，裁决卖方应该赔偿。

【分析】 FOB的买卖双方以装运港船上为界划分货物风险。如果导致货损的原因是偶然的，而且发生在货物装上船后，则由买方负责。例如，洋葱头案中，卖方装船前货物经检验机构检验符合合同规定的品质条件，卖方在装船后及时发出装船通知，卖方没有过失。在运输途中，船舶的通风设备失灵，导致货损，属于装上船的风险，应该由买方承担。如果损失发生在装上船前，则由卖方负责。如果导致货损的原因是必然的，而且该原因于货物在装上船前就已经存在，则由卖方负责，如燕麦种子案。

（资料来源：冷柏军．国际贸易实务［M］．北京：高等教育出版社，2010.）

3.3.2 CFR

Cost and Freight（... named port of destination）

成本加运费（……指定目的港）

1. 基本特征

卖方必须在合同规定的装运期内，在装运港将货物交至运往指定目的港的船上，负担货物装上船为止的一切费用和货物灭失或损坏的风险，并负责租船或订舱，支付抵达目的港的正常运费。

2. 适用范围

该贸易术语仅适用海运或内河运输。

3. 买卖双方的基本义务

（1）卖方基本义务。

1）负责在合同规定的日期或期间内，在指定装运港将符合合同的货物按港口惯常方式交至买方指定的船上，并给予买方充分的通知。

2）负责办理货物出口手续，取得出口许可证或其他核准书。

3）负责租船或订舱，支付运费，并给予卖方关于船名、装船地点和要求交货时间的充分通知。

4）负责在装运港船上交付货物为止的一切费用和风险。

5）负责提供商业发票和证明货物已交至船上的通常单据。

（2）买方基本义务。

1）负责按合同规定支付价款。

2）自负风险和费用取得进口许可证或其他核准书，并办理货物进口以及必要时经由另一国过境运输的一切海关手续。

3）承担货物在指定装运港装上船之后的一切费用和风险，并在接到卖方的已装船通知后，根据具体情况自由决定是否购买国际货运保险。

4）收取卖方按合同规定交付的货物，接受与合同相符的单据。

4. 使用 CFR 贸易术语应注意的问题

（1）风险转移问题。卖方在指定装运港将货物装上船后，就完成其交货义务，货物损失或灭失的风险由卖方转移给买方。

（2）应了解 CFR 和 FOB 的异同点。CFR 与 FOB 相比较，均属在装运港交货，风险划分均以货物在装运港上船为界，都是用于水上运输方式，都是由卖方负责办理出口手续，买方负责办理进口手续，其主要区别在于办理从装运港至目的港的运输责任和费用的承担方不同。FOB 条件下，由买方订立运输合同并承担相关费用；而在 CFR 条件下，则由卖方订立运输合同并承担相关费用。

（3）关于卖方的装运义务。采用 CFR 贸易术语成交时，卖方要承担将货物由装运港运往目的港的义务。为了保证能按时完成在装运港交货的义务，卖方应根据货源和船源的实际情况合理地规定装运期。装运期一经确定，卖方就应及时租船订舱和备货，并按规定的期限发运货物。按照《公约》的规定，卖方延迟装运或者提前装运都是违反合同的行为，并要承担违约的责任。买方有权根据情况拒收货物或提出索赔。

（4）装船的重要作用。按照 CFR 条件达成的交易，卖方需要特别注意的是，货物装船后必须及时向买方发出装船通知，以便买方办理投保手续。因为一般的国际贸易惯例以及有些国家的法律，如英国《货物买卖法》（1979 年修订）中规定："如果卖方未向买方发出装船通知，致使买方未能办理货物保险，那么，货物在海运途中的风险被视为卖方负担。"这就是说，如果货物在运输途中遭受损失或灭失，由于卖方未发出通知而使买方漏保，那么卖方就不能以风险在船上转移为由免除责任。由此可见，尽管在 FOB 和 CIF 条件下，卖方装船后也应向买方发出通知，但 CFR 条件下的装船通知，具有更为重要的意义。

5. CFR 贸易术语的变形

按照 CFR 条件成交，货到目的港后的卸货费由谁负担也是一个需要考虑并加以明确的问题。如果使用班轮运输，由于装卸费已打入班轮运费中，故在卸货费由谁负担上不会引起争议，而大宗商品一般采用租船运输，在租船运输情况下，卸货费由谁负担，各国和地区有不同的习惯做法，为避免在卸货费由谁负担上引起争议，便产生了 CFR 的变形。常见的 CFR 变形有以下几种：

（1）CFR Line Terms（CFR 班轮条件）。这一变形是指卸货费按班轮做法处理，即买方不负担卸货费。

（2）CFR Landed（CFR 卸至码头）。这一变形是指由卖方承担卸货费，包括可能涉及的驳船费在内。

（3）CFR Ex Tackle（CFR 吊钩下交货）。这一变形是指卖方负责将货物从船舱吊起一直卸到吊钩所及之处（码头上或驳船上）的费用，船舶不能靠岸时，驳船费用由买方负责。

（4）CFR Ex Ship's Hold（CFR 舱底交货）。按此条件成交，船到目的港在船上办理交接后，由买方自行启舱，并负担货物由舱底卸至码头的费用。

（5）CFR Free Out（CFR 卖方不负担卸货费，CFR FO）。按此条件成交，卖方虽承担运费但不负担在港口的卸货费，卸货费由买方承担。

同 FOB 的变形一样，CFR 贸易术语的变形只是为了解决卸货费的负担问题，一般不改变术语的性质，即交货地点和风险的划分仍然以装运港的船上为界。

【案例分析 3-2】

未发出装船通知致损案

中国某外贸公司（以下称卖方）曾与荷兰某公司（以下简称买方）按“CFR 鹿特丹”条件签订一项出口合同，合同规定在新港先装一批货物，然后驶往上海港再装一批货物。该轮在新港装货后，卖方没有向买方发出装运通知，故买方没有及时投保货运险。该轮驶往上海港装货途中，不幸在吴淞口突然发生火灾，船上货物均被烧毁。由于买方未接到卖方装运通知而没有投保货运险，无法向保险公司索赔损失，便向卖方索赔，卖方经办人员拒赔，其理由是其曾向买方表示过，这批货物装船后，不拟发装运通知，买方未表态，被视为默认接受。双方因此产生争议。后经双方友好协商，最后以火灾损失各承担50%达成和解协议了结此案。

【分析】 根据国际贸易有关法律和惯例，按 CFR 条件成交，卖方装船后，应及时向买方发出装运通知，以便买方及时投保货运险。否则，卖方应承担由此引起的后果。本案合同项下的货物装船后，卖方本应及时发出装运通知，由于卖方未发装运通知而使买方没有投保货运险，理应由卖方承担责任。卖方虽然事前向买方表示过不拟发装运通知，但这种表示是违反常识的，何况买方对此表示并未明确表态。尽管后来双方通过友好协商达成和解协议，但卖方不发装运通知的表示和做法，违反了国际贸易惯例和一般贸易习惯做法，因而是错误的，在国际贸易中应以此为戒。

（资料来源：冷柏军．国际贸易实务［M］．北京：高等教育出版社，2010.）

3.3.3 CIF

Cost, Insurance and Freight（... named port of destination）

成本加保险费、运费（……指定目的港）

1. 基本特征

卖方必须在合同规定的装运期内在装运港将货物交至运往指定目的港的船上，负担货物装上船为止的一切费用和货物灭失或损坏的风险，并负责办理货运保险，支付保险费，以及负责租船或订舱，支付从装运港到目的港的运费。

2. 适用范围

该贸易术语仅适用于海运或内河运输。

3. 买卖双方的基本义务

（1）卖方基本义务。

1）负责在合同规定的日期或期间内，在装运港将符合合同的货物交至运往指定目的港的船上，并给予买方充分的通知。

2）负责办理货物出口手续，取得出口许可证或其他核准书。

3）负责租船或订舱，并支付货物至目的港的运费。

4）负责办理货物运输保险，支付保险费。

5）负责货物在装运港装上船为止的一切费用和风险。

6）负责提供商业发票和证明货物已交至船上的通常单据。

（2）买方基本义务。

1）负责按合同规定支付价款。

2）负责办理货物进口手续，取得进口许可证或其他核准书。

3）负担在装运港船上卖方交付货物后的一切费用和风险。

4）收取卖方按合同规定交付的货物，接受与合同相符的单据。

4. 采用CIF贸易术语时需注意的事项

（1）原则上，卖方有权拒绝买方关于限制船舶（国籍、船型、船龄、船级船公司）的要求，但可根据具体情况予以通融（费用可由买方负担），一旦在合同中对船舶予以约定，卖方必须遵守。

（2）卖方应根据运距的远近、是否需要转船（转船比直达费用高）、运价变动趋势（特别是各种附加运费）等情况合理核算运费和保险费。

（3）双方应明确大宗货物的卸装费用由谁承担。

（4）出口时，尽可能采用CIF，避免使用FOB；进口时，尽可能避免使用CIF，而应选择FOB，理由同CFR术语应注意的问题。

（5）在CIF条件下，货物风险与费用（运费）的划分界限相分离。

（6）FAS、FOB、CFR与CIF的关系表现如下：

$$\text{FAS} = \text{FOB} - \text{装船费}$$

$$\text{CFR} = \text{FOB} + F(\text{海运费})$$

$$\text{CIF} = \text{FOB} + F + I(\text{保险费})$$

5. CIF贸易术语的变形

与CFR贸易术语一样，按CIF贸易术语成交，为解决在采用租船运输情况下，卸货费由谁负担的问题，也产生了CIF的变形。常见的CIF变形有以下几种：

（1）CIF Liner Terms（CIF班轮条件）。卸装费按班轮的做法办理，即卸货费已包括在运费之中，买方不予负担。

（2）CIF Landed（CIF卸到岸上）。卖方负担将货物卸到目的港岸上的费用，包括驳船费和码头费。

（3）CIF Ex Tackle（CIF吊钩交货）。卖方负责将货物从船舱吊起，卸离吊钩。如果船靠不上码头，那么，应由买方自费租用驳船，卖方只负责将货卸到驳船上。

（4）CIF Ex Ships Hold（CIF舱底交货）。买方负担将货物从舱底吊卸到码头的费用。

6. 象征性交货

从交货方式来看，CIF是一种典型的“单据买卖”和“象征性交货”（Symbolic Delivery）。象征性交货是针对实际交货（Physical Delivery）而言的。前者是指卖方只要按期在约定地点完成装运，并向买方提交合同规定的包括物权在内的有关单证。象征性交货是指只要单据齐全（主要是提单、保险单和商业发票）和正确（符合合同要求），卖方提交凭单据即推定为履行交货义务，买方凭单据履行付款义务。只要卖方如期向买方提交了合同规定的全套合格单据（名称、内容和份数相符的单据)，即使货物在运输途中损坏或灭失，买方也必须履行付款义务。反之，如果卖方提交的单据不符合要求，即使货物完好无损地运达目的地，买方仍有权拒付货款。

但是，必须指出，按 CIF 贸易术语成交，卖方履行其交单义务只是得到买方付款的前提条件，除此之外，他还必须履行交货义务。如果卖方提交的货物不符合要求，买方即使已经付款，仍然可以根据合同的规定向卖方提出索赔。

【案例分析 3-3】

未明确合同性质引起的 CIF 贸易纠纷案

某年那不勒斯某商人（买方）向伯明翰某商人（卖方）订购一批货物，双方按 CIF 条件签订合同，按照买方的要求，在合同中规定："卖方务必办妥货运保险后发运，买方从货物到达之时起 3 个月付款。"后因货物在运输途中灭失，买方则拒付货款，双方因此引起争议，卖方遂诉诸法院。结果，法院判决，卖方胜诉。

【分析】 交易双方按 CIF 贸易术语成交，在 CIF 合同项下，货物运输途中的风险，本应由买方承担。本案合同规定"卖方务必办妥货运保险后发运"，这表明，货物途中的风险是由买方承担的，买方想通过保险来转嫁货物在运输途中的风险，也就是说，本案合同的性质属装运合同。尽管合同规定"买方从货物到达之时起 3 个月付款"，但这并未将货物到达那不勒斯作为履行付款责任的前提条件，若是货物到达才需付款，买方何必要求卖方务必办妥货运保险后发运？可见，本案合同所指的"货物到达"一词，指的是付款时间，而不是付款的前提条件，在此情况下，即使船只中途沉没而不能到达，也应以船舶按照正常情况本应到达的时间作为计算付款的日期。本案合同项下的买方拒付货款毫无道理。因此，法官做出卖方胜诉的判决是很正确的。

（资料来源：黎孝先．进出口合同条款与案例分析［M］．北京：对外经济贸易大学出版社，2003.）

3.3.4 FOB、CFR、CIF 比较

1. 相同点

交货都在出口国的装运港，风险划分都以装上船为界，凭合格单据证明已完成交货（象征性交货），都是"凭单交货"，见表 3-1。

表 3-1 FOB、CFR、CIF 的相同点

项　目	相同点内容
运输方式	海运和内河运输
交货和风险转移的地点	装运港船上
办理进出口手续的负责人	出口手续由卖方办理，进口手续由买方办理
运输单据	已装船清洁提单

2. 不同点

FOB、CFR、CIF 的不同点见表 3-2。

表 3-2 FOB、CFR、CIF 的不同点

术语	风险	手续		费用	
	装上船为界	办理运输	办理保险	支付运费	支付保费
FOB	买方	买方	买方	买方	买方
CFR	买方	卖方	买方	卖方	买方
CIF	买方	卖方	买方	卖方	买方

3.3.5 FCA

Free Carrier （... named place）

货交承运人（……指定地点）

1. 基本特征

卖方必须在合同规定的交货期内，在指定地或地点将经出口清关的货物交给买方指定的承运人监管，并负担货物被交由承运人监管为止的一切费用和货物灭失或损坏的风险。

2. 适用范围

FCA 是在 FOB 的基础上发展起来的，适用于任何运输方式，特别是集装箱和多式运输。

3. 买卖双方的基本义务

（1）卖方基本义务。

1）FCA 条件下，由卖方承担风险和费用，取得出口许可证或其他官方批准证件，并办理货物出口所需的一切海关手续。

2）在指定地点按约定日期将货物交给买方指定的承运人，并给予买方货物已交付的充分通知。

3）承担货物交给承运人以前的一切费用和风险。

4）向买方提供约定的单据或相等的电子信息。

（2）买方基本义务。

1）买方必须自负费用订立从指定地或地点发运货物的运输合同，并将有关承运人的名称、要求交货的时间和地点及时通知卖方。

2）负担货交承运人后的一切费用和货物灭失或损坏的风险。

3）按合同规定受领交货凭证或相等的电子信息，并按合同规定支付货款。

4. 采用 FCA 贸易术语应注意的事项

（1）关于承运人和交货地点。在 FCA 贸易术语下，通常是由买方安排承运人，与其订立运输合同，并将承运人的情况通知卖方。承运人可以是拥有运输工具的实际承运人，也可以是运输代理人或其他人。交货地点的选择直接影响装卸货物的责任划分问题。如果双方约定的交货地点是在卖方所在地，卖方负责把货物装上买方安排的承运人所提供的运输工具即可；如果交货地点是在其他地方，卖方就要将货物运交给承运人，在自己所提供的运输工具上完成交货义务，而无须负责卸货。交货点是买方指定的承运人对货物接受监管的指定地或地点。指定地或地点可能是铁

路终点站、启运机场、货运站、集装箱码头或堆场、多用途货运终点站或类似的收货点。

（2）订立运输合同的问题。FCA 贸易术语下买方必须自负费用订立运输合同，卖方并无订立运输合同的义务，但若根据国际贸易惯例，当卖方被要求协助与承运人订立合同（如铁路或航空运输）时，只要买方承担费用和风险，卖方也可以办理。当然，卖方也可以拒绝订立运输合同，如若拒绝，则应立即通知买方，以便买方另做安排。

（3）风险转移的问题。FCA 条件下，风险转移的界限是以货交承运人为界，但如果由于买方的原因，使卖方无法按时完成交货义务，只要货物已被特定化，那么风险转移的时间可以前移。

（4）有关责任和费用的划分问题。买卖双方承担的费用一般也是以货交承运人为界进行划分，即卖方负担货物交承运人控制之前的有关费用，买方负担货交承运人之后的各项费用，但是，若因买方责任，使卖方无法按时交货，自规定交货约定日期起，买方应承担相应的费用和风险，但前提是卖方要明确将货物划归买方（货物特定化）。

【案例分析 3-4】

由谁来负责装车？

2011 年，中国 A 公司从新加坡 B 公司以 FCA（新加坡内陆城市）进口一批食糖，合同约定适用《2010 年通则》。买方 A 公司如期将租用的货车派至指定交货地点（即卖方 B 所在地）。A 请求 B 装车，后者以手头订单多、人手不足等为由，拒绝装车。A 只好雇用当地人装车，货刚刚装上车，还未来得及做好防护措施，突然天降大雨，致使部分货物脏包，减少了货物的商业价值。买方 A 可否要求卖方 B 支付装车费并赔偿货损？

【分析】 按照《2010 年通则》的解释，交货地点的选择直接影响到装卸货物的责任划分的问题。本案双方约定的交货地点是在卖方所在地，则卖方要负责把货物装上买方安排的承运人所提供的运输工具。所以，买方 A 可以要求卖方 B 支付装车费并赔偿货损。

如果本案的交货地点是在其他地方，如新加坡港口，卖方则要自担风险和费用，自己提供运输工具将货物运至新加坡港口，在自己的运输工具上完成交货任务，但无须负责卸货，更无须将货物换装到买方指定的运输工具上。

（资料来源：冷柏军．国际贸易实务［M］．北京：高等教育出版社，2010.）

3.3.6　CPT

Carriage Paid to（... named place of destination）

运费付至（……指定目的地）

1. 基本特征

卖方支付货物运至指定目的地的运费。在货物被交由（第一）承运人保管时，货物灭失或损坏的风险，即从卖方转移至买方，买方负责由于货物交给承运人后发生的事件引起的额外费用。

2. 适用范围

CPT 贸易术语适用于任何运输方式，包括多式联运。

3. 买卖双方的基本义务

（1）卖方基本义务。

1）自负风险和费用，取得出口许可证或其他官方批准证件，在需要办理海关手续时，办理货物出口所需的一切海关手续，并支付有关费用和税款。

2）订立将货物运往指定目的地的运输合同，并支付有关运费。在合同规定的时间、地点，将合同规定的货物交给承运人，并及时通知买方。

3）承担将货物交给承运人之前的一切风险。

4）自付费用向买方提供交货的通常单据，如买卖双方约定采用电子通信，则所有单据可被同等效力的电子数据交换（EDI）信息所代替。

（2）买方基本义务。

1）自负风险和费用，取得进口许可证或其他官方证件，在需要办理海关手续时，办理货物进口所需的海关手续。支付有关关税及从他国过境的费用。

2）承担自货物在约定交货地点交给承运人之后的风险。

3）接受卖方提供的有关单据，受领货物，并按合同规定支付货款。

4）支付除通常运费之外的有关货物在运输途中所产生的各项费用和卸货费。

4. 使用 CPT 贸易术语应注意的事项

（1）风险划分的界限问题。按照 CPT 贸易术语成交，虽然卖方要负责订立从启运地到指定目的地的运输契约，并支付运费，但是卖方承担的风险并没有延伸至目的地。按照《2020 年通则》的解释，货物自交货地点至目的地的运输途中的风险由买方承担，卖方只承担货物交给承运人控制之前的风险。在多式联运情况下，卖方承担的风险自货物交给第一承运人控制时即转移给买方。

（2）责任和费用的划分问题。采用 CPT 贸易术语时，由卖方指定承运人，自费订立运输合同，将货物运往指定的目的地，并支付正常运费。正常运费之外的其他有关费用，一般由买方负担。

卖方将货物交给承运人之后，应向买方发出货物已交付的通知，以便于买方在目的地办理货运保险和受领货物。如果双方未能确定买方受领货物的具体地点，卖方可以在目的地选择最适合其要求的地点。

（3）CPT 与 CFR 的异同点。按这两种贸易术语成交，卖方承担的风险都是在交货地点随着交货义务的完成而转移，卖方都要负责安排自交货地至目的地的运输事项，并承担其费用。另外，按这两种术语订立的合同，都属于装运合同，卖方无须保证按时交货。

CPT 与 CFR 的主要区别在于适用的运输方式不同，交货地点和风险划分界限也不相同。CPT 贸易术语适用于各种运输方式，交货地点因运输方式的不同由双方约定，风险划分以货交承运人为界；CFR 贸易术语适用于水上运输方式，交货地点在装运港，风险划分以装运港船上为界。除此之外，卖方承担的费用以及需提交的单据等方面也有区别。

3.3.7 CIP

Carriage and Insurance Paid to (... named place of destination)

运费、保险费付至(……指定目的地)

1. 基本特征

卖方要在合同中约定的日期或期限内，将合同中约定的货物交给卖方自己指定的承运人或第一承运人，完成其交货义务。还须订立货物运输的保险合同，提交商业发票以及合同要求的其他单证。

2. 适用范围

CIP 贸易术语适用于任何运输方式，包括多式联运。

3. 买卖双方的基本义务

(1) 卖方基本义务。

1) 卖方必须提供符合合同的货物和商业发票，或与商业发票具有同等效力的电子数据，以及合同可能要求的证明货物符合合同的其他证件。

2) 卖方必须自负风险和费用，取得出口许可证或其他官方核准文件，并办理出口清关手续。

3) 卖方必须自负费用，按照通常条件，订立运输合同，将合同规定的货物按通常的方式经惯常路线，运至目的指定地点或其他合适地点。

4) 卖方必须自负费用，按合同约定办理货物保险，并使买方或其他对货物有可保利益的人有权直接向保险人索赔，以及向买方提供保险单或其他保险凭证。《2020 年通则》规定，CIP 贸易术语下的保险级别提高到“一切险”。

5) 卖方必须在约定的日期或期间内将货物交给承运人或其他人接管，或者若有后续承运人的，交给第一承送人，将货物运至目的地指定地点。

6) 卖方必须承担货给承运人或其他人或第一承运人为止货物灭失或损坏的一切风险。

7) 卖方必须支付将货物交给承运人或其他人或第一承运人为止与货物有关的一切费用和因交货而产生的运费和其他费用，包括装货费和依据运输合同应当由卖方承担的在目的地卸货费以及保险费、出口海关手续费、一切关税、税捐和其他费用。

8) 卖方在将货物交给承运人或其他人或第一承运人接管后，必须向买方发出交货通知以及为使买方采取通常必要的措施收取货物所需的其他通知。

9) 卖方必须承担费用，向买方提供通常的运输单据或具有同等效力的 EDI 信息。

10) 卖方必须支付交货所必需的检查费用。卖方自负费用提供货物运输包装和包装标记。

11) 卖方应买方请求，由买方承担风险和费用，协助买方取得为货物进口以及经由其他国家过境所需要的启运国或原产地国签发的单据或具有同等效力的电子数据。

（2）买方基本义务。

1）买方必须按买卖合同的规定支付货款。

2）买方必须自负风险和费用，取得进口许可证或其他官方核准文件，并办理货物进口以及经由其他国家过境运输的一切海关手续。

3）买方必须在目的地指定地点收取货物。

4）买方必须承担自货物交给承运人或其他人或第一承运人时起的货物灭失或损坏的一切风险。

5）买方必须支付自货物交给承运人或其他人或第一承运人时起与货物有关的一切费用，以及货物在运输途中直至到达目的地的一切费用。买方支付卸货费，和自交货期届满之日起由此而产生的一切额外费用，以及货物进口和经由其他国家过境运输所支付的海关手续费、一切关税、税捐和其他费用。

6）买方必须将交货时间和目的地指定收货地点通知卖方。

7）买方必须接收符合约定的运输单据。

3.4 其他贸易术语

3.4.1 EXW

Ex Works（... named place of delivery）

工厂交货（注明指定交货地点）

1. 基本特征

卖方在其所在处所（工厂、工场、仓库等）将货物提供给对方时即履行了交货义务，除非另有约定，卖方不负责将货物装上买方备妥的车辆，也不负责出口清关，买方要负担自卖方所在处所提取货物后至目的地的一切费用和风险。这是卖方责任最小的一种术语。若买方无法办理出口手续，应采用 FCA 术语。

2. 适用范围

（1）适用以任何运输方式运送的货物交易，包括全程使用一种以上的运输方式（如联合运输）。

（2）交货地点。at the agreed point，if any，at the name place of delivery.（双方议定地点，卖方营业场、卖方工厂或卖方仓库等。）

3. 买卖双方的基本义务

（1）卖方基本义务。

1）在合同规定的时间、地点将尚未办妥要出口通关，尚未装载至买方安排收货的运输工具上的货物置于买方处置之下，此时风险和费用由卖方转移到买方。

2）在将货物置于买方处置之下之前，卖方须给予买方能够接管货物的充分通知。

3）提供商业发票以及合同可能要求的其他与合同相符的证据（如检验检疫证书等），或者具有与纸质同等作用的电子记录或程序。

4）卖方不负责取得出口许可证或其他出口许可条件，也不负责办理相关的出口通关手续。若需要时，经买方要求并由其自负风险和费用，卖方需及时向买方提供或协助其取得相关货物办理出口、进口许可证或其他官方授权、办理货物安检通关所需的任何信息；卖方没有订立运输合同和保险合同的义务，但应买方要求并由其承担风险和费用，卖方须向买方提供投保所需的信息。

（2）买方基本义务。

1）买方须按照买卖合同的约定支付货款。

2）买方须支付自交货地点起的费用（《2020年通则》中未具体规定，但实际包含运费和运输保险费），并承担自交货地点起的货物灭失或毁损的一切风险。

3）买方自负风险和费用办理货物出口、进口许可证或其他官方许可，办理货物出口和进口的一切通关手续。缴纳货物出口的一切关税、税款和其他费用等，偿付卖方向其提供或协助其取得文件和信息时发生的费用。

4）买方负责订立将货物从交货地点运至最终目的地的运输合同和保险合同。

5）通知卖方其受领货物的有效期限和地点，若买方未能给予卖方通知，则买方需从约定的交货日期或交货期或交货期限届满之日起，承担货物灭失或损失的一切风险和费用。

6）买方需支付任何强制性装船前检验费用，包括出口国有关机构强制进行的检验费用。

4. 使用EXW术语时应注意的事项

（1）卖方应将交货时间、地点及时通知买方。

（2）若买方不按约定收取货物，或交货时间、地点由买方决定时买方没有做出及时决定，交货时间一到，货物风险与费用得以提前转移，但前提是货物已划归本合同项下，而且卖方仍有保全货物数量、质量的义务。

（3）卖方应提供运输包装，前提是买方及时通知卖方运输情况。

（4）11个术语中唯一一个需要买方办理出口通关手续的术语，如买方无能力在出口地办理通关手续，不宜采用EXW术语。

3.4.2 FAS

Free alongside Ship (... named port of shipment)

装运港船边交货（注明指定装运港）

1. 基本特征

卖方在装运港将货物放置在码头或驳船（a quay or a barge）上靠船边，或为配合大宗货物在运送途中的转售，取得已按上述交付方式的货物，即履行交货义务。买方必须自该时刻起，负担一切费用和风险。

2. 适用范围

该贸易术语仅适用于海运或内河运输。

3. 买卖双方的基本义务

（1）卖方基本义务。

1）在合同规定的时间和装运港将合同规定的货物交到买方所派船只的旁边，并及时通知买方。

2）承担货交装运港船边的一切费用和风险。

3）自负费用和风险，取得出口许可证和其他官方文件，并办理货物出口的一切海关手续。

4）提交商业发票或具有同等作用的电子信息，并自负费用提供通常的交货凭证。

（2）买方基本义务。

1）订立从指定装运港运输货物的合同，支付运费，并将船名、装货地点和要求装货的时间及时通知卖方。

2）在合同规定的时间、地点受领货物，并支付货款。

3）承担受领货物后发生的一切费用和风险。

4）自负费用和风险，取得进口许可证和其他官方文件，并办理货物进口的一切海关手续。

4. 使用 FAS 贸易术语应注意的事项

（1）与《1941 年美国对外贸易定义（修订本）》不同的是，美国规定 FAS 适用于各种运输工具，其 FAS vessel 和《2020 年通则》的 FAS 基本相同。

（2）船货衔接时买方必须把船名、交货地点、时间及时通知卖方。卖方货抵船边后，应通知买方。

（3）和 FOB 相比，两者同属装运港交货，不同点在于 FAS 下卖方不负责装船费。

3.4.3 DPU

Delivered at Place Unloaded

卸货地交货

1. 基本特征

DPU 是卖方在指定的目的地卸货后完成交货。卖方承担将货物运至指定的目的地的运输风险和费用。在《2020 年通则》的规定下，DPU 贸易术语的交货地点仍旧是目的地，但这个目的地不再限于运输的终点，而可以是任何地方，强调卸货地不一定是“终点站”。

2. 适用范围

DPU 适用于任何形式的运输。

3. 买卖双方的基本义务

（1）卖方基本义务。

1）卖方自负风险和费用，取得出口许可证或其他官方批准文件，并且办理货物出口以及交货前通过第三国过境所需的一切手续。

2）卖方负责订立运输合同，将货物运送至约定港口或目的地运输终端。卖方对买方无订立运输合同的义务，但应买方的要求，并在其承担风险和费用的情况下，卖方必须向买方提供其办理保险所需的信息。

3）卖方承担在交货地点交货前所涉及的各项费用，包括需要办理出口手续时所应缴纳的关税和其他费用，包括经由第三国过境所涉及的费用。此外，卖方还要支付有关的运费和相关费用，如装货费以及合同中约定由卖方支付的与卸货有关的费用。

4）卖方承担将货物交给买方控制之前的风险。

（2）买方基本义务。

1）买方自负风险和费用，取得进口许可证或其他官方批准文件，并且办理货物进口所需的一切手续。

2）买方承担在交货地点交货后所涉及的各项费用，包括需要办理进口手续时所应缴纳的关税和其他费用。

3）买方承担将货物交给其控制之后的风险，即以买方在交货地点控制货物作为风险转移的界限。

4. 使用 DPU 贸易术语应注意的事项

（1）正确理解“运输终端”的含义。根据《2020 年通则》的解释，运输终端意味着任何地点，而无论该地点是否有遮盖，如码头、仓库、集装箱堆场或公路、铁路、空运货站。为了避免不必要的纠纷，当事人双方在订立买卖合同时尽可能地约定运输终端的名称和其具体位置，并且在运输合同中做出相应的规定。

（2）注意卖方责任的限度。DPU 由《2010 年通则》的 DAT 贸易术语修改而来。DPU 的交货地点不再受码头的限制，但卖方承担的责任仍只是将货物交到合同规定的运输终端。如果双方希望由卖方再将货物从运输终端搬运到另外的地点，并承担期间的风险和费用，则应当使用后面要讲到的 DAP 和 DDP 贸易术语。

3.4.4　DAP

Delivered at Place (... named place of destination)

目的地交货（注明指定目的地）

1. 基本特征

DAP 贸易术语为《2010 年通则》的新增术语，与《2000 年通则》中的 DDU 相当，在 DAP 项下，卖方须在合同约定的日期或期间内，将货物运到合同规定的约定地点，并将货物置于买方的控制之下，在卸货之前即完成交货，风险和费用也在此划分。

2. 适用范围

适用于任何运输方式。

3. 买卖方的基本义务

（1）卖方基本义务。

1）卖方自负风险和费用，取得出口许可证或其他官方批准文件，并且办理货物出口以及交货前通过第三国过境所需的一切手续。

2）卖方负责订立运输合同，将货物运送至约定港口或目的地运输终端。

3）卖方对买方无订立运输合同的义务，但应买方的要求，并其承担风险和费用的情况下，卖方必须向买方提供其办理保险所需的信息。

4）卖方承担在交货地点交货前所涉及的各项费用，包括需要办理出口手续时所应缴纳的关税和其他费用，包括经由第三国过境所涉及的费用。

（2）买方基本义务。

1）买方自负风险和费用，取得进口许可证或其他官方批准文件，并且办理货物进口所需的一切手续。

2）买方承担在交货地点交货后所涉及的各项费用，包括需要办理进口手续时所应缴纳的关税和其他费用。

3）买方承担在指定目的地运输工具上交货之后的一切风险和费用。

4. 使用 DAP 术语应注意的问题

（1）正确理解 DAP 的含义。根据《2010 年通则》的解释，DAP 旨在替代《2000 年通则》中的 DAF、DES 和 DDU。即 DAP 的交货地点既可以是在两国的边境指定地点，也可以是在目的港的船上，还可以是在进口国内的某一地点。即使在进口国内的目的港或最终目的地交货，卖方也不负担卸货费用和进口通关的费用及关税。

（2）注意 DAP 与 CIP 的异同点。根据《2020 年通则》的解释，在 CIP 条件下，卖方要将合同规定的货物运到目的地的指定地点，这个地方可以是在两国的边境指定地点，也可以是在目的地的船上，还可以是在进口国内的某一点。但是两者的交货地点并不相同，在 CIP 条件下，卖方只是承担责任和费用，将货物运到目的地指定地点，风险在将货物交给承运人时即转移给买方。而采用 DAP 时，卖方的交货地点在目的地的约定地点，卖方承担的风险也是在该地点实际交货时才转移给对方的。另外，采用 DAP 时，货运途中的风险是由卖方自己承担，保险也是为了自己的利益，因此，卖方并不对买方承担必须办理保险的义务。

（3）注意 DPU 与 DAP 的区别。DPU 卖方须将已运抵并已卸载的货物交与买方，DAP 卖方须将已运抵但尚未卸载的货物交予买方。

DPU 的交货点是在（进口地）目的港或目的地的指定终点站，如果交货打算在此终点站后的另一地点，则应使用 DAP 或 DDP（完税后交货）。

3.4.5 DDP

Delivered Duty Paid（... named place of destination）

完税后交货（注明指定目的地）

1. 基本特征

在 DDP 项下，卖方须在合同中约定的日期或期间内，将货物运到合同规定的目的地，并且完成进口清关手续后，在运输工具上将货物置于买方的控制之下，在卸货之后，即完成交货，风险和费用也在此划分。

2. 适用范围

适用于任何运输方式。

3. 买卖双方的基本义务

（1）卖方基本义务。

1）卖方必须承担将货物运至目的地的一切费用及风险，包括在需要办理海关手续时在目的地应缴纳的任何进口税费。

2）卖方自负风险和费用，取得出口和进口许可证或其他官方批准文件，并办理货物出口和进口以及交货前通过第三国过境所需的一切手续。

3）卖方必须自付费用订立运输合同，将货物运至指定目的地。如未约定或按照惯例也无法确定具体交货点，则卖方可在目的地选择最适合其目的的交货点。

（2）买方基本义务。

1）买方必须承担货物交由其处置时起的一切风险与费用，并按买卖合同支付货款。

2）应卖方要求，并由其负担风险和费用，买方必须给予卖方一切协助，帮助卖方在需要办理海关手续时取得货物进口所需的进口许可证或其他官方许可。

4. 使用 DDP 贸易术语应注意的问题

（1）根据情况妥善办理投保事项。DDP 是《2020 年通则》中包含的 11 条贸易术语中卖方承担风险、责任和费用最大的一种术语。按照这一术语成交，卖方要负责将货物从启运地一直运到合同规定的进口国内的指定目的地，把货物实际交到买方手中，才算完成交货。根据国际贸易惯例，按照 DDP 贸易术语成交时，卖方对买方并无义务订立保险合同，但由于卖方要承担较大的风险，为了能在货物受损或灭失时及时得到经济补偿，一般情况下，卖方应办理货运保险。在选择投保的险别时，应根据货物的性质、运输方式及运输路线来灵活决定。

（2）其他注意事项。在 DDP 交货条件下，卖方办理进口结关手续后在指定目的地交货，这实际上是卖方已将货物运进了进口方的境内市场。如果卖方直接办理进口手续有困难，也可要求买方协助办理。如果卖方不能直接或间接地取得进口许可证，则不应使用 DDP 贸易术语。如果双方希望买方承担所有进口清关的风险和费用，则应采用 DAP 贸易术语。如果双方当事人同意在卖方承担的义务中排除货物进口时应支付的某些费用（如增值税），应写明“Delivered Duty Paid, VAT Unpaid”，即“完税后交货，增值税未付”。否则，任何增值税或其他应付的进口税款都由卖方承担。

3.4.6 《2020 年通则》中买卖双方的风险、责任及费用界限

《2020 年通则》贸易术语下，双方的风险、责任及费用界限见表 3-3。

表 3-3 《2020 年通则》中买卖双方的风险、责任及费用界限

贸易术语	交货地点	风险转移界限	出口报关的责任、费用负担者	进口报关的责任、费用负担者	适用的运输方式
EXW	商品产地、所在地	买方处置货物后	买方	买方	任何运输方式
FOB	装运港口	货交装运港船上后	卖方	买方	水上运输
FCA	出口国内地、港口	承运人处置货物后	卖方	买方	任何运输方式
FAS	装运港口	货交装运港船边后	卖方	买方	水上运输

（续）

贸易术语	交货地点	风险转移界限	出口报关的责任、费用负担者	进口报关的责任、费用负担者	适用的运输方式
CFR	装运港口	货交装运港船上后	卖方	买方	水上运输
CIF	装运港口	货交装运港船上后	卖方	买方	水上运输
CPT	商品产地、所在地	承运人处置货物后	卖方	买方	任何运输方式
CIP	商品产地、所在地	承运人处置货物后	卖方	买方	任何运输方式
DAP	进口国国内	买方处置货物后	卖方	买方	任何运输方式
DPU	进口国国内	在指定目的港或目的地卸货交买方后	卖方	买方	任何运输方式
DDP	进口国内	买方在指定地点收货后	卖方	卖方	任何运输方式

■ 本章小结

掌握贸易术语和国际贸易惯例的概念，了解关于贸易术语的国际贸易惯例，学习国际贸易惯例的性质与作用，从总体上把握贸易术语和国际贸易惯例。掌握11种贸易术语的基本含义，掌握它们的特点，以及在交货地点、风险划分界限和责任、费用负担方面的有关规定。了解贸易术语的不同特点及其与买卖合同性质的关系，掌握选用贸易术语应考虑的因素，在实践中灵活选用贸易术语。

■ 思考与练习

1. 简述FOB、CFR、CIF三种贸易术语的异同点。
2. 简述FCA、CPT、CIP三种贸易术语与FOB、CFR、CIF三种贸易术语的联系和区别。
3. 简述《2000年通则》《2010年通则》《2020年通则》的区别。

第 4 章 进出口合同价格条款

学习目标

- 理解价格的组成
- 熟练计算出口换汇成本和盈亏率
- 理解主要贸易术语的价格换算、佣金与折扣的含义及计算方法
- 掌握国际货物买卖合同中价格条款的规定办法和计价货币的选择

在国际贸易中，商品的价格是买卖双方最为关心的问题，价格条款是买卖合同中必不可少的重要条款之一，它直接关系到买卖双方的经济利益。对外贸易中的商品价格确定较为复杂，除了通常涉及的成本、费用和利润外，还涉及佣金和折扣的运用，涉及计价货币和贸易术语的选择。因此，合理作价，选用适当的贸易术语及计价货币，以及灵活运用佣金和折扣，对提高商品的竞争力、增加经济效益、减少金融风险，都极为重要。

4.1 影响进出口商品价格的因素

价格的掌握是一项很复杂而又十分重要的工作。为了做好这项工作，外贸从业人员必须正确贯彻我国进出口商品的作价原则，切实了解国际市场价格变动趋势，充分考虑影响价格的各种因素，做好比价工作和加强成本核算，并掌握价格换算的方法。

我国进出口商品的作价原则是，在贯彻平等互利的原则下，根据国际市场价格水平，结合国别（地区）政策，并按照购销意图确定适当的价格。由于价格构成因素不同，影响价格变化的因素也多种多样，因此，在确定进出口商品价格时，必须充分考虑影响价格的种种因素，并注意同一商品在不同情况下应有合理的差价，防止出现不区分情况、采取全球同一价格的错误做法。

为了正确掌握我国进出口商品价格，除遵循上述作价原则外，还必须考虑下列因素：

1. 商品的质量和档次

在国际市场上，一般都贯彻按质论价的原则，即好货好价，次货次价。品质的优劣，档次的高低，包装装潢的好坏，式样的新旧，商标、品牌的知名度，都影响商品的价格。

2. 运输距离

国际货物买卖，一般都要通过长途运输。运输距离的远近会影响运费和保险费

的开支，从而影响商品的价格。因此，确定商品价格时，必须核算运输成本，做好比价工作，以体现地区差价。

3. 交货条件

国际贸易中，由于交货条件不同，买卖双方承担的责任、风险和费用有别，在确定进出口商品价格时，必须考虑这些因素。

4. 成交数量

按国际贸易的习惯做法，成交量的大小影响价格。成交量大时在价格上应给予适当优惠或者采用数量折扣的办法；反之，如成交量过少，甚至低于起订量时，也可以适当提高售价。

5. 季节性需求的变化

在国际市场上，某些节令性商品，如赶在节令前到货，就能卖上好价。过了节令的商品，其售价往往很低，甚至以低于成本的“跳楼价”出售。因此，应充分利用季节性需求的变化，切实掌握好季节性差价，争取以对我方有利的价格成交。

6. 支付条件和汇率变动的风险

支付条件是否有利和汇率变动风险的大小，都影响商品的价格。例如，同一商品在其他交易条件相同的情况下，采取预付货款和凭信用证付款时，其价格应当有所区别。同时，确定商品价格时，一般应争取采用对自身有利的货币成交，如采用不利的货币成交，应当把汇率变动的风险考虑到货价中，即出口时适当提高售价，进口时适当压低购买价格。

7. 注意国际市场商品供求变化和价格走势

国际市场价格因受供求变化的影响而上下波动，有时甚至出现瞬息万变的情况，因此，在确定成交价格时，必须考虑供求状况和价格变动的趋势。当市场商品供不应求时，国际市场价格就会呈上涨趋势；反之，当市场商品供过于求时，国际市场价格就会呈下降趋势。由此可见，切实了解国际市场供求变化状况，有利于对国际市场价格的走势做出正确判断，也有利于合理地确定进出口商品的成交价格，该涨则涨，该落就落，避免价格掌握上的盲目性。

此外，交货期的远近、市场销售习惯和消费者的爱好等因素，对确定价格也有不同程度的影响，必须通盘考虑和正确掌握。

4.2 作价方法和币种选择

国际市场上的商品价格是千变万化的，它既受价值规律的支配，又受市场供求变化的影响。为了正确制定商品价格，必须掌握商品的作价原则，合理使用各种作价方法，选用适当的计价货币。

4.2.1 作价方法

根据有关法律或国际惯例，贸易合同中的价格可以是明确规定的，也可以只规定作价的方法而不明确规定价格。进出口贸易中的作价方法，一般均采用固定作价，即在磋商交易时把价格确定下来，事后无论发生什么情况均按确定的价格结算应付货款。但在实际业务中，有时也采用暂不固定价格、浮动价格和暂定价格等作价方法。

1. 固定价格

固定价格是指在价格条款中明确规定的价格。除非经双方当事人的同意，任何一方不得随意变更。这种方法适用于交货期较短的交易，因为贸易双方均承担市场变化的风险。

货物的价格通常是指货物的单价（Unit Price）。国际贸易的单价远比国内贸易的单价复杂，商品价格的表示方法也与国内价格不同，它需由计价货币、单位价格金额、计量单位、贸易术语四项内容组成。例如：USD 20.00 PER DOZ CIF NEW YORK。

上列单价，如买卖双方对此无其他特殊约定，应理解为固定价格，即订约后买卖双方按此价格结算贷款，即使在定约后市价有重大变化，任何一方也不得要求变更原定价格。

2. 暂不固定价格

暂不固定价格又称“活价”，贸易双方只规定作价的方法和期限，而不规定具体价格。某些货物因其国际市场价格变动频繁，并且变动幅度较大，或交货期较远，买卖双方对市场难以预测，但又确有订约的意图，则可采用暂不固定价格，而约定将来如何确定价格的方法。按此作价方法，买卖双方都不承担市价变动的风险。但是，也由于合同未订明价格而容易造成履约的困难，甚至无法履约。因此，这种方法往往只在长期交往的贸易伙伴间使用。

3. 浮动价格

浮动价格又称滑动价格，是在价格条款中规定一个基础价格，并同时明确调整价格的依据和方法。例如，规定在合同履行期间该商品的市场价格、生产该商品人员的工资或原料价格等指数一有变动，或超过规定的幅度，基础价格则做相应调整。也可规定以某金融交易所的价格变化作为调整基础价格的依据（这实际上是保值条款）。这种作价方法适用于价格变动频繁的大宗贸易或交货周期长的成套设备贸易。

4. 暂定价格

买卖双方在洽谈某些市价变化较大的货物的远期交易时，可先在合同中规定一个暂定价格，待日后交货前的一定时间，再由双方按照当时市价商定最后价格。在出口业务中，有时与信用可靠、业务关系密切的客商洽谈大宗货物的远期交易时，偶尔也采用这种暂定价格的做法。但这种做法，如缺乏明确的定价依据，到时候双方在商定最后价格时可能各持己见不能达成协议，而导致无法履行合同。因此，订有“暂定价格”的合同有较大的不确定性。

4.2.2 币种选择

1. 计价货币和支付货币

计价货币（Money of Account）是合同中用来计算价格的货币。支付货币（Money of Payment）是合同中用来支付货款的货币。实践中，可在合同中只规定一种货币，既用于计价也用于支付；也可分别规定计价货币和支付货币。

在国际贸易中，计价货币通常与支付货币为同种货币，但也可以计价货币是一种货币，而支付货币为另一种甚至另几种货币。这些货币可以是出口国的货币或进口国的货币，也可以是第三国的货币，由买卖双方协商确定。合同中的价格只用一种货币来表示的，没有规定其他支付货币，那么这种货币既是计价货币，也是支付货币。如果在规定计价货币的同时，还规定了支付货币，那么支付货币和计价货币就为两种不同的货币。在后一种情况下，就要注意用什么汇率将计价货币折成等值的支付货币。按惯例，一般按付款日计价货币和支付货币两种货币的汇率，将计价货币表示的价款折成等值的支付货币来支付，除非买卖双方另有规定。

2. 计价货币与支付货币的选择

由于不同的国家使用不同的货币，因此用来计价和支付的货币就有不同的选择。在国际金融秩序相对稳定的条件下，采用哪一种货币来计价和支付，并无大的差异。但在国际金融秩序动荡不定的条件下，采用不同的货币对买卖双方利益会产生较大的影响。尤其在当前国际金融市场普遍实行浮动汇率制的情况下，买卖双方都将承担一定的汇率风险。而且，由于进出口买卖的周期比较长，期间货币的币值可能发生较大变化，甚至出现大幅度的变动，贸易的任何一方都有可能因合同规定的计价货币的汇率发生变动而造成损失。因此，作为交易的当事人，在选择使用何种货币时，就不能不考虑外汇风险，选择一种能兼顾双方利益的币种，有利于减少外汇风险。

在进出口业务中，选择何种货币计价和支付，首先应考虑使用可自由兑换并且汇率相对稳定的货币。使用可自由兑换的货币，有利于调拨和运用，也有助于在必要时转移货币汇价风险。但对那些已与我国签订协定并限定使用某种货币的国家，则应使用协定规定的货币。对可自由兑换的货币，还需考虑其稳定性。在出口业务中，一般应尽可能争取使用从成交到收汇这段时期内汇价比较稳定且趋势上浮的货币，即所谓“硬币”。相反，在进口业务中，则应争取使用从成交到收汇这段时期内汇价比较疲软且趋势下浮的货币，即所谓“软币”或称“弱币”。

在实际业务中，以哪种货币作为计价和支付货币，还应结合企业的经营意图、国际市场供需情况和价格水平等情况，做全面综合的分析，但需避免因单纯考虑外汇风险而影响交易的正常进行。如果为了达成交易而采用对我方不利的货币，则应采用一定的方法予以补救。如根据该种货币今后可能的变动幅度和走势，相应地调整对外报价；在可能的条件下，争取保值条款等。

4.3 主要贸易术语的价格构成和换算

在国际贸易中，不同的贸易术语表示其价格构成因素不同，即包括不同的从属费用。在对外洽商交易过程中，有时一方按某种贸易术语报价时，对方要求改报其他贸易术语所表示的价格，这就涉及价格的换算问题。了解贸易术语的价格构成及其换算方法，乃是外贸从业人员所必须掌握的基本知识和技能。

4.3.1　主要贸易术语的价格构成

1. FOB、CFR、CIF三种贸易术语的价格构成

在我国进出口业务中，最常用的贸易术语是FOB、CFR和CIF三种。这三种术语仅适用于海上或内河运输。在价格构成中，通常包括三方面的内容：进货成本、费用和利润。其中，费用的核算最为复杂，它通常包括国内费用和国外费用两部分。

国内费用项目较多，主要有：①加工整理费；②包装费；③保管费（仓储/租、火险等）；④国内运输费（仓至码头）；⑤证件费（包括商检费、公证费、领事签证费、产地证费、许可证费等）；⑥装船费（装船费、起吊费和驳船费等）；⑦银行费用（贴现利息、手续费等）；⑧预计损耗（耗损、短损、漏损、破损、变质等造成的损失）；⑨邮电费（电报、电话、电传、传真、电子邮件等费用）。

国外费用主要有：①国外运费（装运港至目的港的海上运输费用）；②国外保险费（海上货物运输保险）；③支付给中间商的佣金等。

FOB、CFR和CIF三种贸易术语的出口价格构成的计算公式为

FOB价＝进货成本价＋国内费用＋净利润

CFR价＝进货成本价＋国内费用＋国外运费＋净利润

CIF价＝进货成本价＋国内费用＋国外运费＋国外保险费＋净利润

2. FCA、CPT和CIP三种贸易术语的价格构成

FCA、CPT和CIP三种贸易术语，是国际商会为适应国际贸易的新发展而制定的贸易术语。它们的使用范围比较广，其价格构成也有三部分：进货成本、费用和净利润。由于采用的运输方式不同，交货地点和交货方式不同，有关费用也有所不同。

FCA、CPT和CIP三种贸易术语涉及的国内费用通常包括以下几种：①加工整理费；②包装费；③保管费；④国内运输费用（仓至码头、车站、空港、集装箱运输站、集装箱堆场）；⑤拼箱费（如果货物不够装一整箱）；⑥证件费；⑦银行费用；⑧预计损耗；⑨邮电费等。

国外费用主要有：①国外运费（自出口国内陆启运地至国外目的地的运输费用）；②国外保险费；③支付给中间商的佣金等。

FCA、CPT和CIP三种贸易术语的出口价格构成的计算公式如下：

FCA价＝进货成本＋国内费用＋净利润

CPT价＝进货成本＋国内费用＋国外运费＋净利润

CIP价＝进货成本＋国内费用＋国外运费＋国外保险费＋净利润

4.3.2　主要贸易术语的价格换算

1. FOB、CFR和CIF三种价格的换算

（1）FOB价换算为其他价：

CFR价＝FOB价＋国外运费

$$\text{CIF 价} = \frac{\text{FOB 价} + \text{国外运费}}{1-(1+\text{投保加成率})\times\text{保险费费率}}$$

（2）CFR 价换算为其他价：

$$\text{FOB 价} = \text{CFR 价} - \text{国外运费}$$

$$\text{CIF 价} = \frac{\text{CFR 价}}{1-(1+\text{投保加成率})\times\text{保险费费率}}$$

（3）CIF 价换算为其他价：

$$\text{FOB 价} = \text{CIF 价}\times[1-(1+\text{投保加成率})\times\text{保险费费率}] - \text{国外运费}$$

$$\text{CFR 价} = \text{CIF 价}\times[1-(1+\text{投保加成率})\times\text{保险费费率}]$$

2. FCA、CPT 和 CIP 三种价格的换算

（1）FCA 价换算为其他价：

$$\text{CPT 价} = \text{FCA 价} + \text{国外运费}$$

$$\text{CIP 价} = \frac{\text{FCA 价} + \text{国外运费}}{1-(1+\text{投保加成率})\times\text{保险费费率}}$$

（2）CPT 价换算为其他价：

$$\text{FCA 价} = \text{CPT 价} - \text{国外运费}$$

$$\text{CIP 价} = \frac{\text{CPT 价}}{1-(1+\text{投保加成率})\times\text{保险费费率}}$$

（3）CIP 价换算为其他价：

$$\text{FCA 价} = \text{CIP 价}\times[1-(1+\text{投保加成率})\times\text{保险费费率}] - \text{国外运费}$$

$$\text{CPT 价} = \text{CIP 价}\times[1-(1+\text{投保加成率})\times\text{保险费费率}]$$

4.4 佣金与折扣

实际业务中，在磋商和计算价格时，有时会涉及佣金和折扣的规定。正确掌握和运用佣金和折扣，有利于灵活掌握价格和调动外商经营我方产品的积极性。合同中价格条款所规定的价格，可分为包含佣金或折扣的价格和不包含这类因素的净价（Net Price）。包含佣金的价格，称为含佣价。

4.4.1 佣金

1. 佣金的含义

佣金（Commission）是指代理人或经纪人为委托人服务而收取的报酬。在国际贸易中，佣金常常表现为交易一方支付给中间商的酬金。佣金有明佣和暗佣两种，前者是指在买卖合同中明确规定佣金的百分比；后者是指不在买卖合同中明确规定佣金，而是另行约定佣金。中间商采用暗佣的目的是从买卖双方获得“双头佣金”或为了逃税。佣金直接关系到商品的价格，货价中是否包括佣金和佣金比例的大小，都会影响商品的价格。显然，含佣价比净价要高。正确运用佣金，有利于调动中间商推销和经营我方商品的积极性，增强有关货物在国外市场上的竞争力，从而扩大销售。因此，佣金在我国进出口业务中经常使用。

2. 佣金的规定办法

在价格条款中，对于佣金可以有不同的规定方法。

（1）用文字来说明。例如：“每公吨200美元CIF纽约包含2%佣金”（USD200 per M/T CIF New York including 2% Commission）。

（2）在贸易术语上加注佣金的英文字母C和佣金率。例如：“每打25美元CFRC2%香港”（USD25/DOZ CFRC2% HK）。其中C是Commission的缩写，佣金率可以用百分比表示，也可以用绝对数表示。例如：CIF价包含2%的佣金”可表示为CIFC2%或CIFC2。

3. 佣金的计算方法

计算佣金有不同的方法。实际业务中，利用不同的计算方法，即使含佣价相同，也可以得出几种佣金数。因此，佣金的计算是一种技巧，可以因交易对象或市场需求而异。在实际业务中，最常见的是以买卖双方的成交额或发票金额为基础计算佣金。例如：卖方报价为每公吨1000美元，CIFC3%，则每公吨货物应支付的佣金为30美元（1000美元×3%）；卖方每公吨实际收入应为970美元（1000美元－30美元）。佣金的计算公式为

$$\text{单位货物佣金额} = \text{含佣价} \times \text{佣金率}$$

净价的计算方法为

$$\text{净价} = \text{含佣价} - \text{单位货物佣金额}$$

或

$$\text{净价} = \text{含佣价} \times (1 - \text{佣金率})$$

如果已知净价，则含佣价的计算公式为

$$\text{含佣价} = \frac{\text{净价}}{1 - \text{佣金率}}$$

例4-1：我方报价USD20/KG CIF New York，对方要求改报CIFC3 New York。如果保持我方的净收入不变，则对外改报的含佣价应为

$$\text{含佣价} = \frac{20\text{ 美元}}{1 - 3\%} = 20.62\text{ 美元}$$

4. 佣金的支付方式

佣金的支付方式有以下三种：

（1）从货价中扣除，即合同中规定价格为含佣价（比如CIFC5 = USD200），买方实际支付价格为扣除佣金之后的价格（CIF = USD190）。

（2）待出口商收妥货款后，再按事先约定的期限和佣金率，汇付给中间商。

（3）如采用信用证付款，则在信用证中规定佣金在议付时直接从信用证款项中扣除，称为“议扣”。

4.4.2 折扣

1. 折扣的含义

折扣（Discount）是卖方给予买方一定百分比的价格减让。从性质上看，它是一种优惠。在外贸业务中，使用折扣主要是为了照顾老客户、确保销售渠道、扩大

销售等。业务员应根据具体情况。针对不同客户，灵活运用各种折扣方法。例如，为了扩大销售，可使用数量折扣（Quantity Discount）；或为发展关系，可以适当给予特别折扣（Special Discount）。

折扣有明扣和暗扣。前者在买卖合同中明确规定折扣率；后者是指不在合同中规定折扣率，而另行约定。

2. 折扣的规定办法

在国际贸易中，折扣通常在规定价格条款时，用文字明确表示出来。例如："每公吨 200 英镑 CIF 伦敦包括 3% 折扣"（GBP200 per M/T CIF London including 3% discount）。此例也可表示为："每公吨 200 英镑 CIF 伦敦减 3% 折扣"（GBP200 per M/T CIF London less 3% discount）。此外，也可用绝对数来表示，例如："每公吨折扣 6 美元"。

3. 折扣的计算及支付方式

折扣通常是以成交额或发票金额为基础计算出来的。例如：每公吨 1000 美元 CIF 香港，折扣 2%. 则卖方给予买方的折扣额应为 20 美元（1000 美元 ×2%）。实际上，卖方收回的净收入为 980 美元（1000 美元 -20 美元）。因此，折扣的计算公式为

$$\text{单位货物折扣额} = \text{原价} \times \text{折扣率}$$

$$\text{净收入} = \text{含折扣价} - \text{单位货物折扣额}$$

或

$$\text{净价} = \text{含折扣价} \times (1 - \text{折扣率})$$

折扣的支付方式为：明扣，在买方支付货款时预先扣除；暗扣，不从货价中扣除，而是另付。

总而言之，价格的掌握是一项十分复杂的工作，为了做好这项工作，必须正确贯彻我国进出口商品的作价原则，切实掌握国际市场价格的变动趋势，充分考虑影响价格的各种因素，但更重要的是加强成本和盈亏的核算，并掌握价格换算方法以及合理确定佣金和折扣。

4.5 出口成本核算

在我国现行的外贸体制下，外贸企业是独立的经济实体，其最大特点是自主经营、独立核算和自负盈亏。在确定进出口商品的价格时，要充分考虑到外贸企业的经营特点，最大限度地提高企业的经济效益。

在实际业务中，出口成交价格是由国际市场价格水平来决定的，并且要受国际市场价格走势的影响。出口商品的价格能否被双方接受，要看该价格水平对交易双方是否有利。对我方来讲，为了能够确保在盈利的基础上达成交易，在对外成交前应根据外商提出的要求，参照国际市场价格水平，认真做好盈亏的核算工作。

1. 出口总成本与出口成本价格

（1）出口总成本是指外贸企业为出口商品支付的国内总成本。它由两个基本因素构成：进货成本和国内费用。如果是需要缴纳出口税的商品，出口总成本中还要

包括出口税。

$$出口总成本 = 出口商品购进价(含增值税) + 定额费用 - 出口退税收入$$

$$定额费用 = 出口商品购进价 \times 费用定额率$$

其中，费用定额率 5% ~10% 不等，由各外贸公司按不同出口商品实际经营情况自行核定。

定额费用一般包括银行利息、工资支出、邮电通信费用、交通费用、仓储费用及其他管理费用。

$$出口退税收入 = \frac{出口商品购进价(含增值税)}{1 + 增值税税率} \times 出口退税率$$

（2）出口成本价格是企业以出口总成本为基础计算出来的单位成本价格。它与出口成交价格的主要区别在于：出口成本价格并不涉及有关国外的任何费用；而出口成交价格则可能包括单位商品的国外费用，如国外运费、保险费、佣金等。

【小资料 4-1】

增　值　税

增值税是以商品（含应税劳务）在流转过程中产生的增值额作为计税依据而征收的一种流转税。从计税原理上说，增值税是对商品生产、流通、劳务服务中多个环节的新增价值或商品的附加值征收的一种流转税。实行价外税，也就是由消费者负担，有增值才征税，没增值不征税。

近几年，我国不断深化增值税改革。2019 年，新的增值税税率变动如下：将制造业等行业 16% 的税率降至 13%，将交通运输业、建筑业等行业 10% 的税率降至 9%，确保主要行业税负明显降低。

【小资料 4-2】

出口退税率

出口退税是由税务机关将其在出口前的生产和流通的各环节已经缴纳的国内增值税或消费税等间接税税款退还给出口企业的一项税收制度。

从 1985 年实行对出口商品的退税政策以来，我国的出口退税政策一直处于变动之中。根据中国商品在国际市场的竞争力和国家经济社会发展的需要，在财政承受能力之内，对不同的出口商品实行不同的退税率，即使是同一商品，在不同的时间，也可能实行不同的退税率。

2. 出口外汇净收入与出口换汇成本

（1）出口外汇净收入是指出口外汇总收入扣除劳务费用等非贸易外汇后的外汇收入。如果采用 FOB 价格成交，则成交价格就是外汇净收入。如果采用 CIF 价格成交，则扣除国外运费和保险费等劳务费用支出后，即为外汇净收入。如果以含佣价成交，还要扣除佣金。

（2）出口换汇成本是指某商品出口净收入一个单位的外汇所需要的人民币成本。其计算公式为：

$$出口换汇成本 = \frac{出口总成本(人民币)}{出口外汇净收入(外汇)}$$

从上式可以看出，出口换汇成本与出口总成本成正比，与出口外汇净收入成反比。出口换汇成本是进出口交易盈亏的重要指标。它与外汇牌价进行比较能直接反映出商品出口是否盈利。

例 4-2：在一笔交易中，计算出的出口换汇成本为 5.4 元，如果当时外汇牌价为 1 美元折 6.4 元人民币，则出口 1 美元的该商品取得 1 元人民币的盈利。反之，如果计算出的出口换汇成本为 7.4 元，则出口 1 美元该商品，就会出现 1 元人民币的亏损。

3. 出口盈亏额与盈亏率

出口盈亏额是指出口销售人民币净收入与出口总成本的差额。如果差额为正数，为盈余额；如果差额为负数，则为亏损额。出口盈亏率是盈亏额与出口总成本的比值，用百分比表示。它是衡量出口盈亏程度的一项重要指标。其计算公式为

$$出口盈亏率 = \frac{出口销售人民币净收入 - 出口总成本}{出口总成本} \times 100\%$$

例 4-3：某商品出口总成本为 63 000 元人民币，出口后外汇净收入为 10 000 美元，如中国银行的外汇牌价为 100 美元折合人民币 830 元，则

$$盈亏额 = 83\ 000 元 - 63\ 000 元 = 20\ 000 元$$

$$出口盈亏率 = \frac{20\ 000}{63\ 000}元 \times 100\% = 31.7\%$$

4. 出口创汇率

出口创汇率又称外汇增值率，是指加工后成品出口的外汇净收入与原料外汇成本的比率。该指标主要用于核算用国外原材料或国产原材料加工再出口的业务。计算公式为

$$出口创汇率 = \frac{成品出口外汇净收入 - 原料外汇成本}{原料外汇成本} \times 100\%$$

需要说明的是，如原材料为国产品，其外汇成本可按原料的 FOB 出口价计算。如原材料是进口的，则按原料的 CIF 价计算。通过出口的外汇净收入和原料外汇成本的对比，则可看出成品出口的创汇情况，从而确定出口成品是否有利。特别是在进料加工的情况下，更有必要核算出口创汇率这项指标。

4.6 出口报价实例

我宁波某公司与英国 ABC 有限公司达成一笔出口交易，出口 8000 件电子节能灯架，其中，型号 22W/B22 共 4000 件，单价 2.5 美元/件 CIF 伦敦，型号 32W/B22 共 4000 件，单价 3.0 美元/件 CIF 伦敦，即期不可撤销信用证付款。其他条件如下：

(1) 国内购货价（含 13% 增值税）见表 4-1。

表 4-1 国内购货价

商品货名	型号、规格	数量（件）	单价（元人民币/件）
电子节能灯架	22W/B22	4000	16.00
电子节能灯架	32W/B22	4000	20.00

(2) 包装：10件/箱，两个型号各装一个20ft[⊖]集装箱。
(3) 净重：24kg/箱，毛重：30kg/箱，尺码：(75cm×30cm×30cm)/箱。
(4) 保险费费率：一切险：0.50%，战争险、罢工险：0.30%。
(5) 办公费：按外汇净收入中每1美元扣0.30元人民币计算。
(6) 出口退税率：13%。
(7) 汇率：1美元=7.0488/7.1066元人民币。
(8) 开证通知费：200元人民币。
(9) 议付费费率：1.25‰。
(10) 拖车费、报关费和码头费合计：2500元人民币。
(11) 运费：2680美元/20ft集装箱。

请根据以上条件，核算如下内容：
(1) 出口进货价款（含增值税）。
(2) 出口退税额。
(3) 保险费。
(4) 出口外汇净收入。
(5) 出口人民币净收入。
(6) 议付费。
(7) 办公费。
(8) 出口前其他费用。
(9) 出口总成本。
(10) 出口换汇成本。
(11) 盈亏率。
(12) 若买方要求将价格改报为FOBC3%宁波，则我宁波公司应报何价？

解：

(1) 出口进货价款(含增值税)=4000件×20元/件+4000件×16元/件=144 000元

(2) 出口退税额=[出口进货价款(含增值税)/(1+增值税税率)]×出口退税率
=144 000元/(1+13%)]×13%
=16 566元

(3) 保险费=CIF总值×(1+保险加成率)×保险费费率
=4000件×(2.50美元/件+3.0美元/件)×(1+10%)×(0.50%+0.30%+0.30%)
=266.2美元

(4) 出口外汇净收入=CIF总值−运费−保险费
=4000件×(2.50美元/件+3.0美元/件)−2680美元×2−266.2美元

⊖ 1ft=0.3048m。

=16 373.8 美元

（5）出口人民币净收入 = 出口外汇净收入 × 我国外汇牌价买入价

= 16 373.8 美元 ×7.0488 元/美元

= 115 415.64 元

（6）议付费 = 银行结汇总额 × 我国外汇牌价买入价 × 议付费率

= (2.5 美元/件 +3.0 美元/件) ×4000 件 ×7.0488 元/美元 ×1.25‰

= 193.84 元

（7）办公费 = 出口外汇净收入 ×0.30 元/美元

= 16 373.8 美元 ×0.30 元/美元

= 4912.14 元

（8）出口前其他费用 = 运杂费(拖车费、报关费、码头费) + 通知费 + 议付费

= 2500 元 +200 元 +193.84 元 =2893.84 元

（9）出口总成本 = 出口进货价款(含增值税) + 办公费 + 其他费用 − 出口退税额

= 144 000 元 +4912.14 元 +2893.84 元 −16 566 元

= 135 239.98 元

（10）出口换汇成本 = 出口总成本/出口外汇净收入

= 135 239.98/16 373.8 美元

= 8.26 元/美元

（11）盈亏率 = (出口人民币净收入 − 出口总成本)/出口总成本

= (115 415.64 元 −135 239.98 元)/135 239.98 元

= −15%

（12）CIF 价 = (FOB 价 + 国外运费)/[1 − (1 + 投保加成率) × 保险费费率]

型号 22W/B22：

FOB 价 = CIF 价 × [1 − (1 + 投保加成率) × 保险费费率] − 运费

= 2.5 美元/件 × (1 −110% ×1.1%) −2680 美元/4000 件

= 2.47 美元/件 −0.67 美元/件

= 1.80 美元/件

FOBC3% = 净价/(1 −3%)

= 1.80 美元/件/97%

= 1.86 美元/件

型号 32W/B22：

FOB 价 = CIF 价 × [1 − (1 + 投保加成率) × 保险费率] − 运费

= 3.0 美元/件 × (1 −110% ×1.1%) −2680 美元/4000 件

= 2.96 美元/件 −0.67 美元/件

= 2.29 美元/件

FOBC3% = 净价/(1 −3%)

= 2.29 美元/件/97%

= 2.36 美元/件

4.7　买卖合同中的价格条款

买卖合同中的价格条款，一般包括两大部分内容：商品的单价和总值。

4.7.1　单价

单价（Unit Price）由四个部分构成：计量单位、单位价格金额、计价货币和贸易术语。例如：每件 10 美元 FOB 上海（USD10 per pc FOB Shanghai）。其中，计量单位是“件”，价格金额是“10”，计价货币是“美元”，贸易术语是“FOB 上海”。

在制定价格条款时，还应注意：

（1）计价货币。同一货币名称，在不同的国家和地区，代表的币值不一样。因此，在合同中必须将有关货币的国别（地区）写明。例如“元”，应写明美元、加元、日元。

（2）计量单位。不同国家使用不同的度量衡制度，合同中价格条款的计量单位必须写清楚。如果以吨为计量单位，应写明公吨、长吨或短吨。此外，对计量单位的书写应规范。例如：公吨（Metric Ton. M/T）。

（3）贸易术语后面的港口名或地名。FOB、FCA 术语后须写明装运港（发货地）名称，CFR、CIF、CPT 和 CIP 术语后应写明目的港（目的地）名称。如贸易术语中的地名有同名，应加注国名或地区名，以免出现差错。

4.7.2　总值

总值（Total Amount）也称为总价，是合同中货物的全部金额。总值使用的货币应与单价使用的货币一致，计算总值时如果品质、数量在合同中有机动幅度的，在机动幅度内一般按原有单价计价，在机动幅度外的应在合同中写明计价方法。另外，总值必须用大小写同时表示。

例如：Total Amount：USD123478.00（Say US Dollars One Hundred Twenty Three Thousand Four Hundred and Seventy Eight Only）.

4.7.3　贸易合同中价格条款举例

贸易合同中常见的价格条款有：

（1）每打 55 港元 FOB 上海（HKD55 per doz FOB Shanghai）。

（2）每公吨 400 英镑 CFR 伦敦，合同成立后，不得调整价格（GBP400 per M/T CFR London. No price adjustment shall be allowed after conclusion of this contract）。

（3）每纸箱 5000 日元 CIFC2 名古屋（JPY 5000 per carton CIFC2 Nagoya）。

■ 本章小结

出口商品作价直接关系到贸易双方尤其是卖方的经济利益。我国进出口商品的作价原则是：在贯彻平等互利的原则下，根据国际市场价格水平，结合国别（地区）政策，并按照购销意图确定适当的价格。由于价格构成因素不同，影响价格变化的因素也多种多样。因此，在确定进出口商品价格时，必须充分考虑影响价格的种种因素，并注意同一商品在不同情况下应有合理的差价。

合同中的价格条款，一般包括商品的单价和总值两项基本内容。商品的单价通常由四部分组成，即计量单位、单位价格金额、计价货币和贸易术语。总值是指单价与成交商品数量的乘积，即一笔交易的货款总金额。对外贸易效益成本核算内容通常包括出口盈亏率、出口换汇成本和出口创汇率等。

■ 思考与练习

1. 试写出几个净价、含佣价、折扣价的单价条款。

2. 下列出口单价的写法有错或不完整，请予以更正或补充。

（1）每箱 78 美元 CIF 美国。

（2）每吨 5678 日元 CFR3% 大阪。

（3）CFR 伦敦每箱 50 元。

（4）每码 5 美元 CIF 香港净价含 3% 佣金。

（5）每码 2 美元纽约。

3. 我国某公司出口商品，对外报价为 CIF 纽约每公吨 500 美元。两天后，外商要求改报 CFRC5% 纽约，已知保险费费率为 0.6%，投保加成率为 10%，试问价格应该调整为多少？

4. 某出口货物的 FOB 价为 100 港元，单位运费为 10 港元，佣金率为 5%，保险费费率合计为 1%，投保加成率为 20%，试将 FOB 价格分别改报成 CFR、CFRC5 和 CIF 价格。

5. 某商品出口总成本为 CNY 70 000，出口外汇净收入为 USD 10 000. 设美元汇价为 USD100 = CNY828.60/831.08. 求出口盈亏率和出口换汇成本。

第5章

进出口合同装运条款

学习目标

- 掌握国际货物运输常用的方式
- 理解海运提单的种类和作用
- 掌握装运条款的订立

在国际贸易中，按照国际货物买卖合同规定的质量、数量、时间、地点和方式，向买方交付货物、移交与货物有关的单据并转移货物的所有权，是卖方的基本义务。在实践中，卖方将货物交付给买方，通常需通过国际长途运输，而这种运输又往往要由买卖双方的互相配合才能完成。因此，在涉及运输的买卖合同中，诸如使用FOB、CFR、CIF、FCA、CPT、CIP等贸易术语的交易，都有必要就货物装运时间、装卸地点和运输方式以及买卖双方的有关交接和运输中的责任达成协议，并在买卖合同中做出明确规定。

5.1 国际货物运输方式

现代国际贸易使用的运输方式主要有海洋运输、铁路运输、公路运输、航空运输、邮政运输、管道运输、集装箱运输、大陆桥运输和国际多式联运等。在一笔交易中使用哪一种运输方式，由买卖双方在磋商交易时约定。

5.1.1 海洋运输

海洋运输（Ocean Transport）是国际货物运输中采用最广的一种运输方式，其运量在国际货物运输总量中占2/3以上，我国进出口货物货运总量的90%是通过海洋运输完成的。我国是一个海岸线很长的国家，沿海有许多终年不冻的优良港口。我国的主要海港有大连、秦皇岛、天津、烟台、青岛、连云港、南通、上海、宁波、温州、福州、厦门、黄埔、北海、湛江等。

1. 海洋运输的特点

海洋运输之所以被如此广泛地采用，是因为它与其他国际货物运输方式相比，有下列明显的优点：

（1）通过能力大。这是由于海洋运输不像其他运输方式要受到轨道、机场、道路或其他设施的制约，它可以充分利用四通八达的天然航道，通过能力大。货物从我国的港口几乎可以到达世界上任何其他港口。

（2）运量大。由于船舶向大型化发展，船舶的载运能力远远大于火车、汽车和飞机，是运输能力最大的运输工具。一般万吨船舶的载重量相当于 200 多个火车车皮的载重量。

（3）运费低廉。在所有运输方式中，海洋运输的运费是最便宜的，而且船舶可以自由通过公海，根本不需要出钱借道。据统计，海运运费一般只为铁路运费的 1/5、公路运费的 1/10 和航空运费的 1/30，因而，海洋运输适用于低值大宗货物的运输。

海洋运输具有上述优点的同时，也存在不足之处：

（1）速度慢。船舶体积大，水流的阻力强，海上风力也比较大，因此，海洋运输的速度慢，一般多在 10 ~ 20n mile/h，班轮的航行速度也只有 30n mile/h 左右。

（2）货运风险较大。由于海洋环境复杂，气象多变，船舶航行受气候和季节性因素影响大，可能会遭遇狂风、巨浪、雷电、海啸等不可抗力。同时，海上运输还会遭遇如战争、罢工、贸易禁运等社会风险的影响。

2. 海洋运输的种类

按照船舶经营方式的不同，海洋运输可分为班轮运输（Liner Transport）和租船运输（Charter Shippment）两种。

（1）班轮运输。班轮运输又称定期船运输，简称班轮（Liner），是指船舶按照预定的航行时间表，在固定的航线和港口往返航行，从事客货运输业务并按事先公布的费率收取运费的运输。班轮运输比较适合于运输小批量的货物。为方便货主安排货物，及时办理订舱手续，班轮公司都备有船期表（Sailing Schedule）印发给货主，有的还在报刊上公布。

1）班轮运输的特点。班轮运输具有如下特点：①“四固定”，即固定船期、固定航线、固定港口和相对固定的运费率；②“一负责”，即船方负责装、卸，运费内已包括装卸费，班轮公司与托运人双方不计滞期费和速遣费；③班轮公司和货主双方的权利、义务和责任豁免均以班轮公司签发的提单条款为依据。

2）班轮运费（Liner Freight）。班轮运费是班轮公司为运输货物而向货主收取的费用。它包括货物从装运港至目的港的海上运费以及货物的装卸费和附加费用。在实际业务中，班轮公司均按照班轮运价表（Liner's Freight Tariff）的规定计收运费。不同的班轮公司或不同的班轮公会有不同的班轮运价表。运价表不仅包括在不同航线上运输不同货物的单位费率，而且还包括计算运费的规则和规定，如货物的分类和分级、计费标准、各种附加费的计算办法和费率等。

对于基本费率的规定，有的是按每项货物列出其基本运费费率，称为“单项费率运价表”；有的是将承运货物分为若干等级（一般分为 20 等级），每一等级有一个基本费率（第 1 级的费率最低，第 20 级的费率最高），称为“等级运价表”。

班轮运费由基本运费和附加费构成。

基本运费的计收标准主要有以下几种：

① 按货物的毛重计收。这种方式称为“以重量吨”（Weight Ton，W/T）作为计算运费单位，在班轮运价表中用“W”表示。1 重量吨为 1 公吨或 1 长吨等。

② 按货物的体积或容积计收。这种方式称为“以尺码吨”（Measurement Ton，M/T）作为计算运费单位。1 尺码吨为立方米或立方英尺，在班轮运价表中用“M”表示。重量吨和尺码吨统称为运费吨。

③ 按货物的 FOB 价格计收。这种方式称为“从价运费”。在运价表上用“A. V.”或“Ad val.”“val.”，即拉丁文 valorem（从价）的缩写表示。从价运费在承运贵重商品或高价商品时采用，如黄金、白银、精密仪器、手工艺品等，这些商品在保管方面需要采取特别措施，承运人要承担较大责任。

④ 按货物重量或体积从高计收。这即在重量吨和尺码吨两种计算标准中选择较高者收，在运价表内用“W/M”表示。

⑤ 从货物重量、体积或价值三者中选择一种最高的运费计收。运价表中用“W/M”或“Ad val.”表示。

⑥ 按货物重量或体积选择其高者，再另收一定百分比的从价运费。在运价表中用“W/M plus A. V.”表示。

⑦ 按货物的件数计收。若运输的货物为货车，则按“每辆”（per unit）计收运费。若运输的货物为活牲畜，则按“每头”（per head）计收运费。

⑧ 由货主和船公司临时议定。这适用于运量较大、装卸容易、货价较低的大宗货物，如粮食、豆类、矿石、煤炭等。议价货物的运费费率一般较低。

附加费的名目繁多，主要有超重附加费（Heavy lift Additional）、超长附加费（Long Length Additional）、直航附加费（Direct Additional）、转船附加费（Transhipment Surcharge）、港口拥挤附加费（Port Congestion Surcharge）、选港附加费（Optional Additional）、港口附加费（Port Surcharge）、燃油附加费（Bunker Surcharge）、变更卸货港附加费（Alternation of Destination Surcharge）、绕航附加费（Deviation Surcharge）等。

附加费通常以基本运费的百分比计收，或以每运费吨若干金额计收。值得注意的是，根据一般运价表的规定：不同货物混装在一个包装内（集装箱除外），全部货物按费率中高的计收；同一提单内有两种以上不同计价标准的货物，托运时未分列货名和数量的，计收标准和运价全部按高者计。对于无商业价值的样品，凡体积不超过 0.2m^3，重量不超过 50kg 的，可要求船公司免费运送。另外，一般运价表中还有起码运费的规定，即每份提单最低必须收取若干运费，其具体金额须视不同地区、是否转船等情况而定。

班轮运费的计算步骤如下：

① 选择相关的船公司运价表。

② 根据货物名称，在货物分级表中查出相应的运费计算标准（Basic）和等级（Class）。

③ 在等级费率表的基本费率部分，找到相应的航线、启运港和目的港，按等级查到基本运价。

④ 再从附加费部分查出所有应收（付）的附加费项目和数额（或百分比）及货币种类。

⑤ 根据基本运价和附加费算出实际运价。

⑥ 总运费 = 实际运价 × 运费吨。

下面举例说明班轮运费的计算：

例 5-1：从我国宁波运往国外某港口一批货物，计收运费标准为 W/M，共 200

箱，每箱毛重25kg，每箱体积为49cm×32cm×19cm，基本运费费率为每运费吨60美元，特别燃油附加费费率为5%，港口拥挤附加费费率10%，试计算200箱应付多少运费？

解：$W=25\text{kg}=0.025$ 运费吨　$M=0.49\text{m}\times0.32\text{m}\times0.19\text{m}=0.0298$ 运费吨

因为 $M>W$，所以采用 M 计费：

运费 = 总货运量 × 基本运费费率 ×（1 + 附加费费率）

=60 美元 ×200×0.0298×(1+5% +10%)

=60 美元 ×5.96×115%

=411 美元

班轮运费的支付，根据支付时间不同，结合不同的贸易条件，通常有运费预付（Freight Prepaid）和运费到付（Freight Collect）两种。

【小资料5-1】

世界班轮公司

Alphaliner最新运力数据显示，全球班轮公司运力100强中排名前三名的分别是马士基航运、地中海航运和中远海运集运。其他有达飞海运、赫伯罗特、日本邮船集运、长荣海运、总统轮船API等，全球班轮公司运力排名前20位的公司总运力为2015.63万TEU，占全球集装箱总运力的89.51%。

1）马士基航运MSK（丹麦）。马士基集团成立于1904年，总部位于丹麦哥本哈根，在全球135个国家设有办事机构，拥有约89 000名员工，在集装箱运输、物流、码头运营、石油和天然气开采与生产，以及与航运和零售行业相关其他活动中，为客户提供了一流的服务。集团旗下的马士基航运是全球最大的集装箱承运公司，服务网络遍及全球。

2）地中海航运MSC（瑞士）。地中海航运于1970年建立，2007年成为按照集装箱运力和集装箱船数量排序的世界第二大航运公司，业务网络遍布世界各地。20世纪70年代，地中海航运专注发展非洲及地中海之间的航运服务。至1985年，地中海航运拓展业务到欧洲，后更开办大西洋航线。从投资规模已可看到地中海航运的热诚及其发展的速度。MSC在全世界有350个机构、28 000员工、255艘集装箱船。

3）中远海运集运COSCO（中国）。中远海运集运于1997年11月11日成立，经营范围包括国际、国内海上集装箱运输，接受订舱，船舶租赁，船舶买卖，船舶物料、备件、伙食、燃油的供应及与海运有关的其他业务以及陆上产业，国内沿海货物运输及船舶代理。该公司拥有157艘集装箱船舶，运力达667 970TEU，在全球超过48个国家和地区的159个港口挂靠，经营76条国际航线、10条国际支线。

4）达飞海运CMA CGM（法国）。法国达飞海运集团是法国第一、世界第三的集装箱全球承运公司。总部设在法国马赛的达飞海运集团始建于1978年，初期主要承接黑海地区业务，进入20世纪90年代后期，集团不仅开通了地中海至北欧、红海、东南亚、东亚的直达航线，还分别于1996年、1999年成功收购了法国最大的国营船公司——法国国家航运公司和澳大利亚国家航运公司，正式更名为CMA CGM。

5）赫伯罗特HLD（德国）。这是一家全球领先的班轮运输公司，成立于1970年，由1847年的哈帕格和1856年的北德意志劳埃德两个公司合并而来。赫伯罗特公司于 1998 年由旅途公司（TUI AG）收购，于 2002 年成为其全资子公司。

6）日本邮船集运 NYK（日本）。日本邮船株式会社 1885 年成立，现为世界顶尖船公司之一，宗旨是最大限度地利用信息技术为客户提供物流运输服务。日本邮船集运是日本邮船株式会社成立的运输公司，如今已经跨洋越海，成为世界海运业重要的服务提供商之一。

7）长荣海运 EVERGREEN（中国）。长荣海运创立于 1968 年 9 月 1 日，成立之初，仅仅以一艘 20 年船龄的杂货船刻苦经营，虽举步维艰，但长荣海运遵照着创造利润、照顾员工、回馈社会的经营理念，缔造了许多佳绩；发展至今，共经营约 150 艘全货柜轮，不论船队规模还是货柜承载量皆位居全球领先地位。服务网络遍布全球 80 多个国家和地区，服务据点多达 240 余处，所经营的远、近洋全货柜定期航线涵盖全球五大区块。

8）总统轮船 APL（美国）。APL 原来是一家有 170 多年历史的美国船公司，后来在 1997 年的时候被 NOL 吞并，但还是用 APL 的牌子。经历了激动人心的变革，APL 跻身于世界五大航运和物流服务公司之列。

（2）租船运输。租船运输又称不定期运输，是指包租整船或部分舱位进行运输。其特点是航行时间（船期）、航线、停靠的港口、运费等均由船租双方在租船合同中约定。在实际业务中，租船运输以包租整船居多。所谓租船（Charter），系指根据租船合同（Charter Party），船东将船舶出租给租船人使用，以完成特定的货物运输任务，租船人按合同规定的运价支付运费。在国际贸易中，大宗货物适宜使用租船运输，有利于减少运费支出，降低经营成本。

1）租船方式。租船方式一般有以下几种：

① 定期租船（Time charter）。定期租船又称期租船，是指按一定期限（如一年、数年）租赁船舶的方式，即由船东将船舶出租给租船人在规定期限内使用，在此期限内由租船人自行调度和经营管理。我国运输机构也有使用期租船开辟自营的班轮航线或租船人经营的程租船业务的。

定期租船的特点是：在租赁期内，船舶由租船人负责经营和管理；一般只规定船舶航行区域而不规定航线和装卸港；不规定装卸率和滞期速遣费条款；除另有规定外，可以装运各种合法货物；船方负责船舶的维修和机械的正常运转，负责配备船员并支付船员的工资等；租金按租期每月（或 30 天）每载重吨计付；船东和租船人双方的权利和义务以期租船合同为依据。

② 定程租船（Voyage Charter）。定程租船又称程租船，是指按航程租赁的方式。定程租船又有单程航次（Single Voyage Charter）、来回程航次（Round Voyage Charter）、连续单程航次（Consecutive Single Voyage Charter）、连续来回程航次（Consecutive Round Voyage Charter）之分。

定程租船的特点是：以运输货值较低的粮食、煤炭、木材、矿石等大宗货物为主；无固定航线、固定装卸港口和固定航行船期，而是根据租船人（货主）的需要和船东的可能，经双方协商，在程租船合同中规定；程租船合同需规定装卸率和滞期速遣费条款；运价受租船市场供需情况的影响较大，并和租船人和船东双方的其他权利、义务一并在程租船合同中规定。

2）租船合同。在世界租船市场上，有些国家和地区的航运组织或商会，根据有关的航线、货类和租船方式的特点制定各种标准的租船合同，以便船租双方办理租船业务时，可以以这些合同中的条款为依据进行洽商，从而加速交易的进行。在实际业务中，外贸企业如有大宗货物进出口，一般只使用程租船。所以，以下只介绍程租船的租船合同。

租船合同与贸易合同的规定在以下几方面应当互相衔接：装卸港口、装卸货物的种类和数量、装卸费用、装运期、装卸时间、滞期费、速遣费，以及运费的支付方式和支付地点等。在签订大宗货物的买卖合同时，应与有关运输人员密切联系，充分考虑运输方面的问题。

① 运费。程租船运费的计算方式与支付时间，需由租船人与船东在租船合同中明确规定。其计算方式主要有两种：一种是按运费费率，另一种是按整船包价。

② 装卸费。根据不同交易的具体需要，装卸费可以由船东负担，也可由租船人负担，或装货费和卸货费分别由某一方负担。在实际业务中，有关装卸费应由租船人和船东协商确定后在程租船合同中具体规定。具体做法主要有以下四种：

第一，船东负担装卸费（Gross Terms）。这即把装卸费包括在程租船运费之中，与班轮一样，故也可称“班轮条件”（Liner Terms）。这种做法多用于木材和包装货物的运输。

第二，船东不负担装卸费（Free in and out，FIO）。这一般适用于散装货运输。采用这一条件，还应在租船合同中明确理舱费和平舱费由谁负担。实践中一般都规定由租船人负担，即船东不负担装卸、理舱和平舱费（Free in and out，Stowed，Trimmed，FIOST）。

第三，船东管装不管卸（Free out，FO）。即船东负担装货费，但不负担卸货费。

第四，船东管卸不管装（Free in，FI）。即船东负担卸货费，但不负担装货费。

有必要指出，即使租船合同订明船东不负担装卸费，他对货物的安全积载也要负责。

5.1.2 铁路、航空、邮政运输

1. 铁路运输

铁路运输（Rail TransPort）是我国对外贸易运输中仅次于海洋运输的重要运输方式。它具有运行速度快、运载量较大、受气候影响小、准确性高和连续性强等优点，而且风险小。

国际铁路联运是指两个或两个以上不同国家铁路部门按照协议，利用各自的铁路，联合完成一票货物的全程运输的方式。开展国际铁路联运，对于简化货运手续、加速货物流转、降低运输费用、促进进出口贸易发展都很有利。国际铁路联运通常是依据有关的国际条约进行的。我国与欧洲一些国家相连铁路联运就涉及两个国际条约：《国际货协》和《国际货约》。

《国际货协》是于1951年缔结的《国际铁路货物联运协定》的简称，我国于1954年1月参加了该协定。凡参加《国际货协》国家的进出口货物，从发货国家的始发站到收货国家的终到站，只要在始发站办妥托运手续，使用一份运送单据，即可由铁路以连带责任办理货物的全程运送。根据《国际货协》的规定，不仅缔约

国之间可办理货物运送，而且也可向非缔约国运送货物；反之，非缔约国也可向缔约国运送货物。

《国际货约》是1890年欧洲各国在瑞士伯尔尼举行的各国代表大会上制定的《国际铁路货物运输公约》的简称。参加国共有24个。有些国家《国际货协》与《国际货约》的双重参加国，这就为国际铁路联运提供了更为便利的条件，使参加《国际货协》国家的进出口货物，也可以通过铁路转运至参加《国际货约》的国家。

国际铁路联运的运输费用有如下规定：发送国铁路的运送费用，按发送国铁路的国内运价计算；到达国铁路的运送费用，按到达国铁路的国内运价计算；过境国铁路的运送费用，按《国际铁路货物联运统一过境运价规程》（简称《统一货价》）的规定计算。

【小资料5-2】

中欧班列（铁路线）

中欧班列是指按照固定车次、线路等条件开行，往来于中国与欧洲及“一带一路”沿线各国的集装箱国际铁路联运班列。目前铺划了西、中、东三条通道：西部通道由我国中西部经阿拉山口（霍尔果斯）出境，中部通道由我国华北地区经二连浩特出境，东部通道由我国东南部沿海地区经满洲里（绥芬河）出境。

随着“一带一路”倡议的不断落实，中欧班列已经成为横跨欧亚大陆、联通丝绸之路经济带、名副其实的“钢铁驼队”。截至2019年6月，中欧班列累计开行数量近1.7万列，国内开行城市达62个，境外到达16个国家的53个城市。回程班列已达99%，基本实现去一回一，综合重箱率达88%。目前，中欧班列线路主要分布在德国、俄罗斯、哈萨克斯坦、塔吉克斯坦、波兰、白俄罗斯等国家。中欧班列已成为国际物流陆路运输骨干。

2. 航空运输

航空运输（Air TransPort）是一种现代化的运输方式。航空运输具有许多优点：运送迅速、安全准时、节省包装、货物破损率小、保险和储存费用少、可以运往世界各地而不受地面条件限制等。航空运输对易腐、鲜活、季节性强、紧急需要的商品及精密仪器、贵重物品等尤为适宜。

航空运输的方式很多，有班机运输、包机运输、集中托运和航空急件传送等。

（1）班机运输（Airline Transport）有固定航线和停靠航站，又能定期开航，能安全、迅速并准时地到达世界各通航地点，使收货人能掌握货物启运和到达的时间和地点，有利于投入市场，因此最受货主的欢迎。一般航空公司都使用客货混合型飞机。一些较大的航空公司也在某些航线上开辟了全货机航班运输。

（2）包机运输（Chartered Carrier Transport）有整包和分包两种。整包适合于运输大宗货物。分包适于1t以上不足整机的货物运输，运费费率较班机运输低，但运送时间较班机要长。

（3）集中托运（Consolidation Transport）是指航空货运代理机构把若干批单独发送的货物组成一整批向航空公司集中托运，填写一份总运单发运到同一目的站，由航空货运代理机构委托目的站所在地的代理人负责收货，并分拨给各个实际收货人。这种托运方式可争取较低的运价，在航空运输中使用较为普遍。

（4）航空急件传送（Air Express Service）是一种最快捷的运输方式。它是由一个专门经营此项业务的机构与航空公司密切合作，设专人用最快速度在发货人、机场和收货人之间传送急件，特别适用于急需的药品、医疗器械、贵重物品、图样资料、货样及单证等的传送，被称为“桌到桌运输”（Desk to Desk Express Service）。

实际业务操作时，通常通过外运公司的航空部办理航空运输。航空运费一般是按重量或体积两者中较高者计收。但体积折合公斤或磅的计算方法各航空公司不尽相同。有按 $6000cm^3$ 或 $365in^3$ 折合 1kg 的；有按 $7000cm^3$ 或 $427in^3$ 折合 1kg 的；也有按 $166in^3$ 或 $194in^3$ 折合 1lb 的。

【小资料 5-3】

世界知名快递公司

（1）FedEx。FedEx 是世界最大的快递公司之一，联邦快递目前在亚太地区 32 个国家和地区有近 8600 名员工，公司的亚太区总部设在我国香港，同时在上海、东京、新加坡均设有区域性总部。

（2）UPS。UPS 总部设于美国佐治亚州亚特兰大市，是全球领先的物流企业，提供包裹和货物运输、国际贸易便利化、先进技术部署等多种旨在提高全球业务管理效率的解决方案。

（3）DHL。DHL 是最早进入中国的跨国快递巨头，现在由德国邮政全球网络 100% 拥有，旗下的主要业务有快递、全球转运和货运、供应链、全球邮递。

（4）EMS。EMS 是各国邮政开办的一项特殊邮政业务。该业务在各国邮政、海关、航空等部门均享有优先处理权，以高速度、高质量为用户传递国际紧急信函、文件资料、金融票据、商品货样等各类文件资料和物品，同时提供多种形式的邮件跟踪查询服务。EMS 还提供代客包装、代客报关、代办保险等一系列综合延伸服务。

3. 邮政运输

邮政运输（Parcel Post Transport）又称邮包运输，是一种以邮政部门作为承运人的最简单的运输方式。国际邮件可分为函件和包裹两大类。国际上，各国邮政业务均由国家办理，并兼办邮政运输业务。各国邮政部门之间订有协定和公约，从而保证了邮件包裹传递的畅通无阻、四通八达，形成了全球性的邮政运输网，遂使国际邮政运输得以在国际贸易中被广泛使用。

我国与很多国家也订有邮政包裹协议和邮电协定，还于 1972 年恢复并参加了万国邮政联盟（Universal Postal Union）。万国邮政联盟简称“邮联”，其宗旨是组成一个国际邮政领域，以便相互交换邮件；组织和改善国际邮政业务，以利国际合作的发展；推广先进经验，给予会员邮政技术援助。

国际邮政运输具有广泛的国际性，而且通常需要经过两个或两个以上国家的邮政局和两种或两种以上不同的运输方式的联合作业才能完成，而寄件人只要向邮局办理一次托运手续，一次付清邮资并取得邮包收据（Parcel Post Receipt）作为邮局收到邮包的凭证（收据）和邮包灭失或损坏时凭以向邮局索赔的依据，其余事宜概由各有关邮局负责办理。待邮件运抵目的地，收件人即可凭当地邮局到件通知和身份证明提取邮件。因此，国际邮政运输实属国际多式联运性质。而各国邮局遍布各地，寄件人一般可在当地就近邮局投寄邮件，邮件到达目的地后，收件人一般也在当地就近邮局提取。因此，邮政运输也是一种“门到门”运输。

近年来，特快专递业迅速发展。目前在我国从事国际快递业务的公司主要有敦豪（DHL）、联合包裹（UPS）、联邦快递（FedEx）等。

5.1.3　集装箱运输、国际多式联运和大陆桥运输

集装箱运输、国际多式联运和大陆桥运输是目前国际货物运输使用较多的三种新型的运输方式。

1. 集装箱运输

集装箱运输（Container Transport）属于成组化运输。所谓成组化运输，是指把零散的货物合并组成大件进行运输。近年来，成组化运输特别是集装箱运输已成为国际货物运输的主要方式。

集装箱运输是以集装箱为运输单位进行运输的一种现代化的先进的运输方式，它可适用于各种运输方式的单独运输和不同运输方式的联合运输。

国际标准化组织（ISO）为统一集装箱的规格，推荐了三个系列 13 种规格的集装箱，而在国际航运上使用的主要为 20ft 集装箱、40ft 集装箱和 40ft 高柜。为便于统计，国际上以 20ft 集装箱作为计量单位，称标准集装箱或标准箱，用 TEU 表示。TEU 是英文 Twenty-foot Equivalent Unit 的缩写，意即“20ft 等量单位”。集装箱运输的货物有整箱货和拼箱货之分。

（1）整箱货（Full Container Load，FCL）。整箱货运输适用于货方有足够的货源装载一个或数个整箱的情况。整箱货由货方在工厂或仓库自行装箱，也可由承运人代为装箱，装箱后加锁、铅封，并打上印记，直接送往集装箱堆场（Container Yard，CY）等待装运。承运人也可在内陆转运站接箱。货到目的港（地）后收货人可直接从目的港（地）集装箱堆场提走。

（2）拼箱货（Less than Container Load，LCL）。拼箱货是指货量不足一整箱，由货方将货物运到集装箱货运站（Container Freight Station，CFS）或内陆转运站，再由承运人或其代理人根据货物的性质和所到目的地进行分类整理，将不同发货人的货物拼装在一个集装箱内，货到目的港（地）后，由承运人拆箱后分拨给各收货人。

集装箱运输货物的交接，可以在启运港和目的港之间进行，即采用“港到港”（Port to Port）方式；也可以在发货人和收货人的工厂和仓库之间进行，即采用“门到门”（Door to Door）方式；还可以在集装箱堆场和集装箱堆场之间进行（CY to CY）。

集装箱运输的优点很多，主要是加速货物装卸、提高港口吞吐能力、加速船舶周转、减少货损货差、节省包装材料、减少运杂费用、降低营运成本、简化货运手续和便利货物运输等。它的出现和广泛运用，不仅改变了传统的运输风貌，而且对贸易做法以至国际惯例都产生了影响。

集装箱运输的海运运费由船舶运费和有关杂费组成，其计收方法基本上有两种：①按每运费吨计收运费（拼箱货常用这种方法计收运费）；②按包箱费率即每个集装箱作为一个计费单位（整箱货通常按一个货柜计收运费）计收运费。包箱费率视不同的船公司和航线等因素而不同。在包箱费率中有的不论货种和箱容利用程度；有的则规定最低的箱容数；有的还规定所装货物的等级，超过规定等级的，按

实际等级计费。有的船公司还有最低运费的规定。对拼箱货的最低运费规定与班轮运输中的规定基本相同；对整箱货，如由货主自行装箱而箱内所装货物未达规定最低计费标准时，其亏舱损失由货主负担。因此，在实际操作时，提高积载技术，充分利用整箱空间，至关重要。

【小资料5-4】

特殊的集装箱附加费

（1）AMS。AMS为Automated/Advance Manifest System的简写，称为美国反恐舱单，又叫24小时舱单预报，是美国出于反恐需要建立的一项制度。它规定船公司必须于装船前24小时将货物资料通过AMS报美国海关。货物资料必反映真正的托运人和收货人，此二栏不可填货代或其代理人，而货代须于装船前48小时将资料（文件）报给船公司，货代因为此规定而向货主收取AMS附加费。

（2）THC。THC为Terminal Handling Charge简写，即集装箱码头装卸作业费，包括在装运港堆场接受来自货主或集装箱货运站的整箱货和堆存、搬运至装卸桥下的费用，以及在卸货港的从装卸桥下接受进口箱，将箱子搬运到堆场和在堆场的堆存费用，还包括在装卸港的有关单据费用。

2. 国际多式联运

国际多式联运（International Multimodal Transport；International Combined Transport）是指按照多式联运合同，以至少两种不同的运输方式，由多式联运经营人将货物从一国境内接收货物的地点运往另一国境内指定交付货物的地点的运输方式。这种联合运输方式根据《联合国国际货物多式联运公约》的解释，需同时具备下列六个条件：

（1）必须有一个多式联运合同。

（2）必须使用一份包括全程的多式联运单据（Multimodal TransPort Document，MTD）。

（3）必须至少是两种不同运输方式的连贯运输，如陆—海、空—海或陆—空等。

（4）必须是国际货物运输。

（5）必须由一个多式联运经营人对全程运输总负责。

（6）必须是全程单一的运费费率。

国际多式联运是随着集装箱运输的产生和发展而发展起来的。它集中了各种运输方式的特点，使货运环节简化，运费成本降低，受到越来越多进出口商的青睐。与单一运输方式相比，国际多式联运还有以下优点：

（1）一次托运，手续简便。即不论路程远近、环节多少，托运人只需办理一次托运手续，支付一次运费，取得一份运输单据。

（2）运输迅速，安全可靠。多式联运经营人从其经济利益出发，一般都选择合理的运输路线和运输方式，以最快速度完成运输。并且，多式联运经营人在进口地都设有代理，负责接收、拨交货物和通知货主，一般不会出现货到目的地无人接管或者无处查询货物下落的情况。此外，国际多式联运以集装箱为媒介，可以减少货损货差。

（3）全程运输，提前结汇。托运人将货物交付多式联运经营人接管时即可取得多式联运单据，凭此单据向银行办理收汇手续。多式联运经营人（Multimodal Transport Operator）是指其本人或通过其代表订立多式联运合同并且负有履行合同的责任的任何人。他可以是实际承运人，办理全程或部分运输业务，也可以是无船承运人（Non-vessel Operating Common Carrier，NVOCC），即将全程运输交由各段实际承运人来履行。

目前我国已开办的多式联运路线可到达欧、美、非洲的港口或内陆城市，形式也多种多样。货物的交接方式有门到门、门到场站（集装箱堆场、集装箱货运站），也有场站到场站、场站到门等。办理此项业务的地区由原来限于沿海港口城市及其周围地区，现已发展到各省市区的许多城市及附近地区。这对我国内陆省市出口货物的按时装运和及时结汇创造了有利条件。采用多式联运方式，货物在内陆只要装上第一程运输工具，发货人即可取得运输单位出具的包括全程运输的运输单据，凭以向银行办理收汇手续。

3. 大陆桥运输

大陆桥运输（Land Bridge Transport）是指使用横贯大陆的铁路（公路）运输系统作为中间桥梁，把大陆两端的海洋连接起来的集装箱连贯运输方式。国际贸易货物使用大陆桥运输具有运费低廉、运输时间短、货损货差率小、手续简便等特点。因此，大陆桥运输是一种经济、迅速、高效的现代化运输方式。

大陆桥运输一般以集装箱为媒介，是集装箱运输开展以后的产物，它始于1967年，发展到现在已形成西伯利亚大陆桥、亚欧大陆桥和北美大陆桥三条大陆桥运输路线。

（1）西伯利亚大陆桥运输。西伯利亚大陆桥是利用俄罗斯西伯利亚铁路作为桥梁，把太平洋远东地区与波罗的海和黑海沿岸连接起来。这是世界上最长的运输路桥。

（2）亚欧大陆桥运输。亚欧大陆桥于1992年投入运营，它东起我国连云港，经陇海线、兰新线，接北疆铁路，出阿拉山口，穿越哈萨克斯坦、俄罗斯，与西伯利亚大陆桥重合，最终抵达荷兰鹿特丹、阿姆斯特丹等西欧主要港口。

（3）北美大陆桥运输。北美大陆桥包括两条路线：一条是从西部太平洋口岸至东部大西洋口岸的铁路（或公路）运输系统，另一条是西部太平洋沿岸至南部墨西哥湾口岸的铁路（或公路）运输系统。在这里简单介绍一下美国的OCP运输。

OCP运输是美国大陆桥运输的形式之一。OCP是Overland Common Points的缩写，译作“陆路共同点”，是用来说明海上运输目的地的术语。所谓“陆路共同点”，是指美国西海岸有陆路交通工具与内陆区域相连通的港口。美国内陆区域是以落基山脉（Rocky Mountains）为界，即除紧临太平洋的美国西部九个州以外，其以东地区均为适用OCP的地区范围。OCP的运输过程就是远东地区出口到美国的货物海运到美国西部港口（旧金山、西雅图或者洛杉矶）卸货，再通过陆路交通（主要是铁路）向东运至指定的内陆地区。

按OCP运输条款规定，凡是经过美国西海岸港口转往上述内陆地区的货物，如按OCP条款运输，就可享受比一般直达西海岸港口更为优惠的内陆运输费率，一般约低3%~5%。相反方向，凡从美国内陆地区启运经西海岸港口装船出口的货物同样可按OCP运输条款办理，可享受比一般正常运输更为低廉的优惠海运运费，每吨约低3~5美元。

5.2 运输单据

运输单据是承运人收到货物后签发给托运人的证明文件，它是交接货物、处理索赔和理赔以及向银行结算货款的重要单据。在国际货物运输中，运输单据的种类很多，主要有海运提单、铁路运单、航空运单、邮政收据、国际多式联运单据等。

5.2.1 海运提单

1. 海运提单的性质和作用

海运提单（Bill of Lading，B/L）简称提单，是目前海运业务中使用最为广泛和主要的运输单据。它是由船长或船公司或其代理人签发的，证明托运的货物已收到，或装载船上，并允诺将其运往指定目的地交付收货人的书面凭证。海运提单也是收货人在目的港据以向船公司或其代理提取货物的凭证。海运提单具有以下性质和作用：

（1）货物收据。提单是承运人或其代理人签发的货物收据（Receipt for the Goods），它证明承运人已收到提单上所列货物。

（2）运输合同的证明。提单是承运人与托运人之间订立的运输合同的证明（Evidence of Contract of Carrier）。提单本身不是运输合同，但是海运提单一般载有运输契约中应具备的各项重要条件和条款，承运人和托运人双方按提单上所载明的条款行使其权利和义务。

（3）货物所有权的凭证。提单是货物所有权的凭证（Document of Title），提单的合法持有人可以凭提单提货，也可以用作抵押，还可以转让给他人。

2. 海运提单的关系人

（1）承运人（Carrier）。承运人是与托运人签订运输合同的关系人。根据不同情况，可能是船舶所有人，也可能是租船人。

（2）托运人（Shipper）。托运人是与承运人签订运输合同的关系人。根据情况不同，可能是发货人，也可能是收货人。

（3）收货人（Consignee）。收货人是指提单的抬头人、受让人、持有人或记名提单载明的特定人。收货人有在目的港凭提单向承运人提取货物的权利。

（4）被通知人（Notify Party）。被通知人是承运人在货物到港后通知的对象，一般是收货人的代理人，负责办理清关提货手续。提单上要详细列明被通知人的名称、地址，以及电话、传真号码和具体经办人等，以便货到目的港及时通知。

（5）受让人（Transferee or Assignee）。受让人是经过背书转让接收提单的人，也是提单的持有人。受让人有权向承运人提货，同时也承担了托运人在运输契约上的义务。例如，采用 FOB 术语时，提单显示“FREI GHT COLLECT”，受让人应支付运费。

（6）持单人（Holder）。持单人是经过正当手续持有提单的人。持单人可凭提单领取货物。

3. 提单的签发

（1）提单的签署。提单必须经过签署才能产生效力。有权签署提单的人包括：承运人，即船东（也称船公司）；承运人的具名代理或代表；船长；船长的具名代理或代表。签署提单时必须加注承运人的名称，而且后两种签署人签署时还应加注船长的名称和身份。

（2）提单的签发地点和日期。提单的签发地点为货物的装运港，提单的签发日期应当是货物实际装船完毕的日期。在装运散装货物时，可按开装日期签发提单。出口方在没有来得及按信用证规定期限装运货物时，常常要求承运人将签发提单的日期比实际装船日期提前若干天，即所谓的“倒签提单”，以便单证相符，向银行结汇。一般不提倡倒签提单，虽然倒签提单使用得恰当会对买卖双方有利。承运人有时会配合倒签，但会要求出口方出具保函，保证倒签的一切后果由出口方承担。船舶的航程日志上都有实际在某港的开航日期，持单人一旦发现有倒签提单现象，则有权拒绝收货，并可向承运人索赔。

（3）提单签发的份数。提单是货物收据，最好签发一份正本，但实际业务中通常都签发三份正本，主要是防止提单遗失、被窃或延迟到达。每一份正本都必须正式签字，正本提单的正面印有正本份数，其中一份凭以提货后，其他两份就自动失效。根据信用证要求，可以签发若干份提单副本。信用证都要求受益人提交全套提单。所谓全套提单是指船公司签发的所有提单正本。

关于提单的签发，见表 5-1。

表 5-1　提单的签发

签发人	承运人或其代理（一般为船公司）等
签发地点	货物的装运港
签发日期	实际装船完毕的日期（开航日期）
签发份数	一式三份（正本 ORIGINAL）

4. 海运提单的种类

常见的海运提单主要有如下几种：

（1）按货物是否已装船分类。

1）已装船提单（On Board B/L）。已装船提单是指货物装上船后，承运人向托运人签发的提单。其特点是提单上须以文字表明货物已经装船、船名、装船日期并签署。提单签发日期即视作装船日期或装运日期。根据《UCP600》的规定：凡是海运货物，必须提交已装船提单。

2）备运提单（Received for shipment B/L）。备运提单是指在收到货物但未装船时，承运人所签发的提单。如以备运提单的格式作为已装船提单时，承运人必须在提单上加注“装船注记”。

（2）按提单上有无承运人对货物外表状况的不良批注分类。

1）清洁提单（Clean B/L）。清洁提单是指货物装船时，表面状况良好，承运人或其代理人未在提单上加注“货损”或“包装不良”之类批注的提单。

2）不清洁提单（Unclean B/L）。不清洁提单是指载有承运人加注的宣称货物或包装有缺陷一类批注的提单。例如，注有“标志不清”“包装不固”或“货物表面遭水渍”等批注的提单，均为不清洁提单。根据《UCP600》的规定：除非信用证另有规定，银行不接受不清洁提单。

（3）按运输方式分类。

1）直运提单（Direct B/L）。直运提单是指货物装上船后，中途不再经过换船而直接驶往目的港卸货所签发的提单。提单上仅列明装运港和目的港名称而无中途转船批注。

2）转船提单（Transhipment B/L）。转船提单是指货物在装运港装船后，需要在中途换装另一船只运往目的地，有的不止换装一次时承运人所签发的提单。提单上载有“在××港转船”等字样。

3）联运提单（Through B/L）。联运提单又称全程提单，是指海运不能直达而需要在中途换装其他种类运输工具运往目的地，由第一程承运人或其代理人所签发的包括全程并能凭以在目的港提货的提单。必须注意：①第一程是海运；②转运手续由承运人办理；③联运提单往往用于海—陆或海—空等联合运输中，由第一程承运人收取全程运费，货到转运港后，由第一程承运人或其代理人负责将货物交给下一运程的承运人或其代理人；④各承运人只对自己运输的一段负责，联运提单的签发人只对第一程运输负责；⑤联运提单包括转船提单，但转船提单不包括联运提单。

（4）按收货人的抬头方式分类。

1）记名提单（Straight B/L）。记名提单又称收货人抬头提单，是指在提单的收货人栏填明收货人名称的提单。这种提单不能转让，只能由提单上指定的收货人提货。记名提单失去了转让流通的便利，因此在进出口贸易中较少采用，一般只有在交易价值贵重或特殊货物时使用。

2）不记名提单（Bearer B/L）。不记名提单又称“来人抬头提单”，是指收货人栏内不写明具体收货人的名称，只写明“货交提单持有人”（to bearer），或不填写任何内容的提单。其特点是：谁持有提单，谁就可以提货；提单无须背书就可以实现转让；一旦提单遗失或提单被盗，货物容易被人提走。这种提单在国际贸易中很少用。

3）指示提单（Order B/L）。指示提单是指在提单的收货人栏内填上“凭指定”或“凭××指定”的提单。这种提单可以通过指示人的背书而转让他人，故在进出口贸易中使用最广。

指示提单的收货人栏通常有以下几种填法：

① To Order，即“凭指定”；To Order of Shipper，即“凭发货人指定”。这种提单只有经过发货人背书才能转让。

② To Order of Applicant，即“凭开证申请人指定”。这种填法的提单必须经开证申请人背书后才能转让。

③ To Order of Issuing Bank，即“凭开证行指定”。这种填法的提单必须经开证行背书后才能转让。

背书的方法有空白背书和记名背书两种。前者是指仅由背书人在提单背面签字而不需要注明受让人名称的背书，后者是指背书人除在提单背面签字外，还要列明受让人名称的背书。经空白背书的提单再行转让时，仅凭交付即可转让，而不必再行背书。但是，经记名背书的提单再行转让时，必须再次背书。在实际业务中，使用最多的是“凭指定”并经空白背书的提单，习惯上称之为“空白抬头、空白背书”提单。其中，“抬头”即指收货人。

（5）按提单内容的繁简分类。

1）全式提单（Long Form B/L）。全式提单又称繁式提单，是指其背面载有承运人和托运人的权利、义务的详细运输条款的提单。

2）略式提单（Short Form B/L）。略式提单又称简式提单，是指提单上略去背面条款，而只列出正面的船名、货名、标志、件数、重量或体积、装运港、目的港、托运人名称、收货人名称和地址、运费预付或到付等必要项目的提单。这种提单的效力等同于全式提单。略式提单一般印有“本提单货物的收受、保管、运输和运费等项，均按本公司全式提单上的条款办理”字样。

（6）按船舶营运方式不同分类。

1）班轮提单（Liner B/L）。班轮提单是指由班轮公司承运货物后所签发给托运人的提单。

2）租船提单（Charter Party B/L）。租船提单是指船方根据货方与之订立的租船合同而出具的提单。这种提单通常是简式提单，提单上不列详细条款，只列货名、数量、船名、卸货港等，并批注“运费及其他条件按照租船合同办理”。因此这种提单不是一个完整的独立文件，要受租船合同的约束，提单上的记载与租船合同抵触则提单无效。银行或买方在接受这种提单时，往往要求提供租船合同副本。

（7）电子提单。

电子提单是一种利用EDI系统对海运途中货物所有权进行转让的程序。该程序具有三个特点：

1）卖方、发货人、银行、买方、收货人均以承运人为中心，通过计算机密码通告运输途中货物所有权的转移时间和对象。

2）在完成货物运输的过程中，通常不出现任何书面文件。

3）收货人只需出示有效身份证明，由船舶代理验明即可提货。电子提单完全改变了传统提单通过背书转让物权的方式，而代之以密码通知来实施货物所有权转移，变成“谁有密码，谁就拥有货物所有权”。采用电子提单这种提货方式，货物所有权人转让物权时应通知承运人，经承运人确认后由承运人通知被转让人，经被转让人确认后，承运人便销毁前手货物持有人的密码，然后向被转让人发出一个新的密码。可见，电子提单较传统的文件传递节省了时间和费用。

【小资料5-5】

什么是电放？

电放就是发货人要求放弃正本提单，收货人在目的港可以凭借提单副本提货，这种情况下，出提单的船公司或货代都会要求放弃正本提单的发货人出具保函，证明提单是发货人自己放弃的，如果出现问题由发货人自己负责，这个保函就是电放保函。

一般情况下，发货人通过银行交提单或将提单寄给收货人。提单是货物所有权的凭证，因此收货人只有拿到正本提单后才可以提货。但在近洋运输中（如上海到日本和韩国），由于船期很短，一两天就到了，但这时通过银行或邮寄提单可能还没有到，这时为不影响收货人，收货人会要求发货人将提单电传、传真或通过电子邮件发送，收货人不需要正本提单，凭提单传真等就可以提货，所以所谓电放就是凭电传或传真件等电子放行的意思。由于电放后发货人不再掌握货权，因此办理前一定要确认发货人能够安全收款，否则极易造成钱货两空的局面。

（8）其他种类提单。

1）过期提单（Stale B/L）。过期提单是指错过规定的交单日期或晚于货物到达目的港的提单。前者是按《UCP600》有关条款的规定，因迟于提单签发日起 21 天才向银行交单而被银行拒收的提单；后者一般是因航线较短或银行转递单据较慢，以致货物到达目的港时仍未被收货人收到的提单。一般均认可后者。

2）倒签提单（Anti-dated B/L）。倒签提单是指承运人应托运人的请求签发的其签发日期早于实际装船日期的提单，以便符合信用证对装船日期的规定，从而便于收汇。一般来说，倒签提单属于欺诈行为，船公司不会签出倒签提单。但若托运人的诚信高，倒签日期在 5 日之内，船公司会予以考虑。

3）预借提单（Advanced B/L）。预借提单又称无货提单，是指信用证规定的装运期和议付期已届满，货物虽已由承运人接管但未能及时装船，由托运人出具保函，要求承运人签发的已装船提单。由于货物可能在装船前遭到损失、灭失或退关，因此这种做法也不足取。

5. 海运提单的内容及缮制要点

国际贸易中通常使用的班轮提单，其内容包括正面内容及背面条款两部分。

（1）提单正面的内容。

1）承运人（Carrier）。应包括承运人的名称与主要营业处所（一般在提单的上端印就）。

2）托运人（Shipper）。应打出名称和地址。在实务中，除非信用证规定第三方为托运人，一般以信用证的受益人为托运人。

3）收货人（Consignee）。根据信用证的规定选择填写方式。一般有三种填法：

① 填上某公司的名称，即所谓的记名抬头，不能背书转让。

② 仅填上“To Bearer”，来人抬头，无须背书即可转让。

③ 填上“To Order”或“To Order of Shipper”，即指示抬头，由信用证受益人背书后才得以转让物权；“To Order of the Issuing Bank”，开证行控制物权，由其背书转让。

其中前两种填法用得比较少，绝大多数提单都用第三种填法。

4）通知人（Notify Party）。根据信用证或托收合同规定填制，如果信用证没有规定，正本提单可不列通知人，但副本上必须列明客户名称和地址，以便船公司通知收货人接货。

5）装货港（Port of Loading）和目的港（Port of Discharge/Destination）。应根据信用证填写，并与其他单据一致。如果转船，应列出转运港，也可填“with transhipment”。如果信用证规定应告知第二程船名或船公司，则必须在提单上列明。如果信用证规定装运港为“China Port”，则提单应显示实际装船港口，如：“Shanghai”。

6）船名和航次（Vessel Name and Voyage No.）。根据配舱单填列。这是发货人向收货人发送装船通知的主要内容。

7）正本提单份数（Number of Original B/L）。用文字表示，例如：第一份为 ORIGINAL，第二份为 DUPLICATE，第三份为 TRIPLICATE。

8）唛头（Shipping Mark）。

① 如果信用证规定有唛头，则提单应完全依唛头填制，唛头各组成部分的位置和形状都不能变。

② 如果信用证未规定唛头，则提单及其他单据上可以有两种表示方法：一是打上“N/M”（即 No Mark）；二是自行设计一个唛头。但提单上的唛头必须与发票、装箱单上的唛头一致。

9）件数（Number of Packages）。提单上的件数必须同时用大写和小写表示，大小写应一致，并不能涂改。如果在同一张提单上有两种以上的包装单位，则应分别填写。件数应与唛头中件号的累计数相等，

10）毛重（Gross Weight）和尺码（Measurement）。毛重一般以“公斤”计量，尺码一般以“立方米”计量，保留小数点后三位。

11）货物名称（Description of Goods）。原则上要严格按信用证规定填写。如果信用证规定的货物名称（描述）很复杂（包括规格、成分等），则提单上可以只写货物总的类别名称，而不必详细列明商品的规格、成分等，但不得与信用证及发票中的货物描述有抵触。

12）运费（Freight & Charges）支付情况。CIF 价、CIP 价或 CFR 价、CPT 价应列明“FREIGHT PREPAID”（运费预付）；FOB 价、FCA 价可列为“FREIGHT COLLECT”（运费到付）或“FREIGHT PAYABLE AT DESTINATION”（运费在目的港付）。

13）提单的签发地和签发日期。提单日期，除收妥备运提单外，均为装船日期，即货物全部已装上船的日期。提单日期不得迟于信用证规定的最迟装运日期。提单的签发地应按装运地点填列。

14）有关装运的其他条款。有时信用证要求受益人提供航线证明、船籍证明、船龄证明，或者信用证指定运输公司、装运船名、转运港等，如果不能接受，则应及时通知修改信用证，如果能接受，则应照办。

15）由船长、承运人或承运人的代理人在提单右下方签名盖章。如果信用证要求手签，则不能用手签章代替。

16）根据信用证规定加注进口许可证号、信用证号码或目的港船代理名称、地址，及其他需要加注的内容。

17）几种特殊情况的处理办法：

① 货运目的港转运内陆，或利用邻国港口过境，除在目的港处填入港口名称外，另在货物名称栏下方，加列“In transit 或 In transit to ××”。

② 有的信用证指定自××港转运并转装××船，事前需向外运公司联系，经认可后，在订舱单上注明“with transhipment at ××港 by ××船”。

③ 有的国家在港口设置自由区，如 Aqaba（亚喀巴）、Colon（科隆）、Beirut（贝鲁特），船公司同意将自由区加列在目的港栏，如“Aqaba Free Zone”。除以上三个自由区以外，一般不同意在目的港栏加列“Free Zone”，只同意加列在“货物

名称”栏下方。

（2）提单的背面条款。提单的背面条款即提单背面印就的文字，由船公司自己拟定内容，规定承运人、托运人及提单持有人的责任。各船公司签发的提单，其背面条款规定不一。为了统一提单背面条款，国际上先后签署了三个国际公约，即《海牙规则》《维斯比规则》和《汉堡规则》，但一般以《海牙规则》的内容为依据的居多。

【小资料 5-6】

海运提单样单

<table>
<tr><td colspan="2">1.Shipper</td><td rowspan="5">B/L No.
中海集装箱运输（香港）有限公司
CHINA SHIPPING CONTAINER LINES(HONGKONG)
Cable:CSHKAC Telex:87986 CSHKAHX
Port-to-Port or Combined Transport
BILL OF LADING
RECEIVED in external apparent good order and condition,except otherwise noted The total number of containers or other packages or units shown in the Bill of Lading receipt is said by the shipper to contain the goods described above,which description the carrier sonable means of checking and is not part of the Bill of Lading.One original Bill of Lading should be surrendered,except clause 22 paragrash 5,in exchange for delivery of the shipment Signed by the consigned or duly endorsed by the holder in due course Whereupon the other originalls issued shall be void.In accepting this Bill of Lading the Merchants agree to be bound by all the terms on the face and back here of as if each had personally signed this Bill of Lading.
WHEN the place of Receipt of the Goods is and inland point and is so named herein,any notation of "ON BOARD","SHIPPED ON BOARD" or words to like effect an this Bill of Lading shall be deemed to mean on board the truck,trail car,air craft or other inland conveyance(as the case may be),performing carriage form the Place or Receipt of the Goods to the Port of Loading.SEE clause 4 on the back of this Bill of Lading(Terms continued on the back hereof.Read Carfully)
ORIGINAL</td></tr>
<tr><td colspan="2">2.Consignee</td></tr>
<tr><td colspan="2">3.Notify Party(carrier not to be responsible for failure to notify)
DEVELOP FOOTWEAR INC.</td></tr>
<tr><td>4.Pre-carriage by</td><td>5.Place of Receipt</td></tr>
<tr><td>6.Ocean Vessel</td><td>7.Port of Loading</td></tr>
<tr><td>8.Port of Discharge</td><td>9.Place of Delivery</td><td>10.Final Destination (of the goods-not the ship)</td></tr>
</table>

11.Marks&Nos. Container Seal No.	12.No.of Containers or Packages	13.Description of Goods	14.Gross Weight	15.Measurement
N/M				

<table>
<tr><td colspan="6">16.Description of Contents for Shipper's Use Only(CARRIER NOT RESPONSIBLE)</td></tr>
<tr><td colspan="6">17.Total Number of containers and/or packages(in words):</td></tr>
<tr><td>18.Freight&Charges</td><td>19.Revenue Tons</td><td>20.Rate</td><td>21.Per</td><td>22.Prepaid</td><td>23.Collect</td></tr>
<tr><td rowspan="2">24.Ex.Rate:</td><td>25.Prepaid at</td><td colspan="2">26.Payable at</td><td colspan="2">27.Place and date of issue</td></tr>
<tr><td>28.Total Prepaid</td><td colspan="2">29.No.of Original B(s)/L</td><td colspan="2">Signed for the Carrier</td></tr>
</table>

5.2.2 海运单

海运单（Sea Waybill，SWB）是证明海上货物运输合同以及货物由承运人接管或装船，并且承运人保证将货物交给单证上所载明的收货人的一种不可转让的海洋运输单证。海运单不能代表货物的所有权，不能凭以提货。海运单只具备“货物收据”和“运输合同证明”的性质，它不代表货物的所有权，也不能流通转让。

海运单与提单的区别和联系如下：

（1）提单是货物收据、运输合同，也是物权凭证，海运单只具有货物收据和运输合同这两种性质，它不是物权凭证。

（2）提单可以是指示抬头形式，通过背书流通转让：海运单是一种非流通性单据，海运单上标明了确定的收货人，不能转让流通。

（3）海运单和提单都可以做成“已装船”（Shipped on board）形式，也可以是“收妥备运”（Received for shipment）形式。海运单的正面各栏目格式和缮制方法与提单基本相同，只是海运单收货人栏不能做成指示性抬头，应缮制确定的具体收货人。

（4）提单的合法持有人和承运人凭提单提货和交货，海运单上的收货人并不出示海运单，仅凭提货通知或其身份证明提货，承运人凭收货人出示的适当身份证明交付货物。

（5）提单有全式和简式提单之分，而海运单是简式单证，背面不列详细货运条款但载有一条可援用海运提单背面内容的条款。

（6）海运单和记名提单（Straight B/L），虽然都具名收货人，不做背书转让，但它们有着本质的不同。记名提单属于提单的一种，是物权凭证，持记名提单，收货人可以在提货，却不能凭海运单提货。

5.2.3　铁路运单

铁路运单的全称是国际铁路货物联运单据（International Railroad Through Waybill），它是国际联运中铁路承运人与托运人之间的运输契约，也是铁路承运人收到货物后签发的货物收据，它规定了铁路承运人和收、发货人在货物运输中的权利和义务，对铁路承运人、发货人和收货人三方都具有法律约束力。当发货人向始发站提交全部货物，并付清应由发货人付清的一切费用，经始发站在运单正本及副本上加盖注明日期的印章证明货物已被接管时，即认为运输契约已经生效。

铁路运单正本和副本是国际铁路联运的主要运输单据，它是参加联运的发送国铁路与发货人之间的运输契约，对收、发货人和铁路都具有法律约束力。当发货人向始发站提交全部货物，并付清应由发货人支付的一切费用，经始发站在运单正本和副本上加盖注明日期的印章证明货物已被接受承运，即认为运输契约已经生效。

铁路运单正本随同货物自始发站运送至终到站，最后在终到站由收货人付清应由收货人负担的运杂费用后，连同货物由终到站铁路交给收货人。运单副本由始发站铁路签发给发货人，作为货物已经交运的凭证和向银行办理货款结算的主要单据。由于收货人向铁路提取货物时无须提交运单，因此，铁路运单并非物权凭证，也不能通过背书转让和作为抵押品向银行融通资金。

5.2.4　航空运单

航空运单（Air Waybill，AWB）是航空运输货物的主要单据，它是承运人或其代理人与托运人之间的运输契约，也是承运人或其代理人收到指定货物后向托运人签发的货物收据。但航空运单不代表货物所有权，不能转让，也不能凭运单提货。货到目的地后，收货人凭承运人的到货通知和身份证明提取货物。因此航空运单的收货人必须做成“记名抬头”方式，不能做成“指示抬头”，必须详细填写收货人的名称和地址。一份航空运单正本给出口商办理结汇。

5.2.5 邮政收据

邮政收据（Post Receipt）是邮政部门收到由其负责邮递的信函、样品或包裹等邮件后向寄件人出具的注有寄发日期的货物收据，也是邮件发生灭失或损坏事故后寄件人或收件人向邮政部门索赔的凭证。但是，邮政收据不代表货物所有权，既不能转让，也不能凭收据提货。邮包运输由邮政收据指定人提货。

5.2.6 国际多式联运单据

国际多式联运单据是指证明多式联运合同以及证明多式联运经营人已收到指定货物并负责按合同条款运输货物到目的地的单据。它是货物所有权的凭证，可以凭单据提取货物，也可以凭单据进行转让、流通或抵押。表面上看，它与海运提单中的联运提单有共同之处，但是从本质上看，两者仍有较大区别。其主要区别如下：

（1）适用的运输方式不同。两者所适用的运输方式虽然都是至少两种不同运输方式组成的联合运输，但是，联运提单只适用于由海运与其他不同的运输方式尤其是以海运为第一运程所组成的联合运输时使用，而多式联运单据所适用的多式联运是任何两种或两种以上不同运输方式组成的联合运输。

（2）签发运输单据人的身份不同。联运提单由第一运程的承运人或其代理人签发，而多式联运单据由多式联运经营人或其代理人签发。

（3）签发运输单据人的责任范围不同。联运提单与多式联运单据虽然都是包括全程运输的联合运输单据，但是，签发海运提单的承运人仅对第一运程运输负责，而签发多式联运单据的承运人要对全程运输负责。

5.3 买卖合同中的装运条款

在了解买卖合同中的装运条款之前，首先要明确交货与装运的关系。

货物的装运和交货从严格意义上讲是两个不同的概念。装运通常是指出口商将货物装上指定的运输工具，而交货则是指出口商将货物交给买方或置于买方的控制之下。装运应当在出口商所在地发生，而交货则发生在买方所在地。

在使用 FOB、CFR、CIF、FCA、CPT 和 CIP 等贸易术语成交的买卖合同中，卖方在装运港或装运地将货物装上船只或交付给承运人监管，就算完成交货义务。因此，按照上述贸易术语订立的合同，交货和装运的概念是一致的。但是，当采用“D”组贸易术语，如 DDP 等达成交易时，交货时间是指货物运到目的港交给买方的时间，装运时间是指卖方在装运港将货物装上船或其他运输工具的时间。所以，按照“D”组贸易术语成交的合同，交货和装运则是两类完全不同的概念。因此，在签订合同时，注意不要将二者混淆，以免引起不必要的纠纷。

5.3.1 装运时间

装运时间又称装运期（Time of Shipment），是指卖方将合同规定的货物装上运输工具或交给承运人的期限。装运时间是买卖合同的主要条件，如违反这一条件，买方有权撤销合同，或要求卖方赔偿损失。但在规定装运时间时，应注意它与交货时间（Time of Delivery）的区别。

在采用C组、F组贸易术语的买卖合同中，对于装运时间，必须具体地、毫不含糊地做出规定。常用的有以下几种规定方法：

（1）在某月内装运。

例如：10月装运（Shipment during October）。按此规定，全部货物可在10月1日至31日之间任何一天装运。

（2）规定在某月底以前装运。

例如：2月底或以前装运（Shipment by or before the end of Feb）。自订立合同之日起，最迟不超过2月28/29日装运。

（3）规定在某月某日以前装运。

例如：9月20日以前装运（Shipment on or before Sept 20）。自订立合同之日起，最迟不超过9月20日装运。

（4）规定跨月装运。有时所规定的一段可供装运的期间，可从某月跨到下月，甚至更后的月份。

例如：5/6月装运（Shipment during May/June）。

1/2/3月装运（Shipment during Jan/Feb/March）。

按以上规定，卖方可分别在从5月1日至6月30日和1月1日至3月31日这一段时间内任何时间装运出口。

又如：7/8/9三月每月装运一批（Shipment during July/Aug/Sept in three monthly lots）。7/8/9三月按月等量装运（Shipment during July/Aug/Sept in three equal monthly lots）。

按以上规定，卖方应在7/8/9月每月装运一批和7/8/9月每月等量装运一批。

（5）规定收到信用证后若干天内装运。在这种情况下，应在买卖合同中同时规定信用证的最迟开到日期，并规定买方如果不按合同规定开证，则构成违约，卖方有权提出索赔。

例如：收到信用证后45天内装运（shipment within 45 days after receipt of relevant L/C）。

合同与信用证中最迟装运期的表达方式，通常有以下几种：

1）Shipment latest on May 20，2020。

2）Latest shipment Date：25/06/2020。

3）Latest Date of Shipment：Sept. 15，2020。

4）Shipment not later than Dec. 10，2020。

5）Shipment on or before Oct. 30，2020。

6）Shipment before the end of July 2020。

5.3.2 装运港（地）和目的港（地）

在采用F组、C组贸易术语合同中，为便于安排运输，凡涉及运输合同均需规定装运港或发货地和目的港或目的地，而且必须在磋商时就达成协议。凡采用E组、D组贸易术语等实际交货的合同，则应规定实际交付货物的地点。

1. 装运港（或发货地）

在FOB、CFR、CIF条件下，当卖方按合同规定在装运港将货物装上开往目的港的船舶并提交运输单据，就算完成了交货义务，因此，在采用这类条件的货物买卖合同中通常都应明确规定装运港（Port of Shipment，Port of Lading）。而在采用FCA、CPT、CIP贸易术语的情况下，由于卖方只需按合同规定在出口国把货物交付给承运人或第一承运人接管，就算完成了交货义务，因此在买卖合同中应当明确规定发货地（Place of Departure）或交付地（Place of Delivery）。

在出口业务中，一笔交易合同通常只规定一个装运港或发货地，但在货物数量较大而货源又分散在几处的情况下，可以规定几个装运港或发货地。例如："青岛和上海"。如果成交时具体装运港或发货地不能确定，也可规定："中国口岸"（China/Chinese Port）。

2. 目的港（或目的地）

为便于安排运输和买方接货与使用，凡CIF、CFR合同，均需规定目的港（Port of Destination）；而在CIP、CPT合同中，则需规定目的地（Place of Destination）。

目的港或目的地通常由买方提出，经卖方同意后确定。出口合同中一般规定一个目的港或目的地；有时根据实际业务需要，也可规定两个或两个以上供选定，在发运前由买方确定后通知卖方据以安排运输；必要时还可规定"选择港"。例如：

"伦敦/汉堡/鹿特丹"（London/Hamburg/Rotterdam）。

"CIF伦敦/利物浦/曼彻斯特，任选。选港附加费由买方负担。"（CIF London/Liverpool/Manchester optional. Optional Charges for buyer's account.）

目的港或目的地必须明确具体。一般不宜使用"欧洲主要港口"（European Main Ports，EMP）、"非洲主要港口"（African Main Ports，AMP）等笼统的规定方法。另外，买卖合同中装运港/目的港后面应明确注明城市名及国家名，以防港口重名。

5.3.3 分批装运和转运

1. 分批装运

分批装运（Partial Shipments）是指合同项下的货物，分若干期或若干次装运。凡数量较大，或受货源、运输、使用、销售、资金等条件的限制，有必要分期分批发运、到货的，通常都需要在买卖合同中规定允许分批装运或具体分批办法的条款。

根据《UCP600》的规定，除非信用证做相反规定，可准许分批装运。但是，如果信用证不准分批装运，受益人必须将货物一次全数装运。根据《UCP600》的规定，运输单据表面上注明是使用同一运输工具装运并经同一路线运输，即使运输单据上注明的装运日期不同及/或装货港、接受监管地或发运地点不同，只要运输单据注明是同一目的地，将不视为分批。据此，货物装在同一船只、同一航次，抵达同一目的港或目的地，交付给同一收货人的多次装运，即使运输单据注明不同装运日期及表明不同装运港口或启运地，也不作为分批装运。例如：出口货物 900 公吨，信用证规定："Partial shipments Allowed"。受益人在规定装运期内分别在上海、宁波、厦门各装了 300 公吨于同一船只上，三份提单也注明了不同的装运港和不同的装船时间。此种做法应认为符合信用证规定，银行不能拒付货款。

分批装运的规定方法主要有两种：①只规定允许分批装运的原则，而对如何分批不做具体规定；②具体列明分批的期限和数量。前者比较灵活，卖方可按经营意图和客观条件灵活掌握；后者的约束性大，根据《UCP600》的规定：如信用证规定在指定的时间内分期支款及/或装运，任何一期未按信用证所规定期限支款及/或装运时，信用证对该期及以后各期均告失效。例如，信用证规定："Shipment during May/June/July, first Shipment 100M/T, Second shipment 200M/T, third Shipment 300M/T"，受益人交货必须按此规定办理，即 5 月交 100 公吨，6 月交 200 公吨，7 月交 300 公吨。又如，信用证规定："装运数量 600 箱，Each month 200 cases beginning from March"，即 3 月、4 月、5 月，每月各装 200 箱，这叫作定期定量分批装运条款，如其中有一期未按期限装运，则银行对该期及以后各期均有权拒付货款。

2. 转运

转运（Transhipment）是指货物从装运港或发货地到目的港或目的地的运输过程中，从一运输工具卸下，再装上同一运输方式的另一运输工具；或在不同运输方式的情况下，从一种方式的运输工具卸下，再装上另一种方式的运输工具的行为。当出口货物没有直达船或一时无合适的船舶运输，而需通过某中途港转运时，买卖双方可以在合同中商订立允许转船的条款，即为转运。

买卖合同中常见的分批装运及转运条款规定如下：

Partial Shipments are allowed, Transhipmentis not allowed.（允许分批装运，不允许转运。）

Partial shipments and transhipment are allowed.（允许分批装运及转运。）

Transhipment: Allowed; Partial Shipments: Prohibited.（允许转运，不允许分批装运。）

5.3.4　装运通知

装运通知（Shipping Advice）主要是在采用租船运输大宗进出口货物的情况下，在合同中加以约定的条款。规定装运通知条款的目的在于明确买卖双方责任，促使买卖双方互相合作，共同做好船货衔接和办理货运保险的工作。因此，装运通知是装运条款的一项重要内容。

如果是按照 FOB、CFR 和 CIF 贸易术语签订的合同，卖方应在货物装船后，按约定的时间，将合同、货物名称、数量、重量、发票金额、船名及装船日期等项内容电告买方；如果是按 FCA、CPT 和 CIP 贸易术语签订的合同，卖方应在把货物交付承运人接管后，将交付货物的具体情况及交付日期电告买方，以便买方办理保险并做好接卸货物的准备，及时办理进口报关手续。一般要求出口商在货物离开启运地后两个工作日内向进口商发出装船通知。

5.3.5 装卸条款

在航次租船合同下，船舶的时间损失是由船东承担的，因此船东总是期望尽量缩短每个航次的时间，以便提高船舶的营运效率。该条款对装卸费（Loading/Discharging Costs）、装卸时间（Lay Time）等内容加以规定。

关于装卸费已在前面叙述，装卸时间的规定方法有规定装卸日数或小时数，或者规定船舶装卸定额。具体包括规定装货若干日（小时）和卸货若干日（小时）、规定装货和卸货共若干日（小时）、规定每日装货和卸货若干吨、规定每日每舱口装货和卸货若干吨、规定按港口习惯尽快装货和卸货、规定按船舶能够收货或交货的最快速度装货和卸货。

当装卸时间以“日”计算时，对“日”的含义在合同中应加以明确。在航运业务中，“日”的算法包括：①“日历日”；②“日”，即24h为一日。

1）连续日（Running or Consecutive Days）。这即从开始装卸之时起，时钟走1h算1h，连续24h算一日，不做任何扣除。

2）工作日（Working Days）。这是指按港口习惯工作时间计算装卸时间，非工作日进行的装卸不计入装卸时间。

3）良好天气工作日（Weather Working Days，WWD）。这是指除去星期日和法定假日不算装卸时间外，因天气原因不能进行装卸作业的时间也不计入装卸时间。这里的“良好天气”是有特定含义的，即只要不影响货物的正常装卸作业的天气就算是“良好天气”。

4）累计24小时工作日（Working Days of 24 Hours）。这是指不管港口习惯工作时间如何，累计进行装卸作业24h即为一个工作日。

5）连续24h良好天气工作日（Weather Working Days of 24 Consecutive Hours）。这是指昼夜连续作业24h算作一日。其间因天气原因不能作业的时间不计入装卸时间。

5.3.6 滞期、速遣条款

滞期费和速遣费一般是航次租船合同中的条款。如果在约定的允许装卸时间内未能将货物装卸完，致使船舶在港内停泊时间延长，给船方造成经济损失，则延迟期间的损失，应按约定的每天若干金额补偿给船方，这项补偿金叫滞期费（Demurrage）。反之，如按约定的装卸时间和装卸率，提前完成装卸任务，使船方节省了船舶在港的费用开支，船方将其获取的利益的一部分给租船人作为奖励，叫速遣费（Dispatch Money）。

滞期费按船舶滞期时间乘以合同规定的滞期费费率计算，滞期时间等于实际使用的装卸时间与合同规定的装卸时间之差。速遣费按船舶速遣时间乘以合同规定的速遣费费率计算。速遣费费率通常为滞期费费率的一半。

■ 本章小结

国际货物运输是国际物流系统的组成部分，是国际贸易中一个非常重要的环节，也是国际贸易得以实现的重要保障。

目前国际贸易中常用的运输方式主要有海洋运输、铁路运输、公路运输、航空运输、内河运输、管道运输、集装箱运输和国际多式联运等，其中海洋运输是所有运输方式中最重要的一个。

海洋运输主要有班轮运输和租船运输两种方式。班轮运输具有固定的航线、固定的港口、固定的船期表和固定的运费费率等特点，适用于各种货物的国际运输，方便灵活。班轮运价使用班轮运价表进行核算。租船运输适用于大宗货物的运输，可分别采用程租船、期租船的形式。

不同的运输方式使用不同的运输单据，不同的运输单据具有不同的性质。海运提单和国际多式联运单据具有物权凭证的作用，可以通过背书的形式进行转让。

装运条款是国际货物买卖合同的主要条件之一，主要包括装运时间、装运港和目的港、分批装运和转运、滞期和速遣等条款。转运条款关系到买卖双方的切身利益，必须规定得明确、具体，以免引起不必要的麻烦。

■ 思考与练习

1. 简述定程租船和定期租船的区别。
2. 班轮运输有哪些特点？
3. 《UCP600》对分批装运和转运有哪些规定？
4. 如何区分“装运时间”和“交货时间”？
5. 海运提单的性质和作用有哪些？
6. 构成国际多式联运需具备哪些条件？
7. 宁波 C 进出口有限公司出口集装箱货物一批，原报价为每箱 80 美元 FOB 宁波，英国商人要求改 CFR London，应报价多少？（已知：该批货物体积为 0.06m^3，每箱毛重 50kg，商品计费标准为 W/M，每运费吨基本运费为 200 美元，并加收燃油附加费 10%。）
8. 某公司向英国商人出口一批箱装货，对外报价每箱 50 美元 CFR 伦敦，后英国商人要求改报 FOBC2% 价，如接受英国商人的要求，我方应报价多少？（已知：该货物体积每箱长 45cm，宽 40cm，高 25cm，毛重 35kg，运费计算标准为 W/M，每运费吨基本运费为 120 美元，并加收燃油附加费 20%，港口附加费 10%。）

■ 案例分析题

宁波 D 进出口有限公司向国外出口一批大蒜，国外客户开来不可撤销信用证，证中的装运条款规定“Shipment from Chinese port to Singapore in May, Partial shipment is prohibited”。公司因货源不足，先于 5 月 15 日在青岛港将 200M/T 大蒜装“东风”轮，取得一套提单；后又在烟台联系到一批货源，在该公司承担相关费用的前提下，该轮船又驶往烟台港装了 300M/T 大蒜，5 月 20 日取得有关提单。然后在信用证有效期内将两套单据交银行议付，银行以分批装运、单证不符为由拒付货款。

请问：银行的拒付是否合理？为什么？

第6章
进出口合同保险条款

学习目标

- 了解国际货物运输所面临的各种风险及由此可能产生的损失和费用
- 熟悉我国海洋运输货物保险的险别，伦敦保险协会的“协会货物条款”以及我国陆上运输、航空运输和邮包运输货物保险
- 掌握如何合理运用买卖合同中的保险条款

保险是一种经济补偿制度，从法律角度看，它是一种补偿性契约行为，即被保险人提供一定的对价（保险费），保险人则对被保险人将来可能遭受的承保范围的损失负责赔偿责任。

保险种类很多，国际货物运输保险属于财产保险的范畴。国际贸易中的货物一般都需要通过长途运输，货物在整个运输过程中，可能途中遇到自然灾害或意外事故而遭受损失，货主为了转嫁货物在运输过程中的风险损失，就需要办理货物运输保险。可见，办理国际货物运输保险，是人们同自然灾害和意外事故做斗争的一种经济措施。

由于国际货物采取的运输方式很多，其中包括海洋运输、陆上运输、航空运输和邮包运输等，因此，国际货物运输保险也相应地分为海洋运输货物保险、陆上运输货物保险、航空运输货物保险和邮包运输货物保险。本章介绍的就是对国际货物的运输过程进行投保的有关知识。

6.1 保险的基本原则

按保险标的不同，保险可分为财产保险、责任保险、信用保险（或称保证保险）和人身保险四类。国际货物运输保险是财产保险的一种。无论哪一类保险，被保险人和保险人均需订立保险合同并共同遵守下述原则。

1. 保险利益原则

保险标的（Subject Matter Insured）是保险所要保障的对象，它可以是任何财产及其有关利益或者人的寿命和身体。保险利益（Insurable Interest）又称可保权益，是指被保险人对保险标的具有的法律上承认的利益。被保险人对保险标的应当具有保险利益。被保险人对保险标的不具有保险利益的，保险合同无效，这就是保险利益原则。就货物运输保险而言，反映在运输货物上的利益，主要是货物本身的价值，但也包括与此相关联的费用，如运费、保险费、关税和预期利润等。当保险标的安全到达时，被保险人就受益；当保险标的遭到损毁或灭失，被保险人就受损害

或负有经济责任。

国际货运保险同其他保险一样，要求被保险人必须对保险标的具有保险利益，但国际货运保险又不像有的保险品种（如人身保险）那样要求被保险人在投保时便具有保险利益，它仅要求在保险标的发生损失时，必须具有保险利益。这种特殊规定是由国际贸易的特点所决定的。例如，在国际货物买卖中，买卖双方分处两国，如以 FCA、FOB、CFR、CPT 条件达成的交易，货物风险的转移以货物在装运港装上船或在出口国发货地或装运地交付承运人为界。显然，货物在装上船或交付承运人风险转移之前，仅卖方有保险利益，而买方并无保险利益，如果硬性规定被保险人在投保时就必须有保险利益，则按这些条件达成的合同，买方便无法在货物装船或交付承运人之前及时对该货物办理保险。因此，在国际货运保险业务中，保险可视为买方具有预期的保险利益而允许承保。

2. 最大诚信原则

保险合同是以最大诚信（Utmost Good Faith）为基础的，因此，如果一方当事人不遵守最大诚信原则，另一方可声明该保险无效。我国法律规定，保险活动当事人行使权利、履行义务应当遵循诚实信用原则。最大诚信原则是指被保险人和保险人在签订保险合同以及在保险有效期内，必须保持最大限度的诚信，双方都应恪守信用，互不欺骗、隐瞒。保险人应当向被保险人说明保险合同的条款内容，并可以就保险标的或者被保险人的有关情况提出询问，被保险人应当如实告知。对被保险人来说，最大诚信原则主要有两方面的要求：一是重要事实的申报；二是保证。重要事实的申报是指被保险人在保险时应将自己知道的或者在通常业务中应当知道的有关保险标的的重要事实如实告知保险人，以便保险人判断是否同意承保，或者决定承保的条件。例如，在货物运输保险中，被保险人应向保险人提供表现标的、运输条件、航程以及包装条件等真实情况。根据我国《海商法》的规定：如果被保险人故意未将重要情况如实告知保险人的，保险人有权解除合同，并且不退还保险费；合同解除前，发生保险事故造成损失的，保险人不负赔偿责任；如果不是由于被保险人的故意，未将重要情况如实告知保险人的，保险人有权解除合同，或者要求相应增加保险费；由保险人解除合同的，对于合同解除之前发生保险事故所造成的损失，保险人应当负赔偿责任，但是未告知或者错误告知的重要情况对保险事故的发生有影响者除外。至于保证（Warranty），是指被保险人在保险合同中所做的保证要做或者不做某种事情，保证某种情况的存在或不存在，或保证履行某一条件。例如，货物不用 15 年以上船龄的旧船装运，载货船舶不驶入某些海域，货物必须是合法的，等等。经保险双方同意，写进保险单中的条款即为保证条款，称为明示保证。此外还有默示保证，即在保险单内未明文规定，但是按照法律或惯例规定，被保险人应该保证对某种事情的行为或不行为。对于保证条件，被保险人必须严格遵守，如有违反，保险人可自保证被违反之日起，不履行其应负的责任。

3. 补偿原则

各种保险合同（人身保险合同除外）都是补偿性合同，所有补偿合同都是建立在补偿基础之上的。保险的补偿原则（Principle of Indemnity）又称损坏赔偿原则，是指当保险标的遭受保险责任范围内损失时，保险人应当依照保险合同的约定履行赔偿义务。但保险人的赔偿金额不得超过保险单上的保险金额或被保险人遭受的实际损失。被保险人的赔偿不应使被保险人因保险赔偿而获得额外利益。

当保险标的发生保险责任范围内的损失时，保险人在对被保险人理赔时，对赔偿原则的掌握标准主要为：①赔偿金额既不能超过保险金额，也不能超过实际损失。实际损失根据损失时的市价来确定。②被保险人必须对保险标的具有保险利益。同时，赔偿金额也以被保险人在保险标的中所具有的保险利益金额为限。③被保险人不能通过保险赔偿而得到额外利益，即保险的赔偿是使被保险人在遭受损失后，经过补偿能恢复到他在受损前的经济状态，而不应使被保险人通过补偿额外获益。因此，如果保险标的遭受部分损失，仍有残值，保险人在计算赔偿时，对残值做相应扣除；如果保险事故是由第三方造成的，被保险人从保险人处得到全部损失的赔偿后，必须将其对第三方进行追偿的权利转让给保险人，他不能再从第三方那里得到任何赔偿；如果被保险人将同一标的（例如同一批货物）分别向两家或两家以上保险人投保相同的风险，即重复保险，其保险金额的总和超过了该保险标的的价值，当保险事故发生后，被保险人获得的赔偿金额总和不得超过其保险标的的价值。

4. 近因原则

近因（Proximate Cause）原则是保险理赔工作中必须遵循的一项基本原则，也是在保险标的发生损失时，用来确定保险标的所受损失是否能获得保险赔偿的一项重要依据。这一原则是指保险人只对承保风险与保险标的损失之间有因果关系的损失负赔偿责任，而对保险责任外的保险造成的保险标的的损失，不承担赔偿责任。

近因原则在实践中，可以分为以下几种情况：

（1）如果造成损失的原因只有一个，而这个原因又是在保险人的承保责任范围内的，那么这一原因就是损失的近因，保险人应负赔偿责任；反之，则不负赔偿责任。例如，货物在运输途中遭受雨淋而受损，如被保险人在投保平安险或水渍险的基础上加保淡水雨淋险，则保险人应负责赔偿；若未加保，保险人则不予负责。

（2）如果造成保险标的损失的原因是两个或两个以上，就应做具体分析：①如果损失是由多个原因造成的，这些原因都是保险责任范围内的，则保险人应负赔偿责任。反之，如果造成损失的多个原因都是保险范围以外的，则保险人不负赔偿责任。②如果损失是由多个原因造成的，这些原因既有保险责任范围内的，也有保险责任范围外的，则应根据情况区别对待。如果前面的原因是保险责任范围内的，后面的原因不是保险责任范围内的，但后面的原因导致了前面原因的出现，则近因不是保险责任范围内的，保险人不负责赔偿。例如，在战争期间，某企业将投保一切险的出口商品运至码头仓库待运，此时，敌机轰炸，引起仓库火灾，使该批商品受损。当被保险人要求保险公司赔偿时，保险公司予以拒绝，理由为造成货物受损的原因有两个：投弹和火灾，而投弹是造成货损的直接原因。由于造成货损的近因不属保险公司责任范围，因此，保险公司可以拒赔。

6.2 海洋运输货物保险的承保范围

在各种运输保险中，起源最早、历史最悠久的是海洋运输货物保险，后来才陆续开办陆运、空运、邮运货物保险。不同运输方式的货物保险，保险公司承保的责任有所不同，但所保障的范围都是相似的。由于国际货物买卖大部分通过海洋运输，而且，陆运、空运、邮运货物保险都是借鉴海洋运输货物保险的基本原则和做法并在此基础上发展起来的，因此海洋运输货物保险在国际贸易中占有重要地位。准确掌握海洋运输货物保险保障的风险、损失以及不同险别的责任范围、保险期限等基本概念，不仅对于在国际贸易中正确处理海洋运输货物投保和保险索赔事宜是必要的，而且对于理解和掌握其他各种运输方式下的货物保险也具有重要意义。

6.2.1 风险

海洋运输货物保险的风险分海上风险和外来风险两类。

1. 海上风险

海上风险（Perils of the Sea）一般包括自然灾害和意外事故两种。按照国际保险市场的一般解释，这些风险所指的内容大致如下：

（1）自然灾害（Natural Calamity）。所谓自然灾害仅是指恶劣气候、雷电、洪水、流冰、火山爆发、地震、海啸以及其他人力不可抗的灾害。

（2）意外事故（Fortuitous Accidents）。海上意外事故是指载有货物的船舶在海上运行中遇到的由难以预料的原因所造成的事故，如船舶搁浅、触礁、碰撞、爆炸、火灾、沉没、船舶失踪或其他类似事故。

2. 外来风险

外来风险（Extraneous Risks）是由外来原因所造成的风险。外来风险包括一般外来风险和特殊外来风险。

（1）一般外来风险。一般外来风险是指保险货物在运输途中由于偷窃、雨淋、短量、玷污、破碎、受潮受热、串味、生锈、钩损等外来原因引起的风险。

（2）特殊外来风险。特殊外来风险是指运输过程中由于政治、军事、国家法令、政策以及行政措施等外来原因造成的风险与损失。例如战争、罢工和交货不到、进口关税、黄曲霉素等。

6.2.2 损失

海上损失（简称海损）是指被保险货物在海运过程中所造成的损失或灭失。根据国际保险市场的一般解释，与海运连续的陆运过程中所发生的损失或灭失，也属海损范围。就货物损失的程度而言，海损可分为全部损失（Total Loss）和部分损失（Partial Loss）。

1. 全部损失

全部损失简称全损，是指在运输过程中，整批货物或不可分割的一批货物的全部灭失或等价全部灭失。按照损失的具体情况，全部损失又可以分为实际全损和推定全损两种。

（1）实际全损（Actual Total Loss）是指被保险货物全部灭失，或受到严重破坏，已经完全失去原有的形体、效用或使用价值和商业价值（如茶叶被水泡），或船舶失踪，损失已经无法挽回（海盗行为发生）。

（2）推定全损（Constructive Total Loss）是指被保险货物发生事故后，认为实际全损已不可避免，或者为避免实际全损所需要支付的费用与继续将货物运抵目的地费用之和超过保险价值。被保险货物发生推定全损时，被保险人可以要求保险公司按部分损失赔偿，也可以在保险公司审核同意的情况下进行委付。委付是指被保险人将保险标的的一切权利与义务转让给保险公司，保险公司按全部损失赔偿。

【案例分析 6-1】

某公司有一台价值 8 万美元的精密仪器，在海运途中受损，经专家检测，若要修理，修理费用达 9 万美元，若把其零件拆下，可以卖到 2 万美元，问如何处理对公司有利？

【分析】 可以向保险公司申请委付，保险公司核定事故在保险承保范围内，给予全损的赔偿，同时保险公司取得该台仪器的所有权。

2. 部分损失

部分损失是指被保险货物的一部分在运输途中遭受损失和灭失。按货物损失的性质而言，部分损失可分为共同海损和单独海损。

（1）共同海损（General Average，G. A.）。共同海损是指在海洋运输途中，船舶、货物或其他财产遭遇共同危险，为了解除共同危险，有意采取合理的救助措施，所直接造成的特殊牺牲和支付的特殊费用。

构成共同海损应具备下列条件：

1）共同海损的危险必须是真实存在而不是臆测的，或者不可避免发生的。

2）船方所采取的措施，必须是为了解除船、货的共同危险，有意识而且是合理的。

3）所做的牺牲具有特殊性，支出的费用是额外的，是为了解除危险，而不是由危险直接造成的。

4）牺牲和费用的支出最终必须是有效的。

根据惯例，共同海损牺牲和费用，应由受益方，即船方、货方、运输方三方最后按获救价值的比例进行分摊，这种分摊称为共同海损分摊。共同海损涉及各方的利益，必须慎重核实。

【案例分析 6-2】

某载货船舶在航行中发生如下共同海损：船体损失 20 万元，货物损失 25 万元，救助费 4.5 万元，损失运费 0.5 万元，共计 50 万元。设获救价值分别如下：船舶 700 万元，货主甲 120 万元，货主乙 100 万元，货主丙 70 万元，运费 10 万元，共计 1000 万元。问如何分摊？

【分析】 通过计算可以得出：船主分摊 35 万元，货主甲分摊 6 万元，货主乙分摊 5 万元，货主丙分摊 3.5 万元，承运人分摊 0.5 万元。

（2）单独海损（Particular Average，P. A.）。单独海损是指仅涉及船舶或货物所有人单方面的利益的损失。例如，某公司出口杏仁 200t，在海运途中遭受暴风雨，海水进入舱内，杏仁遭受水泡而变质，这种损失只是该公司一家的损失，与其他货主和船方都没有关系。

共同海损与单独海损都属于部分损失，但两者在损失发生的原因和损失承担方式上存在着不同之处。两者的主要区别为：

1）造成海损的原因不同。单独海损是承保风险所直接导致的船、货损失；共同海损则不是承保风险所直接导致的损失，而是为了解除或减轻船、货、运输三方共同危险而采取人为的有效措施而导致的一种损失。

2）承担损失的责任不同。单独海损的损失一般由受损方自行承担；而共同海损的损失，则应由受益的各方按照受益大小的比例共同分摊。

3）损失的构成不同。单独海损一般是指货物本身的损失，不包括费用损失，而共同海损既包括货物损失，又包括因采取共同海损行为而引起的费用损失。

6.2.3　费用

风险还会造成费用上的损失。海上费用是指为救助船舶及被保险货物所支付的费用，主要有施救费用和救助费用。

（1）施救费用（Sue & Labour Expenses）。施救费用是指被保险的货物在遭受承保责任范围内的灾害事故时，被保险人或其代理人与受让人为了避免或减少损失，采取了各种抢救或保护措施而所支付的合理费用。保险人对这种费用负责赔偿。

（2）救助费用（Salvage Charges）。救助费用则有所不同，它是指被保险货物在遭受了承保责任范围内的灾害事故时，由保险人和被保险人以外的第三方采取了有效的救助措施，在救助成功后，由被救方付给救助人的一种报酬。保险人对这种费用也应负责赔偿。

6.3　我国海洋运输货物保险的险别

保险险别是指保险人员对风险和损失的承保责任范围。为了适应国际货物海运保险的需要，中国人民财产保险股份有限公司根据我国保险实际情况并参照国际保险市场的习惯做法，分别制定了各种条款，总称为“中国保险条款”（China Insurance Clauses，CIC），其中包括“海洋运输货物保险条款”“海洋运输货物战争险条款”以及其他专门条款。被保险人可根据货物特点和航线与港口实际情况自行选择投保适当的险别。本节介绍“海洋运输货物保险条款”等有关内容。

按中国保险条款规定，我国海洋运输货物保险的险别包括下列几种类型。

6.3.1　基本险别

海洋运输货物保险的基本险别包括平安险、水渍险和一切险三种。

1. 基本险别的承保责任范围

（1）平安险（Free from Particular Average，FPA）。平安险的保险范围是：

1）被保险的货物在运输途中由于恶劣气候、雷电、海啸、地震、洪水等自然灾害造成整批货物的全部损失或推定全损。当被保险人要求赔付推定全损时，须将受损货物及其权利委付给保险公司。若被保险的货物用驳船运往或运离海轮时，则每一驳船所装的货物可视作一个整批。

2）由于运输工具遭到搁浅、触礁、沉没、互撞，与流冰或其他物体碰撞以及失火、爆炸等意外事故所造成的货物全部或部分损失。

3）在运输工具已经发生搁浅、触礁、沉没、焚毁等意外事故的情况下，货物在此前后又在海上遭受恶劣气候、雷电、海啸等自然灾害所造成的部分损失。

4）在装卸或转船时由于一件或数件甚至整批货物落海所造成的全部或部分损失。

5）被保险人对遭受承保责任范围内危险的货物采取抢救、防止或减少货损的措施而支付的合理费用，但以不超过该批被救货物的保险金额为限。

6）运输工具遭遇海难后，在避难港由于卸货引起的损失，以及在中途港或避难港由于卸货、存仓和运送货物所产生的特殊费用。

7）共同海损的牺牲、分摊和救助费用。

8）海运契约中如订有“船舶互撞责任”条款规定应由货方偿还船方的损失。

上述责任范围表明，在投保平安险的情况下，保险公司对由于自然灾害所造成的单独海损不负赔偿责任，而对于因意外事故所造成的单独海损则要负赔偿责任。此外，如在运输过程中运输工具发生搁浅、触礁、沉没、焚毁等意外事故，则不论在事故发生之前或之后由于自然灾害所造成的单独海损，保险公司也要负赔偿责任。

（2）水渍险（With Average or With Particular Average，WA or WPA）。水渍险的承保责任范围除担负上述平安险的各项责任外，还对被保险货物如由于恶劣气候、雷电、海啸、地震、洪水等自然灾害所造成的部分损失负赔偿责任。

（3）一切险（All Risks，AR）。投保一切险后，保险公司除担负水渍险的各项责任外，还对被保险货物在运输途中由于一般外来原因而遭受的全部或部分损失负赔偿责任。

从上述三种基本险别的责任范围来看，平安险的责任范围最小。水渍险的责任范围比平安险的责任范围大，凡因自然灾害和意外事故所造成的全部和部分损失，保险公司均负责赔偿。一切险的责任范围是三种基本险别中最大的一种，它除包括平安险、水渍险的责任范围外，还包括被保险货物在运输过程中，由于一般外来原因所造成的全部或部分损失，如货物被盗窃、钩损、碰损、受潮、发热、淡水雨淋、短量、包装破裂和提货不着等。由此可见，一切险是水渍险加一般附加险的总和。在这里还需特别指出的是，一切险并非保险公司对一切风险损失均负赔偿责任，它只对水渍险和一般外来原因引起的可能发生的风险损失负责，面对货物的内在缺陷、自然损耗以及由于外来原因（如战争、罢工等）所引起的风险损失，概不负赔偿责任。

被保险人可根据货物的特点、运输路线等情况选择投保平安险、水渍险和一切险三种基本险别中的任一种。

2. 基本险的除外责任

所谓除外责任（exclusion），是指保险公司明确规定不予承保的损失或费用。如果发生了以上三种基本险，保险公司对以下一些损失不负赔偿责任：

（1）被保险人的故意行为或过失所造成的损失。

（2）发货人的责任所造成的损失。

（3）收货人的过失或故意行为所造成的损失。

（4）被保险人货物的自然损耗、本质缺陷、货物的特性、运输延迟等原因所造成的损失。

（5）在保险责任开始以前业已存在的数量短缺或品质不良等所认定的损失。

（6）战争险等特殊附加险条款所规定的责任范围和除外责任。

【案例分析6-3】

我方出口花生糖一批，投保的是一切险，由于航行速度慢，加上该轮船沿途到处揽载，结果航行三个月才到达目的港，卸货后，花生糖因受热时间过长已全部潮解软化，无法销售。请问，这种情况下保险公司是否可以拒赔？

【分析】 本案例中，尽管我方给该批货物投保了一切险，但并非一切损失保险公司都负责赔偿。根据CIC除外责任第四条规定，由被保险人货物的自然损耗、本质缺陷、货物的特性、运输延迟等原因所造成的损失保险公司不予赔偿。

据此，本案例花生糖之所以变质是因为运输延迟造成的，属于保险公司的除外责任。因此，保险公司将不予赔偿。我方可凭提单找船公司交涉。

（资料来源：吕红军．国际货物贸易实务［M］．北京：中国对外经济贸易出版社，2003.）

3. 保险责任起讫

海运保险中保险责任的起讫，主要采用“仓至仓”条款（Warehouse to Warehouse Clause，W/W Clause），即保险责任自被保险货物运离保险单所载明的启运地仓库或储存处所开始，包括正常运输中的海上、陆上、内河和驳船运输在内，直至该项货物运抵保险单所载明的目的地收货人的最后仓库或储存处所或被保险人用作分配、分派或非正常运输的其他储存处所为止。但被保险的货物在最后到达卸载港卸离海轮后，保险责任以60天为限。如在此期限内被保险货物转运至非保单所载的目的地时，保险期限从开始转运时终止。

上述三种基本险别的索赔时效，自被保险货物在最后卸载港全部卸离海轮后起算，最多不超过两年。

6.3.2 附加险别

在海运保险业务中，进出口商除了投保货物的上述基本险别外，还可根据货物的特点和实际需要，酌情再选择若干适当的附加险别。附加险别包括一般附加险和特殊附加险。

1. 一般附加险

一般附加险主要承保由一般外来风险所造成的损失。其险别共有下列11种：偷窃提货不着险（Theft，Pilferage and Non-delivery Risk）、淡水雨淋险（Fresh Water and/or Rain Damage Risk）、渗漏险（Leakage Risk）、短量险（Shortage Risk）、钩损险（Hook Damage Risk）、混杂玷污险（Intermixture and Contamination Risk）、碰损破碎险（Clash and Breakage Risk）、锈损险（Rust Risk）、串味险（Taint of Odour Risk）、受潮受热险（Sweat and Heating Risk）和包装破裂险（Breakage of Packing Risk）。

一般附加险不能作为单独的项目投保，而只能在投保平安险或水渍险的基础上，根据货物的特性和需要加保一种或若干种。如加保所有的一般附加险，这就叫投保一切险。可见一般附加险被包括在一切险的承保范围内，故在投保一切险时，不存在再加保一般附加险的问题。

2. 特殊附加险

（1）战争险和罢工险。保险公司承保由于战争和其他各种敌对行为所造成的损失。按中国人民财产保险股份有限公司的保险条款规定，战争险不能作为一个单独的项目投保，而只能在投保上述三种基本险别之一的基础上加保。

战争险的保险责任起讫和货物运输险不同，它不采取“仓至仓”条款，而从货物装上海轮开始至货物运抵目的港卸离海轮为止，即只负责水面风险。如果货物不卸离海轮或驳船，则保险责任延长至货物到目的港当日午夜起算 15 天为止。罢工险的责任起讫采用“仓至仓”条款。

根据国际保险市场的习惯做法，一般将罢工险与战争险同时承保。如投保了战争险又需加保罢工险时，仅需在保单中附上罢工险条款即可，保险公司不再另行收费。

（2）其他特殊业务附加险。为了适应对外贸易货运保险的需要，中国人民财产保险股份有限公司除承保上述各种附加险外，还承保交货不到险、进口关税险、舱面险、拒收险、黄曲霉素险以及我国内地某些出口货物运至港澳存仓期间的火险等特殊附加险。

6.4 我国陆、空、邮运货物保险的险别

在国际贸易中不仅海洋运输的货物要办理保险，其他运输方式的货物也要办理保险。陆运、空运货物与邮包运输货物保险是在海洋运输货物保险的基础上发展起来的。由于陆运、空运与邮运同海运可能遭到货物损失的风险种类不同，因此陆、空、邮货运保险与海洋运输货物保险的险别及其承保责任范围也有所不同，现分别简要介绍如下。

6.4.1 陆上运输货物保险

1. 风险

货物在陆上运输过程中，常见的风险有：车辆碰撞、倾覆和出轨；路基坍塌、桥梁折断等道路损坏以及火灾和爆炸等意外事故；雷电、洪水、地震、火山爆发、暴风雨以及霜雪冰雹等自然灾害；战争、罢工、偷窃、货物残损、短量、渗漏等外来原因所造成的风险。这些风险会给运输途中的货物造成损失。

2. 险别

根据中国人民财产保险股份有限公司制定的《陆上运输货物保险条款》的规定，陆上运输货物保险的基本险别有陆运险（Overland Transportation Risks）和陆运一切险（Overland Transportation All Risks）两种。此外，还有陆上运输货物冷藏险，它也具有基本险性质。

陆运险的承保责任范围同海运水渍险相似。陆运一切险的承保责任范围同海运一切险相似。上诉责任范围均适用于铁路和公路运输，并以此为限。陆运险与陆运一切险的责任起讫，采用“仓至仓”条款。

陆上运输货物在投保上述基本险之一的基础上可以加保附加险。如果投保陆运险，则可酌情加保一般附加险和战争险等特殊附加险；如果投保陆运一切险，则不需再加保一般附加险。陆上运输货物在加保战争险的前提下，再加保罢工险，按国际惯例不另收保险费。陆上运输货物战争险的责任起讫，是以货物置于运输工具时为限的。

6.4.2 航空运输货物保险

1. 风险

货物在航空运输过程中，有可能因自然灾害、意外事故和各种外来风险而导致货物全部或部分损失。常见的风险有雷电、火灾、爆炸，飞机遭受碰撞、坠落、失踪，战争破坏以及被保险物由于飞机遇到恶劣气候或其他危难事故而被抛弃等。为了转嫁上诉风险所带来的损失，航空运输货物一般都需要办理保险。

2. 险别

航空运输货物保险的基本险别有航空运输险（Air Transportation Risks）和航空运输一切险（Air Transportation All Risks）。这两种基本险都可单独投保，在投保其中之一的基础上，经被保险人与保险公司协商可以加保战争险。在加保战争险的前提下，再加保罢工险，则不另收保险费。航空运输险和航空运输一切险的责任起讫也采用“仓至仓”条款。

6.4.3 邮包运输货物保险

根据中国人民财产保险股份有限公司制定的《邮政包裹保险条款》的规定，有邮包险（Parcel Post Risks）和邮包一切险（Parcel Post All Risks）两种基本险，其责任起讫是，自被保险邮包离开保险单所载启运地点寄件人的处所运往邮局时开始生效，直至被保险邮包被运达保险单所载明的目的地邮局发出通知书给收件人当日午夜起算为止，但在此期限内，邮包一经递交至收件人处所时，保险责任即告终止。

6.5 英国伦敦保险协会“货物保险条款”

在国际保险业务中，英国是一个历史最悠久和最发达的国家之一，英国伦敦保险协会（Institute of London Underwriter，ILU）于1884年成立，是经营海上保险的保险人公众组织，由英国各海上保险公司共同组成，主要研究、制定通用的海上保险条款。

伦敦保险协会所制定的“协会货物条款”（Institute Cargo Clauses，ICC）对世界各国有着广泛影响，通称协会条款，目前实行的是其1982年1月起施行的条款。

世界上许多国家在海运保险业务中直接采用该条款，还有许多国家在制定本国保险条款时参考或采用该条款的内容。在我国按 CIF 条件出口，我们一般投保中国人民财产保险股份有限公司制定的保险条款，但如果国外客户要求按英国伦敦保险协会制定的“货物保险条款”，我们也可酌情接受。因此本节主要介绍英国伦敦保险协会海运“货物保险条款”。

6.5.1 ICC 的种类

ICC 主要有以下六种：

（1）货物保险条款（A）（Institute Cargo Clauses（A），ICC（A））。

（2）货物保险条款（B）（Institute Cargo Clauses（B），ICC（B））。

（3）货物保险条款（C）（Institute Cargo Clauses（C），ICC（C））。

（4）战争险条款（货物）（Institute War Clauses-Cargo）。

（5）罢工险条款（货物）（Institute Strikes Clauses-Cargo）。

（6）恶意损害险条款（Malicious Damage Clauses）。

上述 ICC（A）、ICC（B）、ICC（C）三种险别都有独立完整的结构，对承保风险及除外责任均有明确规定，因而都可以单独投保，且承保范围从大到小。上述战争险和罢工险也具有独立完整的结构，如征得保险公司同意，必要时也可作为独立的险别投保。唯独上述恶意损害险别不能单独投保，故其条款内容比较简单。ICC 主要险别的基本内容是承保风险和除外责任。

6.5.2 ICC 的主要险别

1. ICC（A）险的承保范围与除外责任

（1）承保范围。ICC（A）险责任范围很广，大体相当于“一切险”，故协会货物保险条款采用承保“除外责任”之外的一切风险的概括式规定办法，即除了“除外责任”项下所列风险保险人不予承担责任外，其他风险均予承担责任。

（2）除外责任

1）一般除外责任。其中包括：归因于被保险人故意的不法行为造成的损失或费用；保险标的自然渗漏、重量或容量的自然损耗或自然磨损；包装或准备不足或不当所造成的损失或费用；保险标的的内在缺陷或特性所造成的损失或费用；直接由于迟延所引起的损失或费用，即使延迟是由于承保的风险所引起的；由于船舶所有人、经理人、租船人或经营破产或不履行债务造成的损失或费用；由于使用任何原子或热核武器所造成的损失或费用。

2）不适航和不适货除外责任。这是指在装船时，被保险人或受雇人已经知道船舶不适航以及船舶、装运工具、集装箱等不适货的情况，造成的风险责任除外。

3）战争除外责任和罢工除外责任。

2. ICC（B）险的承保范围与除外责任

（1）承保范围。ICC（B）险的承保范围的规定是采用“除外责任”之外列明风险的方法。具体的承保风险是：火灾或爆炸、船舶或驳船遭受搁浅、触礁或沉没或倾覆；陆上运输工具的倾覆或出轨；船舶或驳船同除水以外的任何外界物体碰撞；在避难港卸货；地震、火山爆发或雷电；共同海损的牺牲，抛货或浪击落海；

海水、湖水或河水进入船舶、驳船、运输工具、集装箱、大型海运箱或储存处所；货物在船舶或驳船装卸时落海或跌落造成任何整体的损失。

(2) 除外责任。ICC（B）险的除外责任是 ICC（A）险的除外责任再加上“海盗行为”与“恶意损害险”。

3. ICC（C）险的承保范围与除外责任

ICC（C）险的承保风险较 ICC（A）和 ICC（B）都小得多，它仅承保“重大意外事故”的风险，而不承保自然灾害及非重大意外事故的风险。ICC（C）险具体承保风险如下：

1）灭失或损害合理归因于下列原因者：火灾、爆炸；船舶或驳船触礁、搁浅、沉没或倾覆；陆上运输工具的倾覆或出轨；在避难港卸货。

2）灭失或损害由于下列原因所造成：共同海损的牺牲，抛货。

ICC（C）险的除外责任与 ICC（B）险的除外责任完全相同，在此不赘述。

6.5.3　ICC 的保险期限

ICC 对保险期限的规定，同前述我国海洋运输货物保险与海洋运输货物战争险条款对保险期限的规定大体相同，但其规定比我国有关条款的规定更为详细。在此不赘述。

6.6　买卖合同中的保险条款

6.6.1　进出口货物运输保险实务

在进出口货物运输保险业务中，被保险人在选择确定投保的险别后通常涉及的工作有确定保险金额、办理投保并交付保险费、取得保险单据以及保险索赔等。

1. 确定保险金额

保险金额（Insured Amount）系指保险人承担赔偿或者给付保险金责任的最高限额，也是保险人计算保险费的基础。被保险人在投保货物运输保险时应向保险人申报保险金额。保险金额是根据保险价值（Insurable Value）确定的。保险价值一般包括货价、运费、保险费以及预期利润等。如保险人与被保险人未约定保险价值的，根据我国《海商法》第二百一十九条的规定，“货物的保险价值，是保险责任开始时货物在起运地的发票价格或者非贸易商品在起运地的实际价值以及运费和保险费的总和”，即相当于 CIF 价格，不包括预期利润。我国《海商法》第二百二十条又规定：“保险金额由保险人与被保险人约定。保险金额不得超过保险价值；超过保险价值的，超过部分无效。”

在国际货物买卖中，凡按 CIF 或 CIP 条件达成的合同一般均规定保险金额，而且，保险金额通常还须在发票金额的基础上增加一定的百分率，即所谓“投保加成”，这是由国际贸易的特定需要决定的。如合同对此未做出规定，按《2020 年通则》和《UCP600》的规定，卖方有义务按 CIF 或 CIP 价格的总值另加 10% 作为保险金额。这部分增加的保险金额就是买方进行这笔交易所支付的费用和预期利润。

如买方要求按较高的金额投保，而保险公司也同意承保，卖方也可接受，但由此而增加的保险费在原则上应由买方承担。

保险金额的计算公式是

$$保险金额=CIF(或\ CIP)价\times(1+投保加成率)$$

由于保险金额一般是以 CIF 价或 CIP 价为基础加成确定的，因此，在仅有货价与运费（即已确定 CFR 价或 CPT 价）的情况下，CIF 或 CIP 价可按下列公式计算：

$$CIF(或\ CIP)价=\frac{CFR(或\ CPT)价}{1-(保险费费率\times(1+投保加成率)}$$

我国进口货物的保险金额，在原则上虽也按进口货物的 CIF 或 CIP 货值计算，但在目前，我国进口合同较多采用 FOB（或 FCA）条件，为简化手续，方便计算，一些企业与保险公司签订预约保险合同，共同议订平均运费费率（也可按实际运费计算）和平均保险费费率。其计算保险金额的公式为

$$保险金额=FOB(或\ FCA)价\times(1+平均运费费率+平均保险费费率)$$

这里的保险金额即估算的 CIF（或 CIP）价而不另加成。如果被保险人要求在 CIF（或 CIP）价基础上加成投保，则保险公司也可接受。

2. 办理投保并交付保险费

出口合同采用 CIF 或 CIP 条件时，保险由我方办理。出口企业在向当地的保险公司办理投保手续时，应根据买卖合同或信用证规定，在备妥货物并确定装运日期和运输工具后，按规定格式逐笔填制投保单，具体列明被保险人名称、被保险物名称、数量、包装及标志、保险金额、起讫地点、运输工具名称、起航时间、被保险别等，送交保险公司投保并交付保险费。

被保险人交付保险费，是保险合同生效的前提条件。在被保险人支付保险费前，保险人可以拒绝签发保险单据。保险费是保险人经营业务的基本收入，也是保险人所掌握的保险基金（即损失赔偿的基金）的主要来源。

保险费费率是计算保险费的依据。我国进出口货物保险费费率是我国保险公司在货物损失率和赔付率的基础上，参照国际保险费费率水平，并根据我国对外贸易发展的需要制定的。

保险公司收取保险费的计算方法是

$$保险费=保险金额\times保险费费率$$

如系按 CIF 或 CIP 加成投保，上述公式可改为

$$保险费=CIF(或\ CIP)价\times(1+投保加成率)\times保险费费率$$

计算题：

一批货物由上海出口至某国某港口 CIF 总金额为 30 000 美元，投保一切险（保险费费率为 0.6%）及战争险（保险费费率为 0.03%），保险金额按 CIF 总金额加 10%。问被保险人应付的保险费是多少？

分析：被保险人应付的保险费 = 30 000 美元 ×(1 + 10%)×(0.6% + 0.03%)

= 33 000 美元 ×(0.006 + 0.0003)

= 33 000 美元 × 0.0063 = 207.90 美元

3. 取得保险单据

保险单据是保险人与被保险人之间订立保险合同的证明文件，它反映了保险人与被保险人之间的权利和义务关系，也是保险人的承保证明。当发生保险责任范围内的损失时，它又是保险索赔和理赔的主要依据。

（1）保险单。保险单（Insurance Policy）俗称大保单，是使用最广的一种保险单据。货运保险单是承保一个指定航程内某一批货物的运输保险。它具有法律上的效力，对双方当事人均有约束力。保险单上一般须载明：当事人的名称和地址；保险标的的名称、数量或重量、唛头；运输工具；保险险别；保险责任起讫时间和地点及保险期限；保险币别和金额；保险费；出立保险单的日期和地点；保险人签章；赔款偿付地点；经保险人与被保险人双方约定的其他事项；等等。保险单背面载明的保险人与被保险人之间权利和义务等方面的保险条款，也是保险单的重要内容。

（2）保险凭证。保险凭证（Insurance Certificate）俗称小保单，是一种简单化的保险单据。这种凭证除背面不载明保险人与被保险人双方的权利和义务等保险条款外，其余内容均与保险单相同。保险凭证与上述保险单具有同等法律效力。但近年来，为实现单据规范化，不少保险公司已废弃此类保险凭证。

（3）联合凭证。联合凭证（Combined Certificate）是一种将发票和保险单相结合的，比保险凭证更为简化的保险单据。保险公司将承保的险别、保险金额以及保险编号加注在被保险人的发票上，并加盖印戳，其他项目均以发票上列明为准。这种凭证曾在我国对某些特定地区的出口业务中使用，现已很少使用。

（4）预约保单。预约保单（Open Policy）又称预约保险合同（Open Cover），它是被保险人（一般为进口人）与保险人之间订立的总合同。订立这种合同的目的是简化保险手续，又可使货物一经装运即可取得保障。合同中规定承保货物的范围、险别、费率、责任、赔款处理等条款，凡属于合同约定的运输货物，在合同有效期内自动承保。目前，在我国这种保险单只用于进口货物的预约保险。

（5）批单。保险单出立后，被保险人如需要补充或变更其内容，可根据保险公司的规定，向保险公司提出申请，经同意后即另出一种凭证，注明更改或补充的内容，这种凭证即称为批单（Endorsement）。保险单一经批改，保险公司即按批改后的内容承担责任。其批改内容如涉及保险金额增加和保险范围扩大，保险公司只有在证实货物未发生出险事故的情况下才同意办理。批单原则上须粘贴在保险单上，并加盖骑缝章，作为保险单不可分割的一部分。

和海运提单一样，货运保险单和保险凭证可以经背书或其他方式进行转让。保险单据的转让无须取得保险人的同意，也无须通知保险人。即使在保险标的发生损失之后，保险单据仍可有效转让。在 CIF 或 CIP 条件下，保险单据的形式和内容必须符合买卖双方约定的要求，特别是在信用证支付条件下，必须符合信用证的有关规定。保险单据的出单日期不得迟于运输单据所列货物装船或发运或承运人接受监管的日期。因此，办理投保手续的日期也不得迟于货物装运日期。

4. 保险索赔

进出口货物在保险责任有效期内发生属于保险责任范围内的损失，被保险人按照保险单内的有关规定向保险公司提出赔偿要求，称为保险索赔。在索赔工作中，被保险人应做好下列工作：

（1）仔细检查货物，做好索赔准备。当被保险人得知或发现货物已遭受保险责任范围内的损失时，应及时通知保险公司。被保险货物运抵目的地以后，被保险人或其他代理人应及时对货物进行检查验收，看货物是否完整无损。如果发现有货损货差，应尽量保留现场，以便保险人及其代理人或有关方面前来检验。对于发现货损货差的货物，应获取承运人或港口（或车站、机场等）理货人的证明。

准备好有关单证，及时（在索赔期限内）向有关方面索赔。

（2）确定索赔对象。确定索赔对象是指确定向谁提出索赔。在进出口业务中，提出索赔的往往是进口人。

1）向卖方索赔。凡属下列情况之一者，应该向卖方索赔：在包装完好的情况下，原装数量不足、货物品质、规格与合同规定不符、未按期交货等。

2）向轮船公司索赔。凡属下列情况，均可以向轮船公司索赔：货物数量少于提单所载数量；提单是清洁提单，而货物有残损情况，并且属于船方过失所致；货物所受的损失，根据租船合约应由船方负责等。

3）向保险公司索赔。凡是保险单载明的属于承保责任范围以内的损失，都应该向保险公司提出索赔。例如，由于自然灾害、意外事故或运输中其他事故的发生致使货物受损，并且属于承保险别范围以内的，轮船公司不予赔偿或赔偿金额不足抵补损失的部分，并且属于承保险别范围以内的损失等，均可向保险公司索赔。

如果我国出口人被保险的货物是按 CIF、CIP 价格条件成交的，则由我出口人向中国人民财产保险股份有限公司进行投保。遭受责任范围内的损失后，应该向中国人民财产保险股份有限公司或保险单上载明的中国人民财产保险股份有限公司国外理赔代理人索赔。

如果被保险的进口货物是按 FOB、FCA、CFR 等贸易术语成交的，在遭受保险责任范围内的损失以后，进口方应向中国人民财产保险股份有限公司提出索赔。例如，若货物是经海运的，则应向海运提单或海运单上载明的进口港保险公司索赔；若货物是经陆运到达的，则要向铁路运单上载明的目的地保险公司索赔；若货物是经空运到达的，则应向航空运单上载明的目的地保险公司索赔。

如果目的地没有保险人的理赔代理人或检验人时，按照保险单的规定，收货人需要聘请公证机构进行检验，以便出具证明。

（3）备妥索赔单证。被保险货物的损失经过检验，并办妥向承运人等第三者责任方的追偿手续后，应即向保险公司或其代理人提出赔偿要求。提出索赔时，除应提供检验报告外，通常还须提供其他单证，包括：保险单或保险凭证正本；运输单据，包括海运提单、海运单、铁路或公路运单、航空运单、邮包收据、多式运输单据等；发票；装箱单或重量单；向承运人等第三者责任方请求赔偿的函电及其他必要的单证或文件；货损货差证明；海事报告（Sea Protest）摘录或海事声明书；列明索赔金额及计算依据，以及有关费用的项目和用途的索赔清单。

（4）其他注意事项。

1）权利转让手续。如货损涉及第三者责任方，则首先应该向有关责任方提出索赔或声明保留索赔权。在保留向第三者责任方索赔权的条件下，可向保险公司索赔。被保险人在获得保险补偿的同时，须将受损货物对第三者责任方的有关权益转让给保险公司，以便保险公司取得被保险人的地位或以被保险人名义向第三者责任方进行追偿。保险人的这种权利叫作代位权或代位追偿权（the Right of Subrogation）。

2）委托手续。如果被保险货物遭受严重损失，被保险人要求用推定全损赔偿时，被保险人应提出委托通知，将货物及其一切权益委托给保险公司，否则保险公司只能按部分损失赔偿。

3）索赔时效。根据保险惯例，索赔必须在一定时间内办理方为有效，否则保险公司不予受理。按照惯例，保险业的索赔时效一般为两年。

4）防止损失扩大。各国保险法或保险条款中一般都规定，保险货物受损后，被保险人和保险人都有责任采取可能的、合理的施救措施，以防止损失扩大。因抢救以及阻止、减少货物损失而支付的合理费用，保险公司负责赔偿。被保险人能够施救而不履行施救义务，保险人对于扩大的损失甚至全部损失有权拒赔。

5. 保险单制作要点

（1）被保险人：若信用证有规定，应按规定。以 CIF 条件对外成交时，一般为出口商，此时出口商应对保单进行背书转让。

（2）发票号码：按实际号码填写。

（3）标记（MARKS & No. S）：按信用证规定，应与发票、提单相一致。

（4）包装及数量：填单件运输包装的件数及商品数量，若为散装，则应先注明“IN BULK”，再填重量。

（5）保险物资项目（DESCRIPTION）：填商品的名称，可与提单一致。

（6）保险金额（小写）：应为发票金额加上投保加成后的金额，并注明币制，币制应与信用证规定相符，或与发票相符。

（7）总保险金额（大写）：即小写保险金额的英文翻译。

（8）装载运输工具（PER CONVEYANCE S. S）：要与运输单据一致。可填船名航次、航班号或车次，海运方式下也可填“AS PER B/L”。

（9）开行日期及起讫地点：可填提单签发日，或填“AS PER B/L”。

（10）承保险别：按合同或信用证的规定，如：“COVERING ALL RISKS AS PER OCEAN MARINE CARGO CLAUSES（1981. 1. 1）OF THE PICC”。

（11）赔款偿付地点：一般为目的地，并注明使用货币的币种。

（12）保险勘查代理人：由保险公司自定，但要提供其地址，以便发生损失时收货人通知其进行勘查和理赔。

（13）签发地点和日期：签发日期须早于运输单据，才能证明是在装运前办理的投保。

（14）保险公司签章：经签章后保险单才能生效。

6.6.2　条款举例

保险条款是国际货物买卖合同的重要组成部分之一，必须明确、合理。保险条款的内容依选用不同的贸易术语而有所区别。

以 FOB、CFR 或 FCA、CPT 条件成交的合同，保险条款可定为“保险由买方负责”（Insurance: To be covered by the Buyer）。如买方委托卖方代办保险，则应明确规定保险金额、投保险别、按什么保险条款保险以及保险费由买方负担。同时规定保险费的支付时间和支付方式。

以 CIF 或 CIP 条件成交的合同，条款内容需明确规定由谁办理保险、投保险别、保险金额的确定方法以及按什么保险条款保险，并注明该条款的生效日期。应注意避免使用“通常险”（Usual Risks）、“惯常险”（Customary Risks）或“海运保险”（Marine Clause）等笼统的规定方法。举例如下：

例 6-1：（用于海洋运输）

“保险：由卖方按 CIF/CIP 发票金额的××% 投保××险、××险（险别），以×年×月×日的中国保险条款的有关海洋运输货物保险条款为准。”（Insurance: To be covered by the Seller for... % of CIF/CIP total value against..., as per and subject to the relevant ocean marine cargo clauses of the China Insurance Clauses dated...）

例 6-2：（用于陆海联运）

“保险：由卖方按 CIP 发票金额的××% 投保陆运（火车、汽车）一切险和海洋运输货物一切险，按×年×月×日中国保险条款有关陆上运输货物保险条款和海洋运输货物保险条款负责，包括战争险，按×年×月×日陆上运输货物战争险（火车）条款和×年×月×日海洋运输货物战争险条款负责。”（Insurance: To be covered by the Seller for... % of CIP total invoice value against Overland Transportation All Risks and All Risks as per Overland Transportation Cargo Clauses “Trains, Truck” and Ocean Marine Cargo Clauses of the China Insurance Clauses dated..., including War Risks as per Overland Transportation Cargo War Risks Clauses (by train) dated..., and Ocean Marine Cargo War Risks Clauses dated...）

例 6-3：

“保险由卖方按发票金额的××% 投保××险（险别），按伦敦保险协会×年×月×日货物××险条款负责。”（Insurance: To be covered by the Seller for... % of total invoice value against..., as per Insurance Cargo Clauses... dated...）

加保附加险别的条款举例如下：

例 6-4：“加保碰损、破碎险。”（Including Risk of Clash and Breakage.）

例 6-5：“加保短量险，重量短少有绝对免赔率 0.5%。”（Including Shortage in Weight in Excess of 0.5%.）

■ 本章小结

国际贸易运输货物保险是以对外贸易货物运输过程中的各种货物作为保险标的的保险。国际贸易运输货物保险具有把不定的损失变为固定的费用、为国家积累资金、加强国际合作和促进对外贸易的发展等作用。

海洋运输货物保险保障损失一般是指货物在海洋中由于海上风险造成的损失和灭失，带来的损失分为全部损失和部分损失。

我国海洋运输货物保险的基本险是平安险、水渍险、一切险，承保范围依次扩大。附加险包括 11 种一般附加险和特殊附加险。保险责任起讫除战争险适用“水上危险”，其他险别适用“仓至仓”条款。

ICC 的 A、B、C 条款承保范围依次减小。

在进出口货物运输保险业务中，投保常包含以下几个环节：确定保险金额、办理投保并交付保险费、取得保险单据以及保险索赔等。

■ 思考与练习

1. 共同海损与单独海损有什么区别？
2. 什么是“仓至仓”条款？
3. 我国海洋运输基本险别有哪些？它们的责任范围有什么关系？
4. 如何进行投保险别的选择？
5. 保险金额如何确定？

■ 案例分析题

1. 某货主在货物装船前，按发票金额的 110% 办理了货物投保手续，投保一切险加保战争险。该批货物以 CIF 成交的总价值为 20.75 万美元，一切险和战争险的保险费费率合计为 0.6%。计算：

（1）该货主应缴的保险费是多少？

（2）若发生了保险公司承保范围内的风险导致该批货物全部灭失，则保险公司的最高赔偿金额是多少？

2. 某公司出口货物一批，原报价 USD2000M/T CIFC3% Sydney，客户要求改报 CFRC5% Sydney，按发票金额的 110% 投保一切险加保战争险。经查，一切险和战争险的保险费费率分别为 0.8% 和 0.4%。试计算 CFRC5% Sydney 的价格。

3. 某货轮在航行途中因电线走火，第三舱内发生火灾，经灌水灭火后统计损失，被火烧毁货物价值 5000 美元，因灌水救火被水浸坏货物损失 6000 美元。船方宣布该轮共同海损，试根据上述案例分析回答下列问题：

（1）该轮船长宣布共同海损是否合理？

（2）被火烧毁的货物损失 5000 美元，船方是否应负责赔偿，理由是什么？

（3）被水浸的货物损失 6000 美元属什么性质的损失？应由谁负责？

4. 某货轮在某港装货后，航行途中不慎发生触礁事故，船舶搁浅，不能继续航行。事后船方反复开倒车强行浮起，但船底划破，致使海水渗入货舱，造成船货部分损失。为使货轮继续航行，船长发出求救信号，船被拖至就近港的船坞修理，暂时卸下大部分货物。前后花了 10 天，共支出修理费 5000 美元，增加各项费用支出（包括员工工资）共 3000 美元。当船修复后继续装上原货启航。次日，忽遇恶劣气候，使船上装载的某货主的一部分货物被海水浸湿。

（1）从货运保险义务方面分析，以上所属的各项损失，各属于什么性质的损失？

（2）在投保了平安险的情况下，被保险人有权向保险公司提出哪些赔偿要求？为什么？

第 7 章
进出口合同支付条款

学习目标

- 明确汇票、本票、支票的定义、种类、内容及其使用程序
- 理解汇付和托收的含义、当事人及流程
- 熟练掌握信用证的运作程序、性质、特点与《UCP600》的主要内容
- 学会在国际贸易不同条件下正确选择适当的支付方式

在国际贸易中，卖方交货与买方付款是每笔交易的两个方面。按照合同规定支付货款是买方的基本义务，收取货物价款则是卖方的主要权利。支付条款是进出口合同的主要交易条款之一。

在对外贸易中，支付包括货款及其从属费用如何计价、结算以及在什么时间、什么地点、采用什么样的工具和方式支付。因此在对外贸易的支付业务中主要涉及两个方面的内容，即支付工具和支付方式。

随着国际贸易和国际信用制度的发展，逐渐产生了多种支付工具（如汇票、本票、支票）和支付方式（如汇付、托收、信用证）。

7.1 支付工具

目前，国际货款的支付，一般都是通过银行利用票据这种支付工具进行的，只有在极少数的情况下利用可自由兑换的货币进行支付结算。我国外贸进出口货款的结算，除一部分根据两国（或地区）政府间贸易支付协定由双方国家（或地区）银行相互开立账户，用记账方式结算外，大部分都是通过银行使用现汇结算。

7.1.1 票据概述

在国际贸易中，货款的收付是买卖双方的基本权利和义务，直接影响双方的资金周转和融通，关系到买卖双方在货物进出口方面的切身利益，是进出口业务的一个重要环节。在我国的对外贸易中，国际货款收付的工具很少使用到现金，大多使用票据。

1. 票据的概念

票据是国际通行的结算和信贷工具，其含义有广义和狭义之分。广义的票据主要是指经济业务中使用的单据凭证，范围很大，难以准确地界定，如证券、单证、仓单、提单、货单、发票等。狭义上的票据仅指汇票、本票和支票。

2. 票据的基本性质

（1）票据是代表一定数量货币请求权的有价证券，即货币证券。有价证券可分为物权证券、货币证券、资本证券等，其中，货币证券是代表一定数量货币请求权的有价证券，可以在法定的范围和条件下流通。

（2）票据是反映债权债务关系的书面凭证。票据是在市场交换和流通中发生的，反映了当事人之间的债权债务关系。具体地说，在财产（商品、货币及其他财产权利）交换中，双方当事人各自享有财产方面的、一定的权利和义务，即发生了债权债务关系，这就要求以书面形式确定和表现出来，以保障双方实现各自的权利和义务。票据正是在这个基础上产生的。没有真实的债权债务关系，就没有票据。因此，反映债权债务关系的书面凭证，是票据的基本性质之一。

3. 票据的当事人

一般来说，票据涉及三方面的当事人，即出票人（Drawer）、受票人（Drawee）和收款人（Payee）。票据进入流通领域之后，又派生出流通中的关系人，即背书人、承兑人、持票人等。每个关系人在票据上签名后，即对票据的正当持票人负付款和担保付款的责任。

出票人是开立票据并交付给他人的人。受票人，又称付款人，是根据出票人的命令支付票款的人。收款人是收取票款的人，也是票据的债权人。背书人是指收款人或持票人在票据背面签字，并把票据转让给他人的人。付款人对票据做出承兑，即成为承兑人。持票人是持有票据的人，票据的收款人或被背书人是票据的持票人。

在许多情况下，上述票据当事人有可能重复。例如，票据上若以出票人自己或者受票人作为抬头，那么出票人或者受票人也就是票据的收款人。

4. 票据种类及票据行为

国际贸易货款结算中使用的票据包括汇票、本票和支票，以使用汇票为主。各国的法律对票据种类的规定并不完全一致，但在国际贸易中使用的金融票据主要有汇票（Bill of Exchange；Draft）、本票（Promissory Note）和支票（Cheque；Check），其中以使用汇票为主。目前，我国《票据法》中规定，票据包括汇票、本票和支票三种。

票据行为是指以票据上规定的权利和义务所确立的法律行为。根据票据法的一般规则，每个票据行为不因其他票据行为的不合法而受到影响。

票据行为可以分为主票据行为和从票据行为。前者为出票，是制作票据的原始行为；后者为提示、承兑、背书、参加承兑、保证、付款、参加付款等。汇票、本票和支票常见的票据行为的基本原理和法律规则基本一致。

7.1.2　汇票

1. 汇票的定义

（1）英国《票据法》规定：汇票是一项无条件的书面支付命令，由一人签发给另一人，由发令人签字，要求受令人凭票即付或在某一固定日期或可确定的将来日期付出一定的金额给一特定之人或指定之人或来人。

（2）《日内瓦统一法》规定，汇票需包含：①“汇票”字样；②无条件支付一定金额的命令；③付款人；④付款期限；⑤付款地点；⑥收款人；⑦出票日期和地点；⑧出票人签字。

（3）我国《票据法》规定，汇票是出票人签发的，委托付款人在见票时或者在指定日期无条件支付确定金额给收款人或者持票人的票据。第二十二条规定，汇票必须记载下列事项：①表明“汇票”的字样；②无条件支付的委托；③确定的金额；④付款人名称；⑤收款人名称；⑥出票日期；⑦出票人签章。还规定，汇票未记载前款规定事项之一的，汇票无效。

2. 汇票的内容

（1）签章。汇票上的签章是指签名或盖章，发票人签章以标明负发票责任。如果由两个及以上的人共同签章，则由共同签章人负连带责任。

（2）支付文句。支付文句又称无条件支付的委托，是指发票人委托付款人无条件支付汇票金额的文字。如果汇票对支付条件加以限制，该票据则失去作为汇票的属性，或者说该汇票是无效的。

（3）汇票金额。汇票的金额必须确定，对汇票金额可做选择的记载，或者以金钱以外的财产为给付，都使汇票无效。

（4）签发日期。签发日期是指汇票发行的年月日，以记载在汇票上的日期为准，而不是指汇票实际发出去的时间，汇票签发日期有很重要的意义：①判定发票人是否具有签发汇票所需具有的行为能力；②是确定到期日和提示日的根据；③是决定利息起算日的依据。

（5）签发地点。签发地点即发票地，是指汇票上记载的汇票发行地点。和签发日期相似，签发地点也不是指实际签发汇票地点，而以汇票记载为准。

（6）汇票基本当事人。汇票基本当事人有三类：出票人、付款人、受款人。汇票上一般应将当事人记载完全，付款人与受款人同一的除外。

（7）付款时间。付款时间即到期日，是指汇票上记载的应付款的日期。到期日的规定方法各不相同，因而可以将汇票区分出不同的类型。

（8）付款地点。付款地点是指汇票上记载的票据金额的交付地点，同时也是拒绝付款时持票人请求做成拒绝证书之地，付款地点一项的缺失一般不导致票据的无效，而通过法律推定来加以确定。

3. 汇票的种类

国际结算中使用的汇票，按其内容和特征不同，可分成许多种类。

（1）银行汇票和商业汇票。按出票人的不同，汇票分为银行汇票和商业汇票。

1）银行汇票（Banker's Draft）是银行对银行签发的汇票，其出票人和付款人都是银行，主要是银行根据顾客要求办理汇款（票汇）业务时签发使用的。

2）商业汇票（Trade Bill）是企业或个人对企业、个人或银行签发的汇票，主要是在国际贸易结算中，出口人向国外进口人或银行收取货款时签发使用的。

需注意的是，商业汇票的出票人是企业、个人，付款人是企业、个人、银行，付款方式为逆汇。商业汇票通常一式两联。

（2）商业承兑汇票和银行承兑汇票。按承兑人的不同，汇票分为商业承兑汇票和银行承兑汇票。

1）商业承兑汇票（Trader's Acceptance Bill）是由企业或个人承兑的远期汇票，是建立在商业信用基础上的。

2）银行承兑汇票（Banker's Acceptance Bill）是由银行承兑的远期汇票，是建立在银行信用基础上的。银行承兑汇票比商业承兑汇票更易被人接受，也更便于在市场上流通。

（3）即期汇票和远期汇票。按付款时间的不同，汇票分为即期汇票和远期汇票。

1）即期汇票（Sight Bill/Demand Draft）是持票人提示时，付款人应立即付款的汇票。

2）远期汇票（Time Bill/Usance Draft）是在未来的特定日期或一定期限付款的汇票。它又分为确定日期付款汇票（如"On 5th Nov.，2020 pay to..."）、出票后定期付款汇票（如"At 30 days after date of draft pay to..."）、见票后定期付款汇票（如"At 60 days after sight pay to..."）。其中见票后定期付款汇票使用较为普遍。

国际上习惯将30天以内付款的称为短期汇票（Short Bill），将30天以上付款的称为长期汇票（Long Bill）

（4）光票和跟单汇票。按有无附属单据，汇票分为光票和跟单汇票。

1）光票（Clean Bill）是指不附带代表货物所有权的货运单据（主要是提单、保险单）的汇票，其流通完全依靠当事人（出票人、付款人、背书人）的信用，在国际贸易结算中较少使用。仅运费、保险费等有时采取光票的形式向对方收款。银行汇票多是光票。

2）跟单汇票（Documentary Bill）是指附带代表货物所有权的货运单据的汇票。除有当事人的信用外，还有物的保证，故在国际贸易中被广泛使用，也是信用证业务中最常用的汇票。商业汇票多是跟单汇票。

4. 汇票的票据行为

（1）出票。出票（Draw/Issue）包括两个行为：①出票人制作汇票，并签字；②将票据交付给收款人。具备这两个行为，出票才有效。

汇票通常需要签发一式两份（银行汇票只签发一份），其中一份写明"正本"（Original）或"第一份汇票"（First of Exchange），另一份则写明"副本"（Copy）或"第二份汇票"（Second of Exchange）。两份汇票具有同等法律效力，但只对其中一份承兑或付款。为了防止重复承兑和付款，均写明"付一不付二"或"付二不付一"（Second or First Unpaid）。

在出票时，对收款人通常有以下三种写法：

1）限制性抬头。例如，"仅付甲公司"（Pay A Co. only）或"付××公司，不准流通"（Pay ××Co. not Negotiable）。这种抬头的汇票不能流通转让，只限指定的收款人收取票款。

2）指示性抬头。例如，"付××公司或指定人"（Pay×× Co. or order）。这种抬头的汇票，除××公司可以收取票款外，也可以经过背书转让给第三者。

3）持票人或来人抬头。例如，"付给来人"（Pay Bearer）。这种抬头的汇票，无须由持票人背书，仅凭交付汇票即可转让。

（2）提示。提示（Presentation）是指持票人向汇票付款人出示汇票，要求其付款或承兑的行为。提示包括以下两种形式：

1）付款提示（Presentation for Payment）。付款提示是指持即期汇票或已到期的远期汇票要求付款人付款的提示。

2）承兑提示（Presentation for Acceptance）。承兑提示是指持远期汇票要求付款人承认到期付款的提示。

提示需在规定时间内，否则持票人将丧失对其前手的追索。

（3）承兑。

1）承兑的定义。承兑（Acceptance）是指远期汇票的付款人在持票人做承兑提示时，在汇票上写明“承兑”字样，加注承兑日期并签字（有时还加注付款到期日期），确认其同意执行出票人发给的无条件的命令，并将该汇票交还持票人或另制承兑通知书交给持票人的行为。未经承兑的远期汇票，在法律上对付款人没有强制效力。

2）承兑的行为。承兑包括两个行为：①汇票上写明“承兑”字样；②把承兑汇票交给持票人或把承兑通知书交持票人。具备这两个行为才算完成承兑行为。德国、瑞士法律及英美法认为：汇票上即使没有“承兑”字样，如有付款人签字和日期，仍可作为承兑。荷兰、西班牙法律认为：必须有“承兑”字样，否则承兑无效。我国《票据法》规定：“付款人承兑汇票后，应当承担到期付款的责任。”可见，汇票一经承兑，付款人就成为汇票的主债务人，承兑人有在远期汇票到期时承担付款的责任。

（4）付款。付款（Payment）是指付款人向持票人按汇票金额支付票款的行为。无论是即期汇票，还是远期汇票，当持票人做付款提示时，付款人均应付款。对即期汇票，在持票人提示付款时，付款人即应付款；而对远期汇票，付款人经过承兑后，在汇票到期日付款。付款后，汇票上的一切债务即告终止。

（5）背书。背书（Endorsement）是持票人在汇票背面签字并把它交给对方的行为。背书有两个行为：签字行为和交付行为。两个行为同时具备，背书才有效。背书分为以下几种方式：

1）限定性背书（Restrictive Endorsement）。限定性背书即背书人在汇票背面签字，并写明“仅付×××（被背书人名称）”或“付给×××（被背书人名称）不得转让”等。一般先做被背书人记载，再签字。

例如：

Pay to A Bank only...

Pay to A Bank for account of... Co.

Pay to A Bank not negotiable（不可流通）。

Pay to A Bank not transferable（不可转让）。

Pay to A Bank not to order...

2）特别背书（Special Endorsement）。特别背书又称记名背书，即背书人在汇票背面签字，并写明“付给×××（被背书人名称）或其指定人”（Pay×××or order)，或“付给×××（被背书人名称）的指定人”（Pay to the order of×××）。

3）空白背书（Blank Endorsement）。空白背书又称不记名背书、略式背书，即背书人在汇票背面只签字，但不记载被背书人的名称。经空白背书之后，受让人可以不背书，仅凭交付即可继续转让汇票。

（6）拒付。拒付（Dishonor）也称退票，是指持票人提示汇票要求承兑时，遭到拒绝承兑（Dishonour by Non-acceptance），或持票人提示汇票要求付款时，遭到拒绝付款（Dishonour by Non-payment）。此外，因付款人拒不见票、死亡或宣告破产，以致付款事实上已不可能时，也称拒付。

如汇票在合理时间内提示，遭到拒绝承兑；或在到期日提示，遭到拒绝付款，则持票人立即产生追索权，他有权向其前手追索票款。持票人可以不按照汇票债务人的先后顺序，而对其中任何一人、数人或者全体行使追索权。

按照各国票据法的规定，持票人在行使追索权时必须具备以下条件：

1）汇票遭到付款人拒绝承兑或拒绝付款。

2）持票人已在法定期限内向付款人做承兑提示或付款提示。

3）持票人为了行使追索权应及时做出拒付证书。

值得注意的是，汇票的出票人或背书人为了避免承担被追索的责任，可在出票时或背书时加注“不受追索”（Without Recourse）字样。凡加注“不受追索”字样的汇票，在市场上难以流通。

7.1.3 本票

1. 本票的含义和内容

本票是出票人签发的，承诺自己在见票时无条件支付确定的金额给收款人或者持票人的票据。我国《票据法》所称的本票，是指银行本票。在上述本票的概念中，它的基本当事人只有两个：出票人和收款人。

各国票据法对本票内容的规定各不相同。我国《票据法》规定，本票必须记载下列事项：①表明“本票”的字样；②无条件的支付承诺；③确定的金额；④收款人名称；⑤出票日期；⑥出票人签章。

2. 本票的种类

按照《日内瓦统一法》和英国《票据法》的规定，本票可按出票人的不同分为一般本票和银行本票两种。一般本票（General Promissory Note）的出票人是工商企业或个人，因此又称商业本票；银行本票（Banker's Promissory Note；Cashier's Order）的出票人是银行或其他金融机构。一般本票又可依付款时间分为即期本票和远期本票两种。即期本票就是见票即付的本票，远期本票是承诺于未来某一规定的或可以确定的日期支付票款的本票。而银行本票都是即期的。按我国《票据法》，本票仅限于银行本票，工商企业和个人不能签发本票。

3. 本票的票据行为

在本票的票据行为中，出票、背书、付款等与汇票类似，但是本票还有一些特定的规定。例如，我国《票据法》规定：出票人必须具有支付本票金额的可靠资金来源；本票自出票之日起，付款期限最长不得超过两个月；本票持票人未按规定期限提示见票的，丧失对出票人以外的前手的追索权。

4. 本票与汇票的区别

作为支付工具，本票与汇票都属于票据的范畴，但两者又有所不同，其主要区别有以下几方面：

（1）本票的票面有两个当事人，即出票人和收款人；而汇票则有三个当事人，即出票人、付款人和收款人。

（2）本票的出票人即付款人，远期本票无须办理承兑手续；而远期汇票则要办理承兑手续。

（3）本票在任何情况下，出票人都是绝对主债务人，一旦拒付，持票人可以立即要求法院裁定，命令出票人付款；而汇票的出票人在承兑前是主债务人，在承兑后，承兑人是主债务人，出票人则处于从债务人的地位。

7.1.4 支票

1. 支票的定义

支票是以银行为付款人的即期汇票。我国《票据法》第八十一条规定：支票是出票人签发的，委托办理支票存款业务的银行或者其他金融机构在见票时无条件支付确定的金额给收款人或者持票人的票据。出票人在签发支票后，应负票据上的责任和法律上的责任。

2. 支票的必要项目

我国《票据法》第八十四条规定：支票必须记载下列事项：①表明“支票”的字样；②无条件支付的委托；③确定的金额；④付款人名称；⑤出票日期；⑥出票人签章。

3. 支票的种类

（1）记名支票和不记名支票。按是否记名，支票可分为记名支票和不记名支票。

1）记名支票是指写明收款人姓名的支票，如“付 A 或其指定人”（Cheque payable to A or order）。

2）不记名支票又叫空白支票，是指不记载收款人姓名，只写“付来人”，仅凭交付转让的支票，如“Cheque payable to Bearer”。

（2）一般支票和划线支票。从收款方式有无限制，支票可分为一般支票（Uncrossed Cheque）和划线支票（Crossed Cheque）。

一般支票是指持票人可通过银行转账，也可提取现金的支票。划线支票只能用于银行转账，不能提取现金，以防失落后被冒领。划线支票又可分为一般划线支票（Generally Crossed Cheque）和特别划线支票（Specially Crossed Cheque）。

一般划线支票是由出票人、收款人或代收银行在支票正面加划两条平行线，或在平行线内注明“××公司”或“不可流通”字样。

特别划线支票是在平行线内写明具体代收票款银行的名称，表明只能委托票面写明的银行收账，不能委托其他任何银行收账。

（3）保付支票。保付支票（Certified Cheque）是指为避免出票人开空头支票，收款人可要求支票要先经付款行加盖“保付”戳记并签字，表明在支票提示时一定付款的支票。支票一经保付，付款银行就成为主债务人，对出票人、背书人都可免予追索。

（4）银行支票。银行支票（Banker's Cheque）是指由银行签发，并由银行付款的支票，也是银行即期汇票。银行支票的出票人、付款人都为银行。

7.2　支付方式

支付方式是指进口人支付合同货款给出口人所采用的具体方法。当进口人支付货款时，按怎样的程序进行支付呢？这就涉及支付方式（Payment Mode）的问题。目前，支付方式主要有三种，即汇付、托收和信用证。

7.2.1　汇付

1. 汇付的含义

汇付又称汇款，是指债务人（付款人）主动将货款通过银行付给债权人（收款人）。

2. 汇款结算方式的当事人

在汇付业务中通常有四个当事人：

（1）汇款人，即汇出款项的人。在国际贸易中，通常为进口人。

（2）收款人，即收取款项的人。在国际贸易中，通常为出口人。

（3）汇出行，即受汇款人的委托，汇出款项的银行，通常是进口地的银行。

（4）汇入行，即受汇出行委托解付汇款的银行，通常是出口地的银行。

汇款人在委托汇出行办理汇款时，要出具汇款申请书，汇款申请书一般视为汇款人和汇出行之间的一种契约。

3. 汇款的种类及业务流程

（1）电汇。电汇是汇出行应汇款人的申请，拍发加押电报或电传给在另一个国家的分行或代理行（汇入行），指示它解付一定金额给收款人的一种汇款方式。电汇的特点是速度快，收费高，通常只有在卖方有特殊要求时，买方才予采用。

（2）信汇。信汇是汇出行应汇款人的申请，将信汇委托书寄给汇入行，授权解付一定金额给收款人的一种汇款方式。信汇的特点是费用较低，但收款人收到汇款的时间较迟。

电汇/信汇业务程序如图 7-1 所示。

图 7-1 的业务程序说明如下：

① 汇款人填写汇款申请书，并交款、付费。

② 汇出行寄出信汇/电汇委托书委托付款。

③ 汇入行向收款人发出汇款通知书。

④ 收款人向汇入行开出收据。

⑤ 汇入行将货款支付给收款人。

⑥ 汇入行向汇出行发出付讫借记通知。

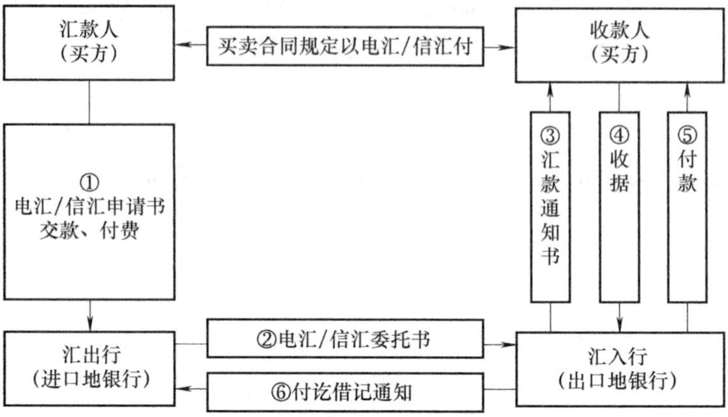

图 7-1 电汇/信汇业务程序

（3）票汇。票汇是汇出行应汇款人的申请，在汇款人向汇出行交款并支付一定费用的条件下，代替汇款人开立的以其分行或代理行为解付行支付一定金额给收款人的银行即期汇票，寄交收款人，由收款人凭以向汇入行取款。

票汇业务程序如图 7-2 所示。

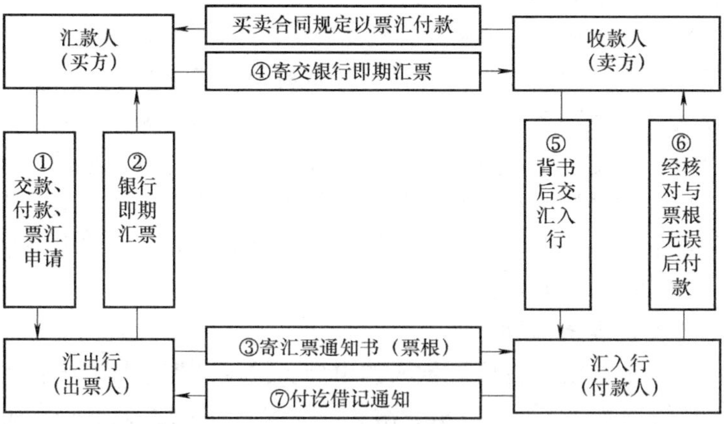

图 7-2 票汇业务程序

图 7-2 的业务程序说明如下：

① 汇款人填写汇款申请书并交款付费。

② 汇出行作为出票行，开立以其分行或代理行为解付行的银行即期汇票。

③ 汇出行将汇票通知书（票根）寄给汇入行。

④ 汇款人将银行即期汇票寄给收款人。

⑤ 收款人背书后将汇票交给汇入行。

⑥ 汇入行审核无误后将货款支付给收款人。

⑦ 汇入行付款后向汇出行发出付讫借记通知。

票汇与电汇、信汇有两点不同：

① 票汇的汇入行，即汇票的付款行无须通知收款人，而由收款人自行持票上

门取款。

② 电汇、信汇的收款人不能将收款权转让，因此涉及的当事人较少，而票汇的收款人可以通过背书转让汇票，可能涉及的当事人较多。

4. 汇付的利弊

买卖双方是否按汇付方式收付货款，都应根据汇付的利弊，并结合自己的经营意图而定。

汇付有预付货款和货到付款之分。这两种做法对交易双方的利害得失的影响不同，交易双方都应从安全角度、资金周转速度和利息与费用的负担等方面审慎考虑。

就卖方而言，当采用汇付方式时，预付货款于己有利，为了不影响资金周转和避免收不回货款的风险，一般不宜轻易接受货到付款的做法，如果使用，也只限对资信可靠的客户出口，而且成交金额不宜太大。卖方为了确保发运货物后能按时收回货款，可加列下列几种补充规定作为保障：

（1）在买卖合同中规定，买方应在指定银行存有一定额度的存款，并授权银行在收到卖方单据后若干天内将货款直接汇给卖方。但买方保留发现单据与合同不符时追回货款的权利。

（2）在一些分批交货的长期合同中规定，买方须向卖方交纳一定数目的押金，如买方在货物交付后未履行该批货物的付款义务，卖方有权从押金中扣除应收的货款。

（3）因上述两种规定易造成买方资金积压，买方往往不愿接受，此时也可在买卖合同中规定：买方如不履行付款或不按时付款，应负赔偿卖方由此而造成的一切损失。

但是，就买方而言，为了付款安全起见，通常总希望选择对其有利的支付条件，如先出后结、托收或货到付款，而一般不轻易采用预付货款的做法。当买方为了抢购某些急需商品或争购市场上紧俏的商品而采取预付货款时，也应根据卖方的资信情况审慎处理，并严格控制预付货款的额度，防止盲目从事，以免吃亏上当。

5. 汇付方式在国际贸易中的应用

汇付方式是国际贸易中普遍使用的一种简便的支付方式，按汇付货款与装运货物先后的不同，可分为预付货款和货到付款两种方式。

（1）预付货款。预付货款（Payment in Advance）又称先结后出，俗称前 T/T，是指出口人要求进口人将预付的部分或全部货款，通过银行汇交出口人后，才装运货物的一种汇款结算方式。

这种方式对进口人不利，要占压资金并负担出口人不按合同规定装运货物的风险。为保障权益，进口人常规定解付条件或要求提供银行保证书，保证收款人如期履行交货、交单义务，否则退还已收货款，并加付利息。

预付货款方式一般只适用于少数国际市场急需的、进口人得到货物后能取得较高利润的畅销商品的出口。

要求预付部分货款的目的是出口人顾虑进口人不履行合同，预收部分货款作为担保，倘若进口人毁约，出口人即可没收该款，这种预收的货款通常叫作定金

（Down Payment）。

（2）货到付款。货到付款（Payment after Arrival of Goods）又称先出后结，俗称后 T/T，是指出口人先发货，而后进口人付款的一种汇款结算方式。其实质是一种赊账交易，具有延期付款（Deferred Payment）的性质。

记账赊销（Open Account，O/A）为货到付款交易的一种，即卖方发货，自寄单据给买方，暂不收取货款，而是记在账户上，待一定时期，如一个季度，按账面余额结算一次。这种方式对出口人不利，既要承担进口人少付或不付款的风险，又要占压资金。传统上这种方式只用于新产品或滞销货的出口，以便在国外市场打开销路。但在当今买方市场为主导的趋势下，这种方式使用较多。

货到付款在国际贸易中通常采用售定和寄售两种贸易形式。

1）售定。售定是指买卖双方就价格、付款时间等交易条件达成一致，待进口人收到货物后，再通过银行将货款汇交出口人的一种贸易形式。其特点是售价确定，买方付款时间通常是货到即付或货到后一个月付款，因此付款时间也是确定的。这种形式常用于鲜活商品的出口。

例如，天津、河北各口岸对韩国出口蔬菜、水果、生猪、塘鱼等鲜活商品时，因运输路程较短，如果提单等经银行寄递，会拖延货物交接，影响商品上市时的鲜活度。为便利交易，经特别批准，其提单可不通过银行转寄，而随货物一并交进口人。然后由进口人将货款汇给出口人，这种做法也叫外贸自带单据。

2）寄售。寄售是指出口人先将货物运到国外，委托国外商人在当地市场代为销售，货物售出后，被委托人（代售人）将货款扣除佣金和其他费用后汇交出口人的一种贸易形式。其特点是买方要到货物售出后才将货款汇给卖方，有些合同还规定在一段时间（如三个月）后，货未售出，买方有降价的权利，因此货价不确定，收款时间也不确定，对卖方来说是最差的收款条件。

无论是预付货款方式还是货到付款方式，对进出口人来说，都存在着风险大、资金负担不平衡的特点。但由于汇付方式具有操作手续简单、手续费支出少的特点，在当今买方市场占主导地位的情况下，货到付款方式适应了国际贸易市场的特点，因而有日渐上升的趋势，尤其是欧美等发达国家，多倾向于使用记账赊销方式。

7.2.2 托收

1. 托收的含义及其性质

托收（Collection）是指债权人（出口人）出具汇票委托银行向债务人（进口人）收取货款的一种支付方式。托收方式一般都通过银行办理，因此，托收又叫银行托收。银行托收的基本做法是：由出口人根据发票金额开出以进口人为付款人的汇票，向出口地银行提出托收申请，委托出口地银行（托收行）通过它在进口地的代理或往来银行（代理行）代向进口人收取货款。可见，托收方式采用的是逆汇方式，即资金的流向与支付工具的传递方向相反。在托收方式下，出口人能否收回货款，完全取决于进口人信誉的好坏，因此托收的性质为商业信用。

2. 托收业务的当事人

托收业务主要有四个当事人，即委托人、托收行、代收行和付款人。国际商会《托收统一规则》（《URC522》）增加了提示行作为托收方式的当事人。此外，有时还要有代理人。

（1）委托人（Consignor/Principal）。出口人开出汇票委托银行向国外付款人收款，该出口人就叫委托人，也称出票人（Drawer）或托运人（Consignor）。

（2）托收行（Remitting Bank）。托收行是指接受委托人的委托，转托国外银行代为收款的出口地银行，也叫委托行。

（3）代收行（Collecting Bank）。代收行是指接受托收行的委托，代向付款人收款的进口地银行，也叫受托行。

（4）付款人（Drawee）。付款人是指代收行接受托收行的委托向其收取货款的付款方（进口人），也叫受票人。

（5）提示行（Presenting Bank）。提示行是向付款人提示汇票和单据的银行。代收行可自己任提示行，也可委托与付款人有往来账户关系的银行作为提示行。

（6）需要时的代理人（Customer's Representative in Case of Need）。需要时的代理人是指委托人指定的在付款地的代理人，以便在托收业务中发生拒付时，处理货物存仓、保险、转售、运回等事宜。委托人必须在托收申请书上写明代理人的权限。

委托人与托收行、托收行与代收行之间都是委托代理关系，因此托收行与代收行对托收汇票能否付款不负责任，对汇票附属单据及其他通知函件在邮递中的遗失或延误，电报在传递中的错误、遗漏、延误等也不负责。但托收行、代收行有义务遵照其委托人的指示办事，如因工作疏忽，未执行委托人指示，应对委托人负责。

【小资料7-1】

国际商会

国际商会（International Chamber of Commerce，ICC）是国际民间经济组织。它是由世界上100多个国家参加的经济联合会，包括工业、商业、银行、交通、运输等行业协会。它也是联合国经社理事会的一级咨询机构。

国际商会由1919年10月在美国新泽西川大西洋城举行的国际贸易会议发起，1920年6月在巴黎成立，总部设在巴黎，宗旨是：推动国际经济的发展，促进自由企业和市场组织的繁荣，促进会员之间经济往来，协助解决国际贸易中出现的争议和纠纷，并制定有关贸易、银行、货运方面的规章和条款。国际商会制定的《国际贸易术语解释通则》《托收统一规则》《联合运输单证统一规则》和《跟单信用证统一惯例》等虽然是非强制性的，但实际上已为世界各国普遍接受和采用。

中国国际商会（CCOIC）是1988年经国务院批准成立、由在中国从事国际商事活动的企业、团体和其他组织组成的全国性商会组织，是代表中国参与国际商会（ICC）工作的国家商会，在开展与国际商会有关业务时使用国际商会中国国家委员会（ICC China）名称，业务主管单位是中国国际贸易促进委员会。

3. 托收方式的种类

按是否附带货运单据，托收方式分为光票托收和跟单托收。

（1）光票托收。光票托收（Clean Bill for Collection）是指出口人仅开具汇票而不附带货运单据的托收。

汇票仅附非货运单据（如发票、垫款清单）的托收，也属光票托收。光票托收的汇票有即期、远期之分，但在实际业务中，由于一般金额不大，大都是即期付款，很少有远期付款的。在遇到付款人拒付或拒绝承兑时，代收行应及时通知托收行转告委托人。

在国际贸易中，光票托收通常只用于收取出口货款尾数、样品费、佣金、代垫运费、保费及其他贸易从属费和进口索赔款。

（2）跟单托收。跟单托收（Documentary Bill for Collection）是将汇票连同货运单据（主要是代表货物所有权的提单、保险单）一起交给银行的委托代收。

根据交单条件的不同，跟单托收可分为付款交单和承兑交单。

1）付款交单。付款交单（Documents against Payment，D/P）系指出口人的交单是以进口人的付款为条件。

按支付时间的不同，付款交单又可分为即期付款交单（Documents against Payment at Sight，D/P at Sight）和远期付款交单（Documents against Payment after Sight，D/P after Sight）。

即期付款交单是指银行提示即期汇票和单据，进口人见票时即应付款，并在付清货款后取得单据。远期付款交单是指银行提示远期汇票，进口人审核无误后在汇票上进行承兑，于汇票到期日付清货款后再领取货运单据。付款交单业务程序如图7-3所示。

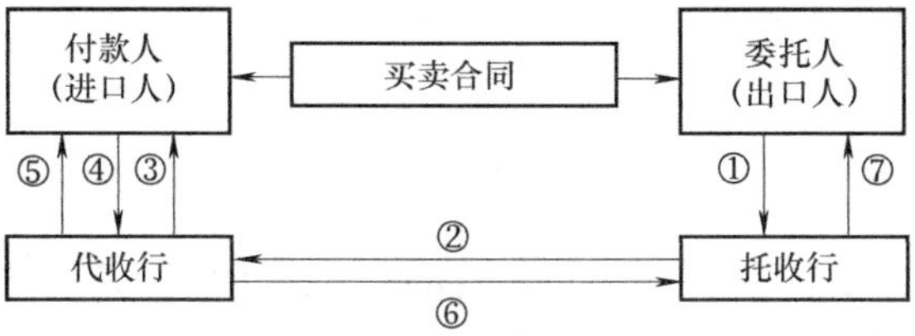

图7-3 付款交单业务程序

即期付款交单业务的程序编号说明如下：

① 出口人按买卖合同规定装货后，填写托收申请书，开立即期汇票，连同货运单据（或不开立票据，仅将货运单据）交托收行委托代收货款。

② 托收行根据托收申请书缮制托收委托书，连同汇票（或没有汇票）、货运单据寄交进口地代收行委托代收。

③ 代收行按照委托书的指示向进口人提示汇票与单据（或仅提示单据）。

④ 进口人审单无误后付款。

⑤ 代收行交单。

⑥ 代收行办理转账并通知托收行款已收妥。

⑦ 托收行向出口人交款。

远期付款交单业务的程序编号说明如下：

① 出口人按买卖合同规定装货后填写托收申请书，开立远期汇票，连同货运

单据交托收行，委托代收货款。

② 托收行根据托收申请书缮制托收委托书，连同汇票、货运单据寄交代收行委托代收。

③ 代收行按照委托书的指示向进口人提示汇票与单据，进口人经审核无误在汇票上承兑后，代收行收回汇票与单据。

④ 进口人到期付款。

⑤ 代收行向进口人交单。

⑥ 代收行办理转账，并通知托收行款已收到。

⑦ 托收行向出口人交款。

在远期付款交单条件下，对于资信较好的进口人，代收行允许其凭信托收据（Trust Receipt，T/R）借取货运单据，先行提货。所谓信托收据，就是进口人借单时提供的一种书面信用担保文件，用来表示愿意以代收行的受托人身份代为提货、报关、存仓、保险、出售，并承认货物所有权仍归银行。货物售出后所得的货款，应于汇票到期时交银行。这是代收行自己向进口人提供的信用便利，而与出口人无关。因此，如代收行借出单据后，汇票到期不能收回货款，则代收行应对委托人负全部责任。但是，如系出口人指示代收行借单，即是指出口人主动授权银行凭信托收据借单给进口人，即所谓付款交单凭信托收据借单，进口人在承兑汇票后可以凭信托收据先行借单提货。日后，如果进口人在汇票到期时拒付，则与银行无关，应由出口人自己承担风险。

【案例分析 7-1】

我国 B 外贸企业与某国 A 商达成一项出口合同，付款条件为付款交单，见票后 45 天付款。当汇票及所附单据通过托收行寄到进口国代收行后，A 商及时在汇票上履行了承兑手续。货物抵达目的地港时，由于用货心切，A 商出具信托收据向代收行借得提单，并且先行提货转售。汇票到期时，A 商因经营不善，失去偿付能力。代收行以汇票付款人拒付为由通知托收行，并建议由我国 B 外贸企业直接向 A 商索取货款。请问：你认为我国 B 外贸企业应如何处理？

【分析】 我方应通过托收行责成代收行付款。本例中 A 商与 B 外贸企业签订合同中的付款条件为远期 45 天付款交单 D/P After 45 Days Sight，并未规定可凭信托收据（即 T/R）借单。今代收行在未得到委托人的指示的情况下，将货运单据借给进口人 A，是代收行的授信，自然不能对付款免除责任，代收行应对出口商承担到期付款义务。代收行自行借单给进口人，与出口人无关，日后收不回货款，应由代收行负责。

2）承兑交单。承兑交单（Documents against Acceptance，D/A）是指出口人的交单以进口人在汇票上承兑为条件。进口人在汇票到期时方履行付款义务。承兑交单方式只适用于远期汇票的托收。由于承兑交单是进口人只要在汇票上承兑之后，即可取得货运单据，凭以提取货物，也就是说，出口人已交出了物权凭证，其收款的保障依赖进口人的信用，一旦进口人到期不付款，出口人便会遭到货物与货款全部落空的损失，因此，出口人对接受这种方式一般持很慎重的态度。承兑交单业务程序如图 7-4 所示。

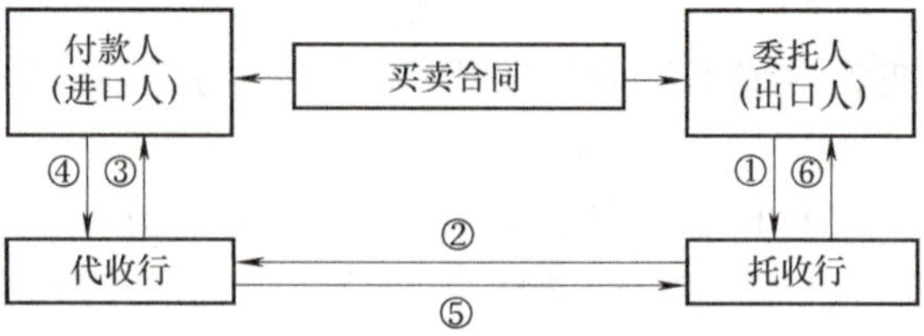

图 7-4　承兑交单业务程序

图 7-4 的程序编号说明如下：

① 出口人按买卖合同规定装货后填写托收申请书，开立汇票，连同货运单据交托收行，委托代收货款。

② 托收行根据托收申请书缮制托收委托书，连同汇票、货运单据寄交代收行委托代收。

③ 代收行按照托收委托书的指示，向进口人提示汇票和单据，进口人在汇票上承兑，代收行在收回汇票的同时，将货运单据交给进口人。

④ 进口人到期付款。

⑤ 代收行办理转账并通知托收款已收到。

⑥ 托收行向出口人交款。

4. 跟单托收方式下的资金融通

在跟单托收方式下，出口人和进口人可采用托收出口押汇和凭信托收据借单方式向银行获得资金融通。

（1）托收出口押汇。托收出口押汇（Collection Bill Purchased）是指由托收行以买入出口人向进口人开立的跟单汇票的办法向出口人融通资金的一种方式。其实质是出口人以代表货物所有权的单据作抵押品，由银行叙做的一种抵押贷款。在有些国家，出口人为了加速资金周转和夸大业务量，经常依靠银行的资金融通，在采用跟单托收方式进行出口结算时，叙做托收出口押汇则是偶有使用的一种融资方式。其具体做法是出口人在按照出口合同规定发运货物后，开出以进口人为付款人的汇票，并将汇票及所附全套货运单据交托收行委托收取货款时，由托收行买入跟单汇票及其所附单据，按照汇票金额扣除从付款日（即买入汇票日）至预计收到票款日的利息及手续费，将款项先行付给出口人。这先付的款项，实际上是托收行对出口人的一种垫款，也是以汇票和单据作为抵押品的一种贷款。此时，托收行即作为汇票的善意持票人，将汇票和单据寄至代收行并向过代收行向进口人提示。票款收到后，即归还托收行的垫款。

托收行叙做托收出口押汇可以使出口人在货物装运取得货运单据后，立即得到银行的资金融通，有利于出口人加速资金周转和扩大业务量。但是，银行仅凭一张出口人开立的汇票和提交的货运单据，缺乏第三者，特别是没有其他银行对于进口人的货款做出的信用保证，因此，托收行叙做托收出口押汇有较大的风险。在实际业务中，除非托收行认为这笔业务的出口人特别是进口人的资信可靠，有关出口商品的种类、价值合适，在商品的市场行情和进口地区的政治经济情况良好，一般来说许多银行不愿叙做或很少叙做。在叙做时，大多也只根据托收的交单条件（大多仅限于付款交单）酌情发放汇票金额的一部分贷款，例如按汇票贷放一半，或70%、80%不等，很少仿照信用证项下出口押汇那样发放全额贷款。目前，我国银行在国外进口人信用可靠的前提下，也酌情叙做跟单托收项下的出口押汇业务。

（2）凭信托收据借单。凭信托收据借单又称进口押汇，在托收业务中，是代收行给予进口人凭信托收据提货便利的一种向进口人融通资金的方式。在付款交单条件下，进口人为了不占用资金或减少占用资金的时间，或者为了抓住有利行市，不失时机地转售货物，而提前付款赎单又有困难，希望能在汇票到期前或在付款以前先行提货，就可以要求代收行允许其借出单据。其具体做法是由进口人在承兑汇票后出具信托收据，凭以向代收行借取货运单据，并提取货物。信托收据是进口人借单时提供的一种书面信用担保文件，用以表示出具人愿意以代收行的受托人身份代为提货、报关、存仓、保险、出售，同时承认货物的所有权仍属银行。货物售出后所得的货款在汇票到期日偿还代收行，收回信托收据。这种做法纯粹是代收行自己向进口人提供的信用便利，与出口人和托收行无关。所以对代收行来说有一定风险，为此，代收行在接到叙做这种借单要求时，首先必须审查进口人的资信。只有资信较好的进口人，或者在多数情况下还要求进口人提供足够的担保或抵押品，才予叙做。如果在借出货运单据后，汇票到期不能收到货款，代收行应对出口人和托收行负全部责任。但是，如果凭信托收据借单提货的做法，是由出口人主动通过托收行授权办理的，即“见票后若干天付款交单，以信托收据换取单据”（D/P at... days after sight to issue trust receipt in exchange for documents，D/P·T/R）方式，则是另一种情形。

这种做法是出口人在办理托收申请时指示银行允许进口人在承兑汇票后可以凭信托收据先行借单提货，日后进口人如汇票到期不能付款时，则与银行无关，一切风险概由出口人自己承担。因此这种做法的性质与承兑交单差不多。不同的是由于代收行握有进口人出具给代收行的信托收据，在事先得到代收行同意的条件下，出口人可以委托代收行作为当事人的一方，径向进口人追偿，或向法院起诉。而在承兑交单情况下，如进口人不付款，则只能由出口人自己向进口人追偿。

5. 托收方式的性质和作用

按照《托收统一规则》，银行在托收业务中，只提供服务，不提供信用。银行只以委托人的代理人行事，既无保证付款人必然付款的责任，也无检查审核货运单据是否齐全、是否符合买卖合同的义务；当发生进口人拒绝付款赎单的情况后，除非事先取得托收行同意，代收行也无代为提货、办理进口手续和存仓保管的义务。因此，托收方式和汇付方式一样，属商业信用。出口人委托银行收取的货款，能否收到，全靠进口人的信用。而且，由于货物已先期运出，一旦遭到拒付，就会使出口人陷入极为被动的境地。例如，在付款交单条件下，进口人在未付清货款前，取不到货运单据，提不走货物，货物的所有权仍属出口人，如进口人到期拒不付款赎单，出口人虽然还可把货物另行处理或运回来，但需要承担一笔额外费用或承担降价处理等损失，如处理不及时，还有可能被进口国海关视作无主货物加以没收。在承兑交单情况下，进口人只需在汇票上履行承兑手续，即可取得单据，把货提走。倘若进口人到期不付款，虽然出口人有权依法向承兑人追偿，但实践证明，此时的进口人多半已无力偿付，或者早已宣告破产，甚至人去楼空。有的进口人要求按承兑交单方式进行交易，其本身就是一种预谋的诈骗。在此情况下，出口人就会遭受钱货两空的重大损失。总之，无论是付款交单还是承兑交单，对出口人来说，都存在很大风险。

但是，托收方式对进口人来说，却是极为有利的。因为进口人不需要预垫资金，或仅需垫付较短时间的资金。如果采用承兑交单条件，或在付款交单情况下，利用信托收据先把单据借出，进口人还有进一步运用出口人资金的机会，或者仅凭本身的信用进行交易而无须购货资金。所以，以托收方式进行结算，能调动进口人的经营积极性，提高交易商品在国际市场上的竞争能力，从而使出口人达到扩大销售的目的。因而，在国际贸易中，托收方式经常被用作一种非价格竞争的手段。

7.2.3 信用证

信用证（Letter of Credit，L/C）是由进口地银行（开证行）应进口人（开证申请人）的要求和指示向出口人（受益人）开立的凭规定的单据在一定期限内支付一定金额的书面保证文件。

1. 信用证的当事人

信用证的基本当事人有六个，即开证申请人（Applicant）、开证行（Opening Bank; Issuing Bank）、通知行（Advising Bank; Notifying Bank）、受益人（Beneficiary）、议付行（Negotiating Bank）和付款行（Paying Bank; Drawee Bank）等。现分述如下：

（1）开证申请人。开证申请人又称开证人。它是指向银行申请开立信用证的人，即进口人或实际买主。如由银行自己主动开立信用证，此种信用证所涉及的当事人，则没有开证申请人。

（2）开证行。它是指接受开证申请人的委托，开立信用证的银行。它承担保证付款的责任，一般是进口人所在地银行。信用证一经开出，按信用证规定的条款开证行负有承担付款的责任。

（3）通知行。它是指受开证行的委托，将信用证转交出口人的银行。它只证明信用证的真实性，并不承担其他义务。通知行一般是出口人所在地银行而且通常是开证行的代理行（Correspondent Bank）。

（4）受益人。它是指信用证上所指定的有权使用该证的人，即出口人或实际供货人。受益人通常也是信用证的收件人（Addressee），有按信用证规定签发汇票向所指定的付款行索取价款的权利，在法律上以汇票出票人的地位对其后的持票人负有担保该汇票必获承兑和付款的责任。

（5）议付行。它是指愿意买入受益人交来的跟单汇票的银行。议付行可以是指定的银行，也可以是非指定的银行，由信用证的条款来规定。在信用证业务中，议付行通常是以受益人的指定人和汇票的善意持票人的身份出现的，因此，它对作为出票人的信用证受益人的付款有追索权。

（6）付款行又称受票行。它是指信用证上指定的付款银行。付款行通常是汇票的受票人。它一般是指开证行，也可以是指定的另一家银行，根据信用证条款的规定来决定。

信用证的当事人除上述六个之外，根据需要还可能涉及的当事人有保兑行（Confirming Bank）、转让行（Transferring Bank）与偿付行（Reimbursing Bank）等。

保兑行是指应开证行请求在信用证上加具保兑的银行。它具有与开证行相同的责任和地位，对受益人独立负责，在付款或议付后，不论开证行发生什么变化，都不能向受益人追索。业务中通常由通知行兼任，也可由其他银行加具保兑。

转让行是指应受益人的委托，将信用证转让给信用证的受让人即第二受益人的银行。一般为通知行、议付行、付款行或保兑行。

偿付行也是付款行的付款代理，它不负责审单，只是代替开证行偿还议付行垫款的第三国银行。偿付行的付款不能视为开证行的付款。当开证行收到单据发现不符而拒绝付款时，仍可向索偿行（一般是议付行）追索。

2. 信用证支付方式的作用

（1）对进口人的作用。

1）在申请开证时，不必交付全部货款，只需付出部分押金、担保品，或提供保证人做担保，减少资金占用。在出口人寄来单据后，还可请开证行叙做进口押汇，分期付款。这样，进口人可凭少量资金做更多的生意。

2）在付款后，可以肯定地取得代表货物所有权的单据，凭以提货，从而保证资金的安全。

3）可通过信用证条款，规定出口人交货期限，促进出口人按时交货，既可保证资金运转通畅，又可减少因出口人延迟交货而负担货价波动的风险。

4）可通过信用证条款，要求出口人提供有关保证货物质量、数量及安全等方面的单据的种类及份数，以减少贸易风险。

（2）对出口人的作用。

1）因有开证行的付款保证，只要出口人严格按照信用证条款出运货物，并提交与信用证规定相一致的单据，肯定能取得货款，收汇安全有保障。而且，按国际惯例一般是由当地银行垫款议付，不必直接向国外开证行交单取款，可加速资金周转。

2）由于收款有保证，出口人比较容易取得银行的贷款。例如装运前的打包放款、装船后凭单据做出口押汇等，有利于出口人的资金周转。

3）在实施贸易和外汇管制的国家里，开证行开出的信用证都须经过贸易和外汇管制当局的批准，因此出口人只要接到有效的信用证，就可放心装运货物，货款一定能安全收到。对出口人而言，采用信用证方式可避免进口国家禁止进口或限制外汇转移而产生的风险。

（3）对出口地银行的作用。

1）因有开证行的保证，只要出口人交来的单据符合信用证规定，即可向开证行或其指定的付款行或偿付行要求付款，因而对出口人放款及融通资金的安全问题较有保障。

2）根据信用证条款、开证行及受益人的资信对出口人做出口押汇、打包放款等，可扩大业务，增加利息、手续费等外汇收益，这是外汇银行很重要的业务收入。

（4）对进口地开证行的作用。

1）开证行开立信用证不必马上付款，因此在收取开证押金的情况下，可以占用开证人的开证押金，并可得到开证手续费收入。

2）可以扩大业务内容，加强与客户的关系。例如可叙做进口押汇，招揽介绍仓库、报关、运输等业务，同时也能增加利息、手续费等外汇收入。

信用证业务对各方面都有利，因而被广泛采用，但这种业务只是相对完善，不可能避免所有的风险。例如，出口人仍可能遭受进口人不开证或不如期开证，或开证行倒闭的风险；进口人可能遭受出口人不交货，或以坏货、假货、假单据进行诈骗的风险；开证行可能遭受进口人倒闭或无理挑剔，拒不付款赎单的风险；出口地银行可能遭受开证行倒闭或无理拒付的风险。

3. 信用证支付方式的特点

（1）开证行负第一性付款责任。信用证是由开证行以自己的信用做出的付款保证，因此在信用证业务下，开证行负的是第一性付款责任，它不同于一般担保业务，银行在大多数情况下负第二性付款责任，即在被担保人不付款的情况下才代为付款。

开证行是首先付款人，出口人凭与信用证条款相符的单据即可直接向开证行交单取款，而无须自行先找进口人。开证行对受益人的责任是一种独立的责任。

（2）信用证是一项独立的文件，不受交易合同的约束。信用证是一项独立的文件，它虽然是以贸易合同为依据，但不受贸易合同的约束。

开证行只对信用证负责，只凭信用证所规定的而又在表面上完全符合信用证条款的单据付款。

（3）信用证业务处理的是单据，而非货物。信用证业务是一种单据买卖，银行只凭表面合格的单据付款，对货物的真假好坏不负责任；对货物是否确已装船、是否中途损失、是否到达目的港等不负责任；对单据的真假、单据在邮递过程中遗失等也不负责。

通过以上对信用证定义、特点的介绍，可以看出，银行以自身信用保证充当进出口人之间的中间人和保证人，解决进出口人之间互不信任的问题，促进交易的顺利进行。同时，银行凭信用证对进口人和出口人给予融通资金的方便，也有利于国际贸易的发展。

4. 信用证付款的基本程序

跟单信用证有不同的类型，其业务程序也各有特点，但就其基本流程而言，大体要经过申请开证、开证、通知、交单、付款、赎单这几个环节。现以最常见的即期跟单议付信用证为例，说明其业务程序。

即期跟单议付信用证收付程序如图 7-5 所示。

① 订立买卖合同。进出口双方先就国际货物买卖的交易条件进行磋商，达成交易后订立国际货物买卖合同，明确规定进口人以信用证方式支付货款，其中一般还应规定开证行的资信地位、信用证的类型、金额、到期日、信用证开立并送达卖方的日期。

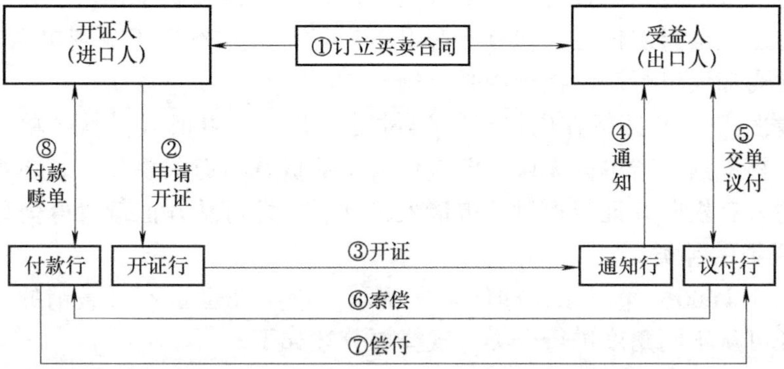

图 7-5　即期跟单议付信用证收付程序

② 申请开证。开证申请人即为合同的进口人，应按合同规定的期限向所在地银行（开证行）申请开证。申请开证时，申请人填写并向银行递交开证申请书，开证申请书的内容包括两个方面：一是指示银行开立信用证的具体内容，内容应与合同条款相一致，包括信用证金额和种类、货物描述、单价、数量、应当提交的单据等；二是关于信用证业务中申请人和开证行之间权利和义务关系的声明。其基本内容包括申请人承认开证行有权接受“表面上合格”的单据，保证单据到达后申请人如期付款赎单等。同时，申请人一般向开证行交付一定比例的押金或其他担保品。

③ 开证。开证行接受申请人的开证申请后，据其开立以出口人为受益人的信用证，并邮寄或电传或通过 SWIFT[⊖] 网络送交出口地的代理行（通知行），请其代为通知或转交受益人。

④ 通知。通知行收到信用证后，经核对签字印鉴或密押无误，立即将信用证转知受益人，并留存一份副本备查。

⑤ 交单议付。受益人对信用证的内容审核无误，即可根据信用证的规定发运货物，缮制并取得信用证规定的全部单据，开立汇票（或不开汇票，视信用证规定），连同信用证正本和修改通知书（如果有修改通知书），在信用证规定的有效期和交单期内，递交给通知行或与自己有往来的银行或信用证中指定的议付行办理议付。议付是指由受益人向上述当地银行递交信用证规定的全套单据，银行在单证一致的前提下，扣除预付款的利息和手续费后，购进受益人出具的汇票和全套单据，因此俗称“买单”，又称“出口押汇”。议付是可以追索的。

⑥ 索偿。议付行办理议付后，根据信用证规定，凭单向开证行或其指定的银行（付款行或偿付行）请求偿付的行为。其具体做法是：由议付行按信用证要求将单据连同汇票和索偿证明（证明单据符合信用证规定）分次以航邮寄给开证行或其指定的付款行。

⑦ 偿付（Reimbursement）。信用证中的偿付是指开证行或被指定的付款行或偿

⊖ SWIFT 为 Society for Worldwide Interbank Financial Telecommunications 的简写，译为环球银行金融电信协会。

付行向议付行进行付款的行为。开证行或其指定的银行收到单据后，核验认定与证相符，即将票款偿付议付行。如有不符可以拒付，应在不迟于收到单据的次日起5个营业日内通知议付行表示拒绝接受单据。

⑧ 付款赎单。开证行在向议付行偿付后，即通知申请人付款赎单。申请人应到开证行审核单据，若单据无误，即应付清全部货款与有关费用；若单据和信用证不符，申请人有权向开证行拒付。申请人付款后，即可从开证行取得全套单据。

5. 信用证的种类

按照《UCP600》第三条，即使未做明示，信用证也是不可撤销的。在此基础上，信用证可从不同角度进行分类，现择要分述如下。

（1）跟单信用证和光票信用证。按是否随附单据可分为跟单信用证和光票信用证。

1）跟单信用证（Documentary Letter of Credit）是指凭跟单汇票或仅凭单据付款、承兑或议付的信用证。这里的“单据”是指代表货物所有权或证明货物业已装运的货运单据，即运输单据以及商业发票、保险单据、商检证书、产地证书、包装单据等。

2）光票信用证（Clean Letter of Credit）是指开证行仅凭受益人开具的汇票或简单收据而无须附带单据付款的信用证。光票信用证在国际货款的结算上使用不广，它主要被用于贸易总公司与各地分公司间的货款清偿及贸易从属费用和非贸易费用的结算。

在国际贸易货款结算中，主要使用跟单信用证。

（2）保兑信用证和非保兑信用证。按其是否有另一家银行负责保证兑付，可分为保兑信用证与非保兑信用证两种。

1）保兑信用证。保兑信用证（Confirmed Letter of Credit）是指开证行开出的信用证由另一银行保证对符合信用证条款规定的单据履行付款义务的信用证。不可撤销的保兑信用证，则意味着该信用证不但有开证行不可撤销的付款保证，而且还有保兑行兑付的保证。两者都是承担第一性的付款责任，因此这种有双重保证的信用证对出口人安全收汇有保证。

2）非保兑信用证。非保兑信用证（Unconfirmed Letter of Credit）是指未经另一家银行加具保兑的信用证。在开证行资信较好且成交金额不大时，一般使用这种信用证。

（3）即期信用证和远期信用证。按付款期限的不同，信用证可分为即期信用证（Sight Letter of Credit）与远期信用证（Usance Letter of Credit）两大类。

1）即期信用证是指按信用证的要求，凭卖方提示即期汇票和装运单据，或单凭装运单据开证行即予以付款的信用证。

2）远期信用证是指开证行或付款行收到符合信用证规定的单据后，不立即付款，而是待信用证规定的到期日再付款的信用证。远期信用证又可分为两种，即银行承兑信用证（Acceptance Letter of Credit）和延期付款信用证（Deferred Payment Letter of Credit）。

① 银行承兑信用证是指开证行收到单据经审核无误后，在卖方开立的远期汇

票上承兑，然后留下单据，承兑后的汇票则退回给受益人，等到期时再次提示付款。当然，受益人也可以在汇票到期之前，通过贴现收回货款。

② 延期付款信用证是指开证行在信用证上明确规定银行在受益人交单后若干天付款或货物装船后若干天付款。这种信用证无须开立汇票，因此也不具备贴现条件。鉴于信用证的付款期限可以有不同的规定，因此在签订合同时，就必须明确。如果约定远期付款，则必须明确付款期限、起算日期和一定的利息负担。

（4）可转让信用证与背对背信用证。

1）可转让信用证（Transferable Letter of Credit）是指经出口人请求、进口人同意，由开证行在信用证上注明“可转让”字样，即授权受益人（即第一受益人、出口人）可以将信用证所列金额的全部或部分转让给出口人以外的第三者（第二受益人），使其有权使用转让后全部或部分金额的信用证。可转让信用证只能转让一次，但允许第二受益人将信用证重新转让给第一受益人。

在国际上，可转让信用证多应用于由中间商出面签订的合同，可转让信用证中，通常第一受益人是中间商，第二受益人为实际供货人，由中间人把信用证转由供应商执行。在我国，可转让信用证多在总公司与分公司或分公司与分公司之间转让。凡信用证中未注明“可转让”字样的，则不可转让。为了防止将信用证转让给资信欠佳的第二受益人而影响合同的执行，我国在签订进口合同时一般不规定开立可转让信用证的条款。

进口人开立可转让信用证，意味着他同意出口人将交货、交单义务由出口人指定的其他人来履行，但这并不等于买卖合同也已被转让。如果发生第二受益人不能交货，或交货不符合合同规定，单据不符合买卖合同要求的情况，则原出口人仍要承担买卖合同规定的卖方责任。

2）背对背信用证（Back to Back Credit）又称转开信用证，是指原证的受益人以原证为担保品，要求银行以第三人为受益人另行开立的一张与原证内容相似的新的信用证。背对背信用证通常以中间商（原证的受益人）为申请人，可见，背对背信用证多数用于中间商转售他人货物或转口贸易的场合。目前，在两国或两个地区之间，由于种种原因，不能直接发生贸易的情况下，也经常利用这种信用证。背对背信用证的采用一般无须在合同中做出规定，但在洽谈过程中，必要时也可就此作为一种默契。

（5）对开信用证。对开信用证（Reciprocal Letter of Credit）是指两张信用证的开证申请人互以对方为受益人而开立的信用证。对开信用证的特点是第一张信用证的受益人（出口人）和开证申请人（进口人）就是第二张信用证的开证申请人和受益人，第一张信用证的通知行通常就是第二张信用证的开证行。两张信用证的金额可以相等也可以不等，两证可同时互开同时生效，也可先后开立同时生效。对开信用证多用于易货交易或来料加工和补偿贸易业务，交易的双方都担心对方凭第一张信用证出口或进口后，另外一方不履行进口或出口的义务，于是采用这种互相联系、互为条件的开证办法，彼此得以约束。

（6）循环信用证。循环信用证（Revolving Letter of Credit）的特点是信用证被受益人利用后能够重新恢复原金额再被使用，周而复始，直到规定次数或总金额用完为止。循环信用证一般用于分批交货的长期合同，目的是简化手续和减少开证押金。在订约时应明确下列两方面的问题。

1）应明确金额恢复的办法。当前在这个问题上有三种做法，即自动恢复、半自动恢复和非自动恢复。

① 自动恢复又称自动循环，即信用证在规定时期内被使用后，无须等待开证行通知，即自动恢复至原金额。

② 半自动恢复又称半自动循环，即信用证在被利用后，开证行如未在一定时期内提出不能恢复原金额的通知，即可自动恢复至原有金额。

③ 非自动恢复又称非自动循环，即每使用一次后，需由开证行通知后恢复原金额。

2）应明确信用证的金额是否可积累使用，即前一期的金额如未使用或留有余额，可否转入第二期继续使用。按照惯例，如信用证未明确可积累使用者，应理解为不能积累使用，也就是有的合同规定前空后不补的含义。故如果希望能积累使用，就应在买卖合同和信用证中予以明确。

（7）议付信用证。议付信用证（Negotiation Letter of Credit）是指开证行在信用证中，邀请其他银行买入汇票及/或单据的信用证，即允许受益人向某一银行或任何银行交单议付的信用证。按是否限定议付行，议付信用证可分为公开议付信用证和限制议付信用证两种。

议付与付款的主要区别之一是：议付行在议付后如因单据与信用证条款不符等原因而不能向开证行收回款项时，还可向受益人追索；而付款行一经付款，即再无权向受益人追索。

6. 信用证的主要内容及其开立的形式

（1）信用证的主要内容。在国际贸易中，各国银行开出的信用证并没有统一的格式，但基本内容大致相同。总的来说，就是国际货物买卖合同的有关条款与要求受益人提交的单据，再加上银行保证。通常包括以下内容：

1）信用证本身的说明：信用证编号、开证日期、到期日和到期地点、交单期限等。

2）兑付方式：是即期付款、延期付款、承兑，还是议付。

3）信用证的种类：是否可以撤销、是否经另一家银行保兑、可否转让等。

4）信用证的当事人：开证申请人、开证行、受益人、通知行等。此外，有些信用证还有指定的付款行、偿付行、承兑行、指定议付行等。

5）汇票条款：包括汇票的种类、出票人、付款人、付款期限、出票条款及出票日期等。

6）货物条款：包括货物的名称、规格、数量、包装、价格等。

7）单据条款：通常要求提交商业发票、运输单据和保险单据，此外，还有包装单据，如装箱单、重量单，以及产地证、检验证书等。

8）支付货币和信用证金额：包括币别和总额。币别通常应包括货币的缩写与大写，总额一般分别用大写文字和阿拉伯数字书写。信用证金额是开证行付款责任的最高限额，有时信用证还规定有一定比例的上下浮动幅度。

9）装运与保险条款：装运港或启运地、卸货港和目的地、装运期限、可否分批装运、可否转运以及如何分批装运、转运的规定，以 CIF 或 CIP 贸易术语达成的交易项下的保险险别、投保的金额和保险条款等。

10）特殊条款：主要根据每笔业务的不同需要而规定的一些条款，如要求 × × 银行加以保兑、限制 × × 银行议付等。

【小资料 7-2】

信用证示例

ISSUING BANK: CYPRUS POPULAR BANK LTD, LARNAKA
ADVISING BANK: BANK OF CHINA, SHANGHAI BRANCH.

SEQUENCE OF TOTAL	*27: 1/1
FORM OF DOC. CREDIT	*40A: IRREVOCABLE
DOC. CREDIT NUMBER	*20: 186/04/10014
DATE OF ISSUE	31C: 160105
EXPIRY	*31D: DATE 160229 PLACE CHINA
APPLICANT	*50: LAIKI PERAGORA ORPHANIDES LTD., 020 STRATIGOU TIMAGIA AVE., 6046, LARNAKA, CYPRUS
BENEFICIARY	*59: SHANGHAI GARDEN PRODUCTS IMP. AND EXP. CO., LTD. 27 ZHONGSHAN DONGYI ROAD, SHANGHAI, CHINA
AMOUNT	*32B: CURRENCY USD AMOUNT 6115.00
POS./NEG. TOL. (%)	39A: 05/05
AVAILABLE WITH/BY	*41D: ANY BANK BY NEGOTIATION
DRAFT AT ...	42C: AT SIGHT
DRAWEE	*42D: LIKICY2NXXX *CYPRUS POPULAR BANK LTD *LARNAKA
PARTIAL SHIPMENT	43P: ALLOWED
TRANSSHIPMENT	43T: ALLOWED
LOADING IN CHARGE	44A: SHANGHAI PORT
FOR TRANSPORT TO	44B: LIMASSOL PORT
LATEST DATE OF SHIP.	44C: 160214
DESCRIPT. OF GOODS	45A:

WOODEN FLOWER STANDS AND WOODEN FLOWER POTS AS PER S/C NO. E03FD121.

CFR LIMASSOL PORT, INCOTERMS 2010

DOCUMENTS REQUIRED 46A:

+COMMERCIAL INVOICE IN QUADRUPLICATE ALL STAMPED AND SIGNED BY BENEFICIARY CERTIFYING THAT THE GOODS ARE OF CHINESE ORIGIN.

+FULL SET OF CLEAN ON BOARD BILL OF LADING MADE OUT TO ORDER OF SHIPPER AND BLANK ENDORSED, MARKED FREIGHT PREPAID AND NOTIFY APPLICANT.

+PACKING LIST IN TRIPLICATE SHOWING PACKING DETAILS SUCH AS CARTON NO AND CONTENTS OF EACH CARTON.

+CERTIFICATE STAMPED AND SIGNED BY BENEFICIARY STATING THAT THE ORIGIAL INVOICE AND PACKING LIST HAVE BEEN DISPATCHED TO THE APPLICANT BY COURIER SERVISE 2 DAYS BEFORE SHIPMENT.

ADDITIONAL COND. 47A:

+ EACH PACKING UNIT BEARS AN INDELIBLE MARK INDICATING THE COUNTRY OF ORIGIN OF THE GOODS. PACKING LIST TO CERTIFY THIS.

+INSURANCE IS BEING ARRANGED BY THE BUYER.

+A USD50.00 DISCREPANCY FEE, FOR BENEFICIARY'S ACCOUNT, WILL BE DEDUCTED FROM THE REIMBURSEMENT CLAIM FOR EACH PRESENTATION OF DISCREPANT DOCUMENTS UNDER THIS CREDIT.

+ THIS CREDIT IS SUBJECT TO THE U. C. P. FOR DOCUMENTARY CREDITS (1993 REVISION) ICC, PUBLICATION NO. 600.

DETAILS OF CHARGES 71B: ALL BANK CHARGES OUTSIDE CYPRUS ARE FOR THE ACCOUNT OF THE BENEFICIARY.

PRESENTATION PERIOD 48: WITHIN 15 DAYS AFTER THE DATE OF SHIPMENT BUT WITHIN THE VALIDITY OF THE CREDIT.

CONFIRMATION *49: WITHOUT

INSTRUCTION 78: ON RECEIPT OF DOCUMENTS CONFIRMING TO THE TERMS OF THIS DOCUMENTARY CREDIT, WE UNDERTAKE TO REIMBURSE YOU IN THE CURRENCY OF THE CREDIT IN ACCORDANCE WITH YOUR

INSTRUCTIONS, WHICH SHOULD INCLUDE YOUR UID NUMBER AND THE ABA CODE OF THE RECEIVING BANK.

（2）信用证开立的形式。

1）信开本。信开本（to Open by Airmail）是指开证行采用印就的信函格式的信用证，开证后以空邮寄送通知行。在当前实际业务中，这种形式已很少使用。

2）电开本。电开本（to Open by Cable）是指开证行使用电报、电传、传真、SWIFT等各种电信方法将信用证条款传达给通知行。电开本又可细分为简电本（Brief Cable）、全电本（Full Cable）和SWIFT信用证。

① 简电本。这即开证行只是通知已经开证，将信用证主用内容，如信用证号码、受益人名称和地址、开证人名称、金额、货物名称、数量、价格、装运期及信用证有效期等预先通知通知行，详细条款将另外航寄通知行。由于简电本内容简单，因此在法律上是无效的，不足以作为交单议付的依据。简电本有时注明“详情后告”（full details to follow）等类似词语，如果有这种措辞，该简电本通知只能作为参考，不是有效的信用证文件，开证行应立即寄送有效的信用证文件。

② 全电本。这是指开证行以电信方式开证，把信用证全部条款传达给通知行。全电开证本身是一个内容完整的信用证，因此它可作为交单议付的依据。

③ SWIFT信用证。SWIFT是环球银行金融电信协会（Society for Worldwide Interbank Financial Telecommunication）的简称。该组织于1973年在比利时布鲁塞尔成立，设有自动化的国际金融电信网。该协会的成员银行可以通过该电信网办理信用证业务以及外汇买卖、证券交易、托收等。凡参加SWIFT组织的成员银行，均可使用SWIFT办理业务。

凡按照国际商会所制定的电信信用证格式，利用SWIFT系统设计的特殊格式，通过SWIFT系统传递的信用证的信息，即通过SWIFT开立或通知的信用证，称为SWIFT信用证，也可称为全银电协信用证。

采用SWIFT信用证，必须遵守《SWIFT使用手册》的规定，使用《SWIFT使用手册》规定的代号。采用SWIFT信用证，使信用证具有标准化、固定化和统一格式的特点，且传递速度快、成本低。目前，它已被多国银行广泛使用，它在我国银行也占很大比重。

7. 信用证的有关条款

采用信用证付款时，为了明确责任，买卖双方一般需要在合同中就下列问题做出规定：

（1）对开证行的规定。信用证是一种银行信用，开证行的资信如何，对受益人来说意义重大。因此，谨慎的卖方往往要求在合同中对开证行做出规定。最常见的是，规定由卖方可以接受的银行开证。

（2）对信用证金额的规定。在一般交易中，通常要求开立足额信用证，即信用证的金额应为合同的全部金额。如合同规定有溢短装条款，信用证金额也应有相应表现。对于以到岸品质/数量为准的合同，也可以规定开立不足额的信用证，如合同金额的96%，其余额待到货后，由买方根据到货的品质和数量，予以弥补。如果是这种交易，双方就需要在合同中明确规定信用证额度以及余额的支付办法。

（3）信用证有效期和到期地点的规定。

1）信用证的有效期，实际上就是开证行承诺付款的期限。超过有效期，银行即自动解除其付款承诺。为了使受益人在装船后能在合理的时间制单和办理议付的必要手续，一般都在合同中明确规定信用证的有效期。除规定有效期外，信用证还可规定交单期，如果没有规定，银行将拒绝接受迟于运输单据出单日期 21 天后提交的单据。

2）应该注意的是，信用证的到期地点与卖方可利用信用证的期限有密切的关系。目前，关于信用证的到期地点，基本上有两种规定办法：①在出口地到期；②在开证行所在地到期。如果是后者，受益人的单据就必须赶在到期日之前送达开证行。这无疑是缩短了有效期的天数，对卖方不利，因此，卖方往往在合同中要求明确在出口地到期。

（4）对买方开证义务的规定。在合同规定以信用证付款的条件下，买方就负有开立信用证的义务。按照国际上的惯例，买方开证是卖方履行交货的先决条件。买方如不开证，则卖方有权不履行交货，并可提出要求损害赔偿。按照许多国家法律的解释，买方不履行开证义务是构成严重违约的行为，卖方要求的损害赔偿可以是包括预期利润在内的损失。

买方的开证义务还包括另一个重要内容，即必须按时开证。如果合同规定有开证时间，则必须在时限内开证，如果合同未规定时限，应在装运期开始前的合理时间内开证，以便卖方能够在约定装运期开始前，得到付款的保证和自由选择装运期限内的任何时候装运货物。假如买方拖延开证时间，同样构成重大违约行为，对此，卖方既可以主张不交货，要求损害赔偿，也可以要求相应延长交货期限，买方不得无理拒绝，否则构成违约。

鉴于国际上在合同没有规定开证日期时，是以合理时间来衡量买方是否及时开证的。而所谓合理时间则是一个事实问题，其长短需视具体情况而定，执行起来容易因双方理解不同而发生纠纷，故为明确起见，应在合同中规定具体日期，如签约后××天，或装运期开始前××天，具体期限可视商品的性质及收购、制造情况而定。有的合同也有做出如订约后立即开证或尽快开证的规定。由于这类文句含义不清，缺乏统一解释，应避免使用。对于有些合同，尤其是 FOB 合同，买方为了避免过早开证造成资金积压和增加费用，可以规定在接到卖方货物备妥通知后若干天开证。在这种情况下，卖方的通知就成为买方开证的先决条件。

（5）关于自动延期的规定。在我国的出口合同中，有时也规定，如果卖方未能按期装船，信用证自动延期××日。这种规定实际上放宽了装船期限，有利于交货和节省改证的手续及费用。但必须在信用证上列入相应的文句，否则不能起到应有的作用。

（6）其他规定。为了调和买卖双方在选用支付方式方面的矛盾，节省买方的费用，利用资金融通，促成交易，也可采用部分信用证、部分托收的方式支付货款。在采用这种办法时，合同中必须明确：全套货运单据随托收交付，在买方付清托收项下的货款后进行交单，以保安全。

此外，双方还应规定卖方应予交付的单据，如系远期信用证也可列利息条款。

7.3　银行保函和备用信用证

在国际贸易中，当不便使用信用证付款方式时，如一方当事人担心对方不履行约定的义务，则往往会要求通过银行开出银行保函。银行保函是银行出具的担保文件，故又称银行保证书。由于银行信用可靠，故银行保函相继被许多国家采用。但是，在调查核实违约事件时，如受益人与委托人意见不一，担保银行易被牵扯介入商业合同纠纷中。为了防止银行介入商业纠纷，美国和日本禁止银行开立保函。在此情况下，美国和日本的银行便改为开立备用信用证的办法，以适应业务上的需要。由于备用信用证也是银行出具的担保文件，同样为银行信用，因此，它在国际市场上逐渐被推广使用，而成为当今市场流行的另一种重要的银行担保凭证。现将这银行出具的两种凭证分别介绍和说明如下。

7.3.1　银行保函

1. 银行保函的性质和作用

银行保函（Banker's Letter of Guarantee，L/G）是指银行应申请人的要求，以担保人的身份，向受益人开立的保证文件。银行保证委托人如未对受益人履行某项义务，由担保行承担保函中所规定的付款责任，其性质属于银行信用。

众所周知，在国际贸易中，交易双方往往由于缺乏相互信任和了解而给交易的达成和合同的履行造成一定的障碍。为促使交易双方顺利达成协议，使国际贸易活动顺利进行，就出现了由信誉卓著的银行或其他机构办理的担保业务。担保人以自己的资信向受益人保证申请人履行双方签订的合同项下的责任与义务。由于银行保函为银行信用，从而有效地消除了受益人担心合同当事人不履约的顾虑，促使交易双方顺利成交和履行合同。由此可见，银行保函对促进国际贸易的发展起了积极的作用。

2. 银行保函的基本内容

银行保函并无统一格式，其内容则因交易的不同而互有差异，一般地说，它包括下列基本内容：

（1）基本项目。这些项目包括：保函的编号；开立日期；各当事人的名称、地址和所在国家或地区；标的物的名称；有关合同的编号和签约日期等。

（2）责任条款。该条款即担保行在保函中承诺的责任条款，它是银行保函最主要的内容。

（3）保证金额。保证金额是出具保函的银行所承担责任的最高金额。它可以是一个具体金额，也可以是有关合同金额的某个百分率。

（4）有效期。有效期即最迟的索赔期限，或称到期日（Expiry Date）。它既可以是一个具体的日期，也可以是某一行为发生后的一个时期，例如在交货后3个月。

（5）索偿方式。索偿方式也称索偿条件，是指受益人在何种情况下方可向保证人索偿。在银行保函中，通常按不同情况规定不同的具体索偿条件。

3. 银行保函的类别

银行保函可从不同的角度分为下列许多种：

（1）按用途分类。在国际贸易中使用的银行保函，按其用途可分为投标保函、履约保函、还款保函和提货保函等。其中，进出口业务中使用的履约保函，又可细分为进口保函和出口保函两种，如下所述：

1）进口保函。进口保函是指银行应进口人的申请开给出口人（受益人）的保证文件，保证在出口人按买卖合同交货后进口人一定如期付款，否则，由担保行负责偿付一定金额的款项。

2）出口保函。出口保函是指银行应出口人的申请开给进口人的保证文件，其中明确规定，如出口人未按合同交付货物，银行负责赔偿进口人一定的金额。有的保函还具体规定，如出口人未按合同交付货物，担保行在收到进口人通知后一定期限内无条件将进口人已经支付给出口人的定金或预付货款退还给进口人，并加付从支付定金或预付货款之日起至实际退款日期止的利息。这种保函实际上相当于还款保函。

此外，在实际业务中还有一些其他用途的保证书。例如，货物先于提单到达，为便于及时提货和办理报关进口手续，进口人可向当地银行提出申请，要求开出以船公司为受益人的提货保函，向船公司通融“借货”，待提单到达后再换回保函，即所谓担保提货。另外，任何承担合同义务的一方，如应对方要求，都可向银行申请开立保函。

（2）按索偿条件分类。

1）有条件索偿的保函。有条件索偿的保函是指担保行向受益人付款是有条件的，即只有在符合保函规定时担保行才予付款。

采用此种保函时，应该先由委托人履行合同义务或向受益人付款，只有当委托人不履行合同义务或不付款时，受益人才可凭保函向担保银行索偿。因此，担保行的付款责任是第二性的。由此可见，此种保函具有补充性和从属性的特点。而且担保行还需要花费时间来调查核实委托人是否违约，这就影响到受益人及时索回款项，故受益人一般不愿接受此种有条件索偿的保函。

2）见索即付保函。见索即付保函又称无条件保函。根据国际商会制定的《见索即付保函统一规则》第二条的规定，见索即付保函是指任何保证、担保或其他付款承诺，这些保证、担保或付款承诺是由银行、保险公司或其他组织或个人出具的，以书面形式表示在交来符合保函条款的索赔书或保函中规定的其他文件（诸如工艺师或工程师出具的证明书、法院判决书或仲裁裁决书）时，承担付款责任的承诺文件。由此可见，见索即付保函的担保人承担的是第一性的、直接的付款责任。

此外，该规则第二条还明确指出：保函与其可能依据的合约或投标条件分属不同的交易，即使在保函中提及此合约或投标条件，担保人也与该合约或投标条件无关。这就充分表明，见索即付保函是一种与基础合同相脱离的独立性担保文件，受益人的权利与担保人的义务完全以保函所载的内容为准，不受基础合同的约束，即使保函中含有对基础合同的援引，担保人也与该合同无关，受益人只要提交了符合保函要求的单据，担保人就必须付款。因此，这种保函为不可撤销的文件，它必须是书面的，“书面”包括有效的电信信息或加密押的 EDI 信息。

4. 银行保函的当事人

银行保函的基本当事人有委托人、保证人和受益人，此外，有时还可能涉及转递行、保兑行和转开行等其他当事人，现分别介绍和说明如下：

(1) 委托人。委托人又称申请人，是指与受益人订立合同的对方执行人和债务人。例如出口保证业务中的出口人、进口保证业务中的进口人以及还款保证书项下退还定金和预付款的收受人（即出口人）。

(2) 保证人。保证人又称担保人，是指开立保函的银行或其他金融机构。保证人根据委托人的申请，在由委托人提供一定担保的条件下向受益人开立保函，担保在符合保函规定的条件时即向受益人付款。

(3) 受益人。受益人即指与委托人订立合同的债权人。在委托人未履行合同的情况下，他可凭保函取得货款或赔偿。

(4) 转递行。转递行是根据保证人的请求将保函转递给受益人的银行，转递行只负责核对保函的签字或密押，不负其他经济责任，转递后，按与保证人的约定收取转递手续费。

(5) 保兑行。保兑行又称第二担保人，是指在保函上加具保兑的银行。保兑行只有在保证人不按保函规定履行赔付义务时，才向受益人赔付，它使受益人得到双重担保。

(6) 转开行。转开行是应保证人的请求，向受益人开出保函的银行。当发生符合保函规定条件的索偿的事情时，受益人只能向转开行要求付款或赔偿。

7.3.2　备用信用证

备用信用证（Standby Letter of Credit，SBLC）又称担保信用证，是指不以清偿商品交易的价款为目的，而以贷款融资，或担保债务偿还为目的所开立的信用证。它是集担保、融资、支付及相关服务于一体的多功能金融产品，因其用途广泛及运作灵活，在国际商务中得以普遍应用。但在我国，备用信用证的认知度仍远不及银行保函、商业信用证等传统金融工具。

1. 备用信用证简介

备用信用证是一种特殊形式的信用证，是开证行对受益人承担一项义务的凭证。开证行保证在开证申请人未能履行其应履行的义务时，受益人只要凭备用信用证的规定向开证行开具汇票，并随附开证申请人未履行义务的声明或证明文件，即可得到开证行的偿付。备用信用证只适用《UCP600》的部分条款。

2. 备用信用证的性质

(1) 不可撤销性。除非在备用信用证中另有规定，或经对方当事人同意，开证人不得修改或撤销其在该备用证下之义务。

(2) 独立性。备用信用证下开证人义务的履行并不取决于：①开证人从申请人那里获得偿付的权利和能力；②受益人从申请人那里获得付款的权利；③备用信用证中对任何偿付协议或基础交易的援引；④开证人对任何偿付协议或基础交易的履约或违约的了解与否。

（3）跟单性。开证人的义务要取决于单据的提示，以及对所要求单据的表面审查。

（4）强制性。备用信用证在开立后即具有约束力，无论申请人是否授权开立，开证人是否收取了费用，或受益人是否收到或因信赖备用证或修改而采取了行动，它对开证行都是有强制性的。

3. 备用信用证的种类

备用信用证的种类很多，根据在基础交易中的不同作用，备用信用证主要可分为以下八类：

（1）履约保证备用信用证（Performance Standby）。该类备用信用证支持除支付金钱以外的义务的履行，包括对由于申请人在基础交易中违约所致损失的赔偿。

（2）预付款保证备用信用证（Advance Payment Standby）。该类备用信用证用于担保申请人对受益人的预付款所应承担的义务和责任。它通常用于国际工程承包项目中业主向承包人支付的合同总价 10% ~25% 的工程预付款，以及进出口贸易中进口人向出口人支付的预付款。

（3）反担保备用信用证（Counter Standby）。该类备用信用证又称对开备用信用证，它支持反担保备用信用证受益人所开立的另外的备用信用证或其他承诺。

（4）融资保证备用信用证（Financial Standby）。该类备用信用证是指保证付款义务的履行，包括保证对借款的偿还义务的任何证明性文件。目前外商投资企业用以抵押人民币贷款的备用信用证就属于融资保证备用信用证。

（5）投标备用信用证（Tender Bond Standby）。该类备用信用证用于担保申请人中标后执行合同义务和责任，若投标人未能履行合同，开证人必须按备用信用证的规定向受益人履行赔款义务。投标备用信用证的金额一般为投保报价的 1% ~5%（具体比例视招标文件规定而定）。

（6）直接付款备用信用证（Direct Payment Standby）。该类备用信用证用于担保到期付款，尤指到期没有任何违约时支付本金和利息。它已经突破了备用信用证备而不用的传统担保性质，主要用于担保企业发行债券或订立债务契约时的到期支付本息义务。

（7）保险备用信用证（Insurance Standby）。该类备用信用证支持申请人的保险或再保险义务。

（8）商业备用信用证（Commercial Standby）。该类备用信用证是指如不能以其他方式付款，为申请人对货物或服务的付款义务进行保证。

7.4 国际保理业务和出口信用保险

7.4.1 国际保理的概念和类型

1. 国际保理的概念

国际保理（International Factoring）又称为承购应收账款，是指在以商业信用出口货物时（如以 D/A 作为付款方式），出口人交货后把应收账款的发票和装运单据转让给保理商，即可取得应收取的大部分货款，日后一旦发生进口人不付或逾期付款，则由保理商承担付款责任。在保理业务中，保理商承担第一付款责任。

如果保理商对预付款没有追索权，对余款也要担保付款，即称之为无追索权保理，反之则为有追索权保理。常见的还有融资保理及到期保理（到期保理是指出口人将其应收款出售给保理商后，保理商在发票到期日从债务人手中收回债款，扣除服务费后，把款项付给出口人）。国际保理服务的范围主要有资金服务、信用保险服务、管理服务、资信调查服务等。

2. 国际保理的类型

由于各个国家和地区的商业交易习惯及法律法规的不同，各国办理国际保理业务的内容以及做法也有不同。根据保理业务的性质、服务内容、付款条件、融资状况等方面存在的差异，可以将保理业务进行以下分类：

（1）根据保理商对出口人提供预付融资与否，分为融资保理（Financial Factoring）和到期保理（Maturity Factoring）。融资保理又叫预支保理，是一种预支应收账款业务。当出口人将代表应收账款的票据交给保理商时，保理商立即以预付款方式向出口人提供不超过应收账款 80% 的融资，剩余 20% 的应收账款待保理商向债务人（进口人）收取全部货款后，再行清算。

（2）根据保理商公开与否，也即销售货款是否直接付给保理商，分为公开型保理（Disclosed Factoring）和隐蔽型保理（Undisclosed Factoring）。公开型保理是指出口人必须以书面形式将保理商的参与通知进口人，并指示他们将货款直接付给保理商。目前的国际保理业务多是公开型的。隐蔽型保理是指保理商的参与是对外保密的，进口人并不知晓，货款仍由进口人直接付给出口人。这种保理方式往往是出口人为了避免让他人得知自己因流动资金不足而转让应收账款，并不将保理商的参与通知给买方。

（3）根据保理商是否保留追索权，分为无追索权保理（Non-recourse Factoring）和有追索权保理（Recourse Factoring）。在无追索权保理中，保理商根据出口人提供的名单进行资信调查，并为每个客户核对相应的信用额度，在已核定的信用额度内为出口人提供坏账担保。出口人在有关信用额度内的销售，因为已得到保理商的核准，所以保理商对这部分应收账款的收购没有追索权。由于债务人资信问题所造成的呆账、坏账损失均由保理商承担。国际保理业务大多是这类无追索权保理。有追索权保理中，保理商不负责审核买方资信，不确定信用额度，不提供坏账担保，只提供包括贸易融资在内的其他服务，如果因债务人清偿能力不足而形成呆账、坏账，保理商有权向出口人追索。

（4）根据其运作机制，是否涉及进出口两地的保理商，分为单保理和双保理。单保理是指仅涉及一方保理商的保理方式。例如在直接进口保理方式中，出口人与进口保理商进行业务往来；而在直接出口保理方式中，出口人与出口保理商进行业务往来。涉及买卖双方保理商的保理方式则叫作双保理。国际保理业务中一般采用双保理方式，即出口人委托本国出口保理商，本国出口保理商再从进口国的保理商中选择进口保理商。进出口国两个保理商之间签订代理协议，整个业务过程中，进出口双方只需与各自的保理商进行往来。

3. 国际保理业务各当事人的关系

不同的国际保理，其参与的当事人是不同的。在国际双保理的情况下，会形成出口人与进口人、出口人与出口保理商、出口保理商与进口保理商、进口人与进口保理商之间的四层关系。

（1）出口人与进口人之间是货物买卖合同关系。

（2）出口人与出口保理商之间是根据出口保理协议建立的一种合同关系。出口保理协议是国际保理交易中的主合同。依该协议，出口人应将出口保理商协议范围内的所有合格应收账款转让给出口保理商，使出口保理商对这些应收账款获得真实有效而且完整的权利，以便从实质上保证应收账款是有效的和具有相应价值的，并且不存在也不会产生任何障碍。

（3）出口保理商与进口保理商之间是相互保理合同关系。进出口保理商之间应签订的相互保理协议，双方具有债权转让人与受让人间的法律关系，即出口保理商将从供应商手中购买的应收账款再转让给进口保理商即再保理而形成法律关系。

（4）进口人与进口保理商之间是一种事实上的债权债务关系。从法律意义上说，进口人与进口保理商之间没有合同上的法律关系，但由于进口保理商最终收购了出口人对进口人的应收账款，只要出口人与进口人之间的买卖合同或其他类似契约未明确规定该合同或契约项下所产生的应收账款禁止转让，则保理商就可以合法有效地获得应收账款，而无须事先得到进口人的同意，与进口人之间事实上形成债权债务关系。

7.4.2 出口信用保险

出口信用保险是国家为了推动本国的出口贸易、保障出口企业的收汇安全而制定的一项由国家财政提供保险准备金的非营利性的政策性保险业务。出口信用保险（Export Credit Insurance），也叫出口信贷保险，是各国政府为提高本国产品的国际竞争力、推动本国的出口贸易、保障出口人的收汇安全和银行的信贷安全、促进经济发展，以国家财政为后盾，为企业在出口贸易、对外投资和对外工程承包等经济活动中提供风险保障的一项政策性支持措施，属于非营利性的保险业务，是政府对市场经济的一种间接调控手段和补充，是世界贸易组织（WTO）补贴和反补贴协议原则上允许的支持出口的政策手段。目前，全球贸易额的12%～15%是在出口信用保险的支持下实现的，有的国家的出口信用保险机构提供的各种出口信用保险保额甚至超过其本国当年出口总额的1/3。

1. 出口信用保险的起源和发展

出口信用保险诞生于19世纪末的欧洲，最早在英国和德国等地萌芽。1919年，英国建立了出口信用制度，成立了第一家官方支持的出口信贷担保机构——英国出口信用担保局（ECGD）。紧随其后，比利时于1921年成立出口信用保险局（ONDD），荷兰于1925年建立国家出口信用担保机制，挪威于1929年建立出口信用担保公司，西班牙、瑞典、美国、加拿大和法国分别于1929年、1933年、1934年、1944年和1946年相继建立了以政府为背景的出口信用保险和担保机构，专门从事对本国的出口和海外投资的政策支持。

2. 出口信用保险的作用

（1）提高市场竞争能力，扩大贸易规模。投保出口信用保险使企业能够采纳灵活的结算方式，接受银行信用方式之外的商业信用方式（如 D/P、D/A、O/A 等），使企业给予其买家更低的交易成本，从而在竞争中最大限度地抓住贸易机会，提高销售企业的竞争能力，扩大贸易规模。

（2）提升债权信用等级，获得融资便利。出口信用保险承保企业应收账款来自国外进口人的风险，从而变应收账款为安全性和流动性都比较高的资产，成为出口企业融资时对银行的一项有价值的“抵押品”，因此银行可以在有效控制风险的基础上降低企业融资门槛。

（3）建立风险防范机制，规避应收账款风险。借助专业的信用保险机构防范风险，可以获得单个企业无法实现的风险识别、判断能力，并获得改进内部风险管理流程的协助。另外，交易双方均无法控制的政治风险可以通过出口信用保险加以规避。

（4）通过损失补偿，确保经营安全。通过投保出口信用保险，信用保险机构将按合同规定在风险发生时对投保企业进行赔付，有效弥补企业财务损失，保障企业经营安全。同时，专业的信用保险机构能够通过其追偿能力实现企业无法实现的追偿效果。

3. 中国出口信用保险的现状

中国于 1988 年创办信用保险制度，由中国人民财产保险股份有限公司设立出口信用保险部，专门负责出口信用保险的推广和管理。1994 年，中国进出口银行成立，其业务中也包括了出口信用保险业务。2001 年，在中国加入 WTO 的大背景下，国务院批准成立专门的国家信用保险机构——中国出口信用保险公司（中国信保），由中国人民财产保险股份有限公司和中国进出口银行各自代办的信用保险业务合并而成。

目前，中国的出口信用保险由中国信保等经营。保险按付款期限长短分为短期出口信用保险和中长期出口信用保险。短期出口信用保险又分为综合保险、统保保险、信用证保险、特定买方保险、买方违约保险和特定合同保险六种。中长期出口信用保险分为出口买方信贷保险、出口卖方信贷保险和再融资保险三种。

7.5　合同中的支付条款

合同中的支付条款主要涉及支付工具、付款时间、地点及支付方式等问题，直接关系到买卖双方的经济利益，对此合同双方应综合考虑，并在合同中明确规定。

1. 汇付支付条款

采用汇付支付方式时，应在合同中明确规定汇款的方法、时间和金额等。例如：

“买方应不迟于 12 月 3 日，将 100% 的货款用电汇预付至卖方。”

The Buyer should pay 100% of the sale amount to the Seller in advance by telegraphic transfer not later than Dec. 3th.

2. 托收的支付条款

采用托收的支付方式时，应在合同中明确规定交单条件、进口人的承兑、付款责任和期限等。例如：

"买方应凭卖方开具的即期跟单汇票，于见票时立即付款，付款后交单。"

Upon first presentation the Buyers shall pay against documentary draft drawn by the Sellers at sight. The shipping documents are to be delivered against payment only.

3. 信用证的支付条款

采用信用证的支付方式时，应在合同中明确规定信用证种类、开证日期、有效期和议付地点等。例如：

"买方应于装运月份前 20 天通过卖方可接受的银行开立并送达卖方不可撤销的即期信用证，有效期至装运月份后 15 天在中国议付。"

The Buyers shall open through a bank acceptable to the Sellers an Irrevocable Sight Letter of Credit to reach the Sellers 20 days before the month of shipment, valid for negotiation in China until the 15th day after the month of shipment.

4. 不同支付方式结合使用的支付条款

例如：

"买方通过卖方接受的银行，于装运日期前 15 天开立并送达卖方不可撤销的即期信用证，规定 50% 发票金额凭即期光票支付，其余 50% 金额用即期跟单托收方式付款交单。"

The Buyers shall open through a bank acceptable to the Sellers an Irrevocable Sight Letter of Credit to reach the Sellers 15 days before the month of shipment, this credit stipulating that 50% of the invoice value is available against clean draft at sight while the remaining 50% of documents be held against payment at sight under this credit.

■ 本章小结

国际货款的收付涉及面很广，主要包括支付工具和支付方式。支付工具有货币和票据。票据又有汇票、本票和支票之分，外贸业务中以使用汇票为主。在支付方式中包括汇付、托收和信用证付款三种，其中汇付和托收属于商业信用，信用证属于银行信用。在信用证付款条件下，开出信用证的开证行，即成为第一付款人，这对卖方收取货款有一定保证，除上述三种支付方式外，为适应国际经济贸易的开展，也有采用银行保证书的，这也是一种银行信用。在一笔业务中，上述各种支付方式，可以单独使用，也可酌情将各种不同方式结合使用。

■ 思考与练习

1. 汇票有哪几种类型？汇票的票据行为有哪些？
2. 简述汇票、本票和支票的异同点。
3. 汇付有哪几种类型？它们有何不同？汇付的特点是什么？
4. 付款交单与承兑交单有何异同？采用托收结算方式时，应注意哪些方面？
5. 信用证支付方式有何特点？信用证当事人之间的法律关系如何？简述跟单信用证的收付程序。

■ 案例分析题

1. 宁波某公司收到日本 A 银行开来的信用证一份，最大金额为 10 000 美元。经审核信用证无误后按时装运货物，并制成全套货运单据。单据（包括汇票）金额为 10 012 美元，超出信用证允许的最大金额。公司经办人员以该客户资信较好为由，认为区区小数不会计较，要求议付行议付，遭议付行拒绝。请分析理由。

2. 某公司收到一份 B 银行保兑的不可撤销信用证，当该公司按信用证规定办完装运手续后，向 B 银行提交符合信用证各项要求的单据要求付款时，B 银行却声称：该公司先要求开证行付款，如果开证行无力偿付时，则由 B 银行保证付款。问 B 银行的要求对不对？

第 8 章

检验、索赔、不可抗力和仲裁条款

学习目标

- 认识商检和索赔工作的意义
- 了解不可抗力的构成条件和具体规定
- 熟悉对外贸易仲裁的特点，并掌握国际贸易争议预防与处理的方法

8.1 商品检验

8.1.1 约定商品检验的意义

国际货物买卖中的商品检验（Commodity Inspection），简称商检，是指商品检验机构对卖方拟交付货物或已交付货物的品质、规格、数量、重量、包装、卫生、安全等项目所进行的检验、鉴定和管理工作。商品检验是随着国际货物买卖的发展而产生和发展起来的，它在国际货物买卖中占有十分重要的地位。国际货物买卖中，由于交易双方相距遥远，货物在长途运输过程中难免会发生残损、缺少甚至灭失，尤其是在象征性交货条件下，买卖双方对所交货物的品质、数量等问题更易产生争议。因此，为了便于查明货损原因，确定责任归属，以利货物的交接和交易的顺利进行，就需要一个公正的第三者，即商品检验机构，对货物进行检验或鉴定，以明确事故的起因和责任的归属。检验机构检验或鉴定后出具的检验证书，可以作为买卖双方交接货物、货款支付和进行索赔、理赔的重要依据。

综上所述，商品检验是直接关系到买卖双方权利和义务的重要问题，因此，交易双方应在买卖合同中对于商品检验有关的问题做出明确具体的规定，这就是合同中的检验条款。

8.1.2 检验时间和地点

检验时间和地点是指在何时、何地行驶对货物的检验权。所谓检验权，是指买方或卖方有权对所交易的货物进行检验，其检验结果即作为交付与接收货物的依据。确定检验的时间和地点，实际上就是确定买卖双方中的哪一方行使对货物的检验权，也就是确定检验结果以哪一方提供的检验证书为准。根据国际贸易习惯做法和我国的业务实践，有关检验时间和地点的规定办法可归纳为以下几种：

1. 在出口国检验

此种方法又包括产地（工厂）检验和装运港（地）检验两种。

（1）产地（工厂）检验。产地（工厂）检验是指货物在产地出运或工厂出厂前，由卖方或其委托的检验机构出具检验证书，作为卖方所交货物的品质、数量等项内容的最后依据。卖方只承担货物离开产地或工厂前的责任，对于货物在运输途中所发生的一切变化，卖方概不负责。

（2）装运港（地）检验。装运港（地）检验是指货物在装运港或装运地交货前，由买卖合同中规定的检验机构对货物的品质、重量（数量）等项目内容进行检验鉴定，并以该机构出具的检验证书作为最后依据。卖方对交货后货物所发生的变化不承担责任。

采用上述两种规定办法时，即使买方在货物到达目的港或目的地后，自行委托检验机构对货物进行复验，也无权对商品的品质和重量向卖方提出异议，除非买方能证明，他所收到的与合同规定不符的货物是由于卖方的违约或货物的固有瑕疵所造成的。因此，这两种规定办法从根本上否定了买方的复验权，对买方极为不利。

2. 在进口国检验

此种办法又分为目的港（地）检验和买方营业处所（最终用户所在地）检验。

（1）目的港（地）检验。目的港（地）检验是指货物运达目的港或目的地时，由合同规定的检验机构在规定的时间内，就地对商品进行检验，并以该机构出具的检验证书作为卖方所交货物品质、重量（数量）的最后依据。采用这种方法时，买方有权根据货物运抵目的港或目的地时的检验结果，对属于卖方责任的品质、重量（数量）不符点向卖方索赔。

（2）买方营业处所（最终用户所在地）检验。对于一些因使用前不便拆开包装，或因不具备检验条件而不能在目的港或目的地检验的货物，如密封包装货物，精密仪器等，通常都是在买方营业处所或最终用户所在地，由合同规定的检验机构在规定的时间内进行检验。货物的品质和重量（数量）等项内容以该检验机构出具的检验证书为准。

采用上述两种做法时，卖方实际上须承担到货品质、重量（数量）的责任。如果货物在品质、数量等方面存在的不符点属于卖方责任所致，买方则有权凭货物在目的港、目的地或买方营业处所或最终用户所在地经检验机构检验后出具的检验证书，向卖方提出索赔，卖方不得拒绝。由此可见，这两种方法对卖方很不利。

3. 出口国检验、进口国复验

出口国检验、进口国复验是指卖方在出口国装运货物时，以合同规定的装运港或装运地检验机构出具的检验证书，作为卖方向银行收取货物的凭证之一，货物运抵目的港或目的地后，由双方约定的检验机构在规定的地点和期限内对货物进行复验。复验后，如果货物与合同规定不符，而且属于卖方责任所致，此时，买方有权凭该检验机构出具的检验证书，在合同规定的期限内向卖方索赔。它是国际货物买卖中最常见的一种规定检验时间和地点的方法。

4. 装运港（地）检验重量、目的港（地）检验品质

此种方法即以装运港或装运地验货后检验机构出具的重量检验证书，作为卖方所交货物重量的最后依据，以目的港或目的地检验机构出具的品质检验证书，作为商品品质的最后依据。货物到达目的港或目的地后，如果货物在品质方面与合同规定不符，而且该不符点是卖方责任所致，则买方可凭品质检验证书，对货物的品质向卖方提出索赔，但买方无权对货物的重量提出异议。这种规定检验时间和地点的方法习称“离岸重量、到岸品质”（Shipping Weight and Landed Quality）。

8.1.3 检验机构

在国际货物买卖中，交易双方除了自行对货物进行必要的检验外，通常还要委托第三方对货物进行检验。这种对商品进行检验、鉴定和管理的机构就是商品检验机构，简称检验机构或商检机构。

1. 国际上商品检验机构的类型

（1）官方检验机构。官方检验机构是指国家或地方政府投资，按照国家有关法律对出入境商品实施强制性检验、检疫和监督管理的机构，如美国食品药品监督管理局（FDA）、瑞士日内瓦通用鉴定公司（SGS）、国际羊毛局（IWS）、日本海事检定协会（NKKK）等。

【小资料 8-1】

SGS 认证

SGS 是 Societe Generale de Surveillance S. A. 的简称，创建于1878年，总部在瑞士日内瓦，是全球检验、鉴定、测试和认证服务的领导者和创新者，是公认的质量和诚信的全球基准。SGS 认证就是 SGS 根据某国标准、法规或者客户要求对产品或组织进行符合性认证或检测服务，并由 SGS 出具证书或报告。目前，SGS 集团在全球拥有多个分支机构和实验室，超过 1 万名员工，构成了全球的服务网络。SGS 有各类专业实验室，按照美国、加拿大、欧盟、英国、德国等标准或客户要求提供全面测试，并出具广泛认可的权威测试报告或证书。

（2）半官方检验机构。半官方检验机构是指一些有一定权威的、由国家政府授权、代表政府行使某项商品检验或某一方面检验管理工作的民间机构，如美国担保人实验室（Underwriter's Laboratory）。

（3）非官方检验机构。非官方检验机构主要是指由私人创办的、具有专业检验鉴定技术能力的公证行或检验公司，如英国劳合社公证行（Lloyd's Surveyor）、SGS 等。

2. 我国的商品检验机构

我国自 2018 年 4 月 20 日开始，海关商检合并，通关作业真正实现了“三个一”，原出入境检验检疫系统统一以海关名义对外开展工作。

根据《海关总署关于优化出口货物检验检疫监管的公告》（公告〔2018〕89号），流程如下：

1）实施出口检验检疫的货物，企业应在报关前向产地/组货地海关提出申请。

2）海关实施检验检疫监管后建立电子底账，向企业反馈电子底账数据号，符合要求的按规定签发检验检疫证书。

3）企业报关时应填写电子底账数据号，办理出口通关手续。

【小资料8-2】

关检合并前后的变化

关检合并前后的变化见表8-1。

表8-1 关检合并前后的变化

项　目	关检合并前	关检合并后
货物通关作业	同一批货物进出口，要经历检疫、海关两部门申报，采用海关、检疫不同的两套系统	“三个一”：统一通过“单一窗口”实现报关报检；对进出口货物全面实施一次查验；凭海关放行指令提离货物，实现一次放行
运输工具登临检查	3个监管环节	检疫处置、登临检查2个环节
邮件监管	17个监管环节	邮袋消毒并放射性检查、查验、分流处理等6个环节
快件监管	9项监管环节	申报、动植物检疫、查验、放行4个环节
报关报检企业资质注册	分开注册登记或备案	企业在海关注册登记或备案后，同时取得报关报检资质
对外“一个窗口”	对外窗口在同一行政大厅	一个窗口：统一对外办理相关业务

8.1.4 检验证书

检验证书（Inspection Certificate）是检验机构对进出口商品进行检验、鉴定后签发的书面证明文件。

1. 检验证书的种类

国际货物买卖中的检验证书，其种类繁多，卖方究竟需要提供哪种证书，要根据商品的特性、种类、贸易习惯以及政府的有关法令而定。在实际业务中，常见的检验证书主要有几下几种：

（1）品质检验证书（Inspection Certificate of Quality），即证明进出口商品品质、规格的证书。

（2）数量检验证书（Inspection Certificate of Quantity），即证明进出口商品数量的证书。

（3）重量检验证书（Inspection Certificate of Weight），即证明进出口商品重量的证书。

（4）价值检验证书（Inspection Certificate of Value），即证明出口商品价值的证书，通常用于证明发货人发票所载的商品价值正确、属实。

（5）产地检验证书（Inspection Certificate of Origin），即用于证明出口商品原生产地的证书，通常包括一般产地证、普惠制产地证、野生动物产地证等。

（6）卫生检验证书（Sanitary Inspection Certificate），即证明食用动物产品、食品在出口前已经过卫生检验、可供食用的证书。

（7）兽医检验证书（Veterinary Inspection Certificate），即证明动物产品在出口前已经过兽医检验、符合检疫要求的证书。

（8）消毒检验证书（Disinfection Inspection Certificate），即证明动物产品在出口前已经过消毒处理、符合安全及卫生要求的证书。

（9）验残检验证书（Inspection Certificate on Damaged Cargo），即证明进口商品残损情况、估算残损贬值程度、判定残损原因的证书。

此外，常见的检验证书还有植物检疫证明、积货鉴定证书、船舱检验证书、货载衡量检验证书等。

2. 检验证书的作用

商检机构签发的检验证书的作用主要有：作为证明卖方所交货物的品质、数量、包装以及卫生条件等方面是否符合合同规定的依据；作为海关验关放行的依据；作为卖方办理货款结算、索赔和理赔的依据。

8.1.5 合同中的检验条款

国际货物买卖合同中的货物检验条款一般包括下列内容：检验的时间和地点、检验机构、检验标准和方法、检验证书以及其他双向商定的内容。具体条款如何认定，举例如下：

例如，买卖双方同意以装运港（地）中国海关签发的品质和重量（数量）检验证书作为信用证项下议付所提交的单据的一部分，买方有权对货物的品质和重量（数量）进行复检，复检的费用买方负担。但若发现品质和/或重量（数量）与合同规定不符时，买方有权向卖方索赔，并提供经卖方同意的公证机构出具的检验报告。索赔期限为货物到达目的港（地）后××天内。

It is mutually agreed that the Certificate Of Quality and Weight（Quantity）issued by the China Customs at the port/place of shipment shall be part of the documents to be presented for negotiation under the relevant L/C. The buyers shall have the right to reinspect the Quality and Weight （Quantity） of the cargo. The reinspection fee shall be borne by the Buyers. Should the Quality and/or Weight （Quantity） be found not in conformity with that of the contract, the Buyers are entitled to lodge with the Sellers a claim, which should be supported by survey reports issued by a recognized surveyor approved by the Sellers. The claim, if any, shall be lodged within ...days after arrival of the cargo at the port/place of destination.

8.2 索赔

8.2.1 约定索赔条款的意义

国际贸易涉及的面很广，情况复杂多变，在履约过程中，如一个环节出问题，就可能影响合同的履行，就可能导致一方当事人违约或毁约，而给另一方当事人造成损害，从而引起争议。受损害的一方为了维护自身权益，便向违约方提出赔偿的要求称为索赔。违约方对受损害方的索赔要求进行处理，称为理赔。由此可见，索赔与理赔是一个问题的两个方面，即对守约方而言是索赔，对违约方而言是理赔。

8.2.2　合同中的索赔条款

合同中的索赔条款有两种规定方式：①异议与索赔条款（discrepancy and claim clause）；②罚金条款（penalty clause）。在一般货物买卖合同中，多数只订立异议与索赔条款。而在大宗商品和机械设备合同中，除了订明异议与索赔条款外，往往还需另订罚金条款。

1. 异议与索赔条款

（1）索赔的依据。索赔的依据包括法律依据和事实依据。前者是指买卖合同和适用的法律、惯例规定；后者是指违约的事实、情节及其书面证明，以证明违约的真实性。索赔条款中往往规定索赔必须具备的证据和出证机关。

（2）索赔的期限。索赔的期限是指受害方有权向违约方提出索赔的期限。守约方向违约方提出索赔的时限应在合同中订明，如超过约定时限索赔，违约方可不予受理。因此，索赔期限的长短应当规定合适。在规定索赔期限时，应考虑不同商品的特性和检验条件。

合同中索赔期限的起算主要有下列几种方法：

1）货到目的港后××起算。

2）货到目的港卸离海轮后××起算。

3）货到买方营业处所或用户所在地后××天起算。

4）货物检验后××天起算。

（3）索赔的办法。异议索赔条款对合同双方当事人都有约束力，不论何方违约，受损害方都有权提出索赔。鉴于索赔是一项复杂而又重要的工作，故处理索赔时，应弄清事实，分清责任，并区别不同情况，有理有据地提出索赔。至于索赔金额因订约时难以预料，只能事后本着实事求是的原则酌情处理，故在合同中一般不做具体规定。

2. 罚金或违约金条款

此条款一般适用于卖方延期交货或买方延期接运货物、拖延开立信用证、拖欠货款等场合。在买卖合同中规定罚金或违约金条款，是促使合同当事人履行合同义务的重要措施，能起到避免和减少违约行为发生的预防性作用，在发生违约行为的情况下，能对违约方起到一定的惩罚作用，对守约方的损失能起到补偿性作用。

罚金或违约金与赔偿损失虽有相似之处，但仍存在差异，其差别在于：前者不以造成损失为前提条件，即使违约的结果，并未发生任何实际损失，也不影响对违约方追究违约金责任，违约金数额与实际损失是否存在及损失的大小没有关系，法庭或仲裁庭也不要求请求人就损失举证，故其在追索程序上比后者简便得多。

违约金的数额一般由合同当事人商定，我国《合同法》也没有对违约金数额做出规定，而以约定为主。按违约金是否具有惩罚性，可分为惩罚性违约金和补偿性违约金，世界大多数国家都以违约金的补偿性为原则，以惩罚性作为例外。根据我国《合同法》的规定，在确定违约金数额时，双方当事人应先确定一个合适的违约金比例。在此需要着重指出的是，在约定违约金的情况下，即使一方违约未给对方造成损失，违约方也应支付约定的违约金。为了体现公平合理原则，如一方违约给对方造成的损失大约于定的违约金，守约方可以请求法院和仲裁庭予以增加；反之，如约定的违约金过分高于实际造成的损失，当事人也可请求法院或仲裁庭予以适当减少。但如约定的违约金不是过分高于实际损失，则不能请求减少，这样做，既体现了违约金的补偿性，也在一定程度上体现了它的惩罚性。违约方支付违约金后，并不能免除其履行债务的义务。

（1）例如，卖方延期交货的罚金条款：

如卖方不能按合同规定的时间交货，在卖方同意由付款行在议付货款中扣除罚金或由买方于支付货款时直接扣除罚金的条件下，买方应同意延期交货。罚金率按每7天收取延期交货部分总值的0.5%，不足7天者以7天计算。但罚金不得超过延期交货部分总金额的5%。如卖方延期交货超过合同规定期限10周时，买方有权撤销合同，但卖方仍应不延迟地按上述规定向买方支付罚金。

Should the sellers fail to make delivery on time as stipulated in the contract, the Buyers shall agree to postpone the delivery on condition that the sellers agree to pay a penalty which shall be deducted by the paying bank from the payment under negotiation, or by the buyers direct at the time of payment. The rate of penalty is charged at 0.5% of the total value of the goods whose deliver has been delayed for every seven days, odd days less than seven days should be counted as seven days. But the total amount of penalty, however shall not exceed 5% of the total value of the goods involved. In case the seller fails to make delivery ten weeks later than the time of shipment stipulated in the Contract, the Buyers shall have the right to cancel the contract and sellers, in spite of the cancellation, shall still pay the aforesaid penalty to the Buyers without delay.

（2）又如，买方延期开立信用证的罚金条款：

买方因自身原因不能按合同规定的时间开立信用证，应向卖方支付罚金。罚金按迟开证每×天收取信用证金额的×%，不足×天者按×天计算，但罚金不超过买方应开信用证金额的×%。该罚金仅作为因迟开信用证引起的损失赔偿。

Should the Buyers for its own sake fail to open the letter of credit on time stipulated in the contract, the Buyers shall pay a penalty to the Sellers. The penalty shall be charged at the rate of ×% of the amount of the Letter of Credit for every × days of delay in opining the Letter of Credit, any fractional days less than × days shall be deemed to be × days for the calculation of the penalty. However, the penalty shall not exceed ×% of the total value of the Letter of Credit which the Buyers should have opened. The penalty shall be the sole compensation for the damage caused by such delay.

案例分析题

某进出口公司以CIP鹿特丹出口食品1000箱，即期L/C支付，货物装运后，凭已装船清洁提单和已投保一切险的保险单，向银行收妥货款。货到目的港后，经进口人复验实现下列情况：①该批货物共有10个批号，抽查20箱，发现其中2个批号涉及200箱内含沙门氏菌超过进口国标准；②收货人只实收998箱，短少2箱；③有15箱货物外表情况良好，但箱内货物共短少60kg。

分析：根据以上情况，进口人应分别向谁索赔？

8.3　定金罚则

8.3.1　定金的定义

定金与预付款不同，定金是指合同一方当事人根据合同的约定预先付给另一方当事人一定数额的金额，以保证合同的履行，它是作为债权的担保而存在的；预付款是合同当事人预先付给对方一定数额的价款，即对合同义务的预先履行，其本身就是预付的价款和价款的一部分，而不是对合同履行的担保。在买卖合同中，只要约定了定金条款，无论合同当事人哪一方违约，都要承担与定金数额相等的损失。也就是说，如支付定金的一方违约，即丧失定金的所有权，定金则由另一方当事人所有；如收取定金的一方违约，则除返还定金外，还需要给对方同定金数额相等的款额。这种规定和做法就称为定金罚则。

8.3.2　约定定金条款的意义

在国际贸易中，由于种种原因，违约情况时有发生，为了促使合同双方当事人自觉地履行合同义务，以提高履约率，采取定金制度是行之有效的举措。为了贯彻“重合同、守信用”的原则，我国《合同法》第一百一十五条对定金的有关问题做了具体规定：“当事人可以按照《中华人民共和国担保法》约定一方向对方给付定金作为债权的担保。债务人履行债务后，定金应当抵作价款或者收回。给付定金的一方不履行约定的债务的，无权要求返还定金；收受定金的一方不履行约定的债务的，应当双倍返还定金。”实践表明，此项规定对提高履约率、维护合同当事人的合法权益、减少贸易纠纷和解决争议都有重要的意义。

8.3.3　运用定金条款的注意事项

（1）在合同中，如需要订立定金条款时，要注意定金条款内容与预付款条款内容的区别，两者不能混淆使用。

（2）定金条款的规定应明确具体。例如定金的数额、支付定金的时间和方式，债务人履行债务后，定金是收回还是抵作价款等，都应在合同中具体定明。

（3）在合同中同时约定违约金和定金的情况下，如出现一方违约，对方只能选择其中之一适用，不能同时并用。

8.4　不可抗力

8.4.1　不可抗力的含义

不可抗力（Force Majeure）又称人力不可抗，它是指买卖合同签订后，由于发生了合同当事人无法预见、无法预防、无法避免和无法控制的事件，以致不能履行或不能如期履行合同，发生意外事件的一方可以免除履行合同的责任或推迟履行合同。因此，不可抗力是一项免责条款。根据《公约》的规定，合同签订后，如发生了合同当事人订约时无法预见和事后不能控制的障碍，以致不能履行合同义务，则可免除责任。

一般认为构成不可抗力应当具备以下条件：①事件是在有关合同成立以后发生的；②不是由于任何一方当事人的故意或过失所造成的；③事件的发生及其造成的后果是当事人无法预见、无法控制、无法避免和不可克服的。

引起不可抗力的原因有自然原因和社会原因两种。前者是指洪水、暴风、干旱、暴雪、地震等人类无法控制的自然界力量所引起的灾害；后者是指战争、罢工、政府禁止有关商品进出口等。但不能错误地认为，所有的自然原因和社会原因引起的事件，都属于不可抗力。对于不可抗力的认定必须慎重，并与诸如商品价格波动、汇率变化等正常的贸易风险严格区别开来。

8.4.2 不可抗力事件的处理

发生不可抗力事件后，应按约定的处理原则和办法及时进行处理。不可抗力的后果有两种：①解除合同；②延期履行合同。究竟如何处理，应视事故的原因、性质、规模及其对履行合同所产生的实际影响程度而定。

8.4.3 不可抗力事件的通知和证明

不可抗力事件发生后如影响合同履行，则发生事件的一方当事人，应按约定的通知期限和通知方式，将事件情况如实通知对方，对方在接到通知后，应及时答复，如有异议也应及时提出。此外，发生事件的一方当事人还应该按约定办法出具证明文件，作为发生不可抗力事件的证据。在国外，这种证明文件一般由当地的商会或法定公证机构出具。在我国，由中国国际贸易促进委员会出具。

8.4.4 不可抗力条款

1. 约定不可抗力条款的意义

在国际贸易中，买卖双方洽商交易时，对成交后由于自然力量或社会原因而可能引起的不可抗力事件是无法预见、无法控制的，加之国际上对不可抗力事件及其引起的法律后果并无统一的解释，为避免因发生不可抗力事件而引起不必要的纠纷，防止合同当事人对发生不可抗力事件的性质、范围做任意的解释，或提出不合理的要求，或无理拒绝对方的合理要求，故有必要在买卖合同中订立不可抗力条款，明确规定不可抗力事件的性质、范围、处理原则和处理办法，以利合同的履行。

2. 不可抗力条款的规定

（1）概括式：

由于不可抗力的原因，卖方不能全部或部分装运，或延迟装运合同货物，卖方对于这种不能装运，或延迟装运本合同货物不负有责任。但卖方须用电报或电传通知买方，并须在××天内，以航空挂号信件向买方提交由中国国际贸易促进委员会出具的证明此类事件的证明书。

If the shipment of the contracted goods is prevented or delayed in whole or in part due to Force Majeure, the Seller shall not be liable for non-shipment or late shipment of the goods of this contract. However, the Seller shall notify the Buyer by cable or telex and furnish the latter within... days by registered airmail with a certificate issued by the China Council for the Promotion of International Trade attesting such event or events.

（2）列举式：

如由于战争、地震、水灾、火灾、暴风雨、雪灾的原因，卖方不能全部或部分装运或延迟装运合同货物，卖方对于这种不能装运或延迟装运本合同货物不负有责任。但卖方须用电报或电传通知买方，并须在××天以内，以航空挂号信件向买方提交由中国国际贸易促进委员会出具的证明此类事件的证书。

If the shipment of the contracted goods is prevented or delayed in whole or in part by reason of war, earthquake, flood, fire, storm, heavy snow, the Seller shall not be liable for non-shipment or late shipment of the goods of this contract. However, the Seller shall notify the Buyer by cable or telex and furnish the latter within... days by registered airmail with a certificate issued by the China Council for the Promotion of International Trade attesting such event or events.

（3）综合式：

如由于战争、地震、水灾、火灾、暴风雨、雪灾或其他不可抗力的原因，卖方不能全部或部分装运或延迟装运合同货物，卖方对于这种不能装运或延迟装运本合同货物不负有责任。但卖方须用电报或电传通知买方，并须在××天内以航空挂号信件向买方提交由中国国际贸易促进委员会出具的证明此类事件的证明书。

If the shipment of the contracted goods is prevented or delayed in whole or in part by reason for war, earthquake, flood, fire, storm, heavy snow or other causes of Force Majeure, the Seller shall not be liable for non-shipment or late shipment of the goods of this contract. However, the Seller shall notify the Buyer by cable or telex and furnish the latter within ... days by registered airmail with a certificate issued by the China Council for the Promotion of International Trade attesting such event or events.

8.5 仲裁

8.5.1 仲裁的含义和特点

1. 仲裁的含义

仲裁（Arbitration）是解决对外贸易争议的一种重要方式。所谓仲裁，又叫公断，是指买卖双方达成协议，自愿将有关争议交给双方所同意的仲裁机构进行裁决，而这个裁决是终局性的，对双方都有约束力，双方必须遵照执行。

2. 仲裁的特点

仲裁通过友好协商，同司法诉讼相比，具有以下特点：

（1）仲裁机构属于社会性民间团体，不是国家行政机关，不具有强制性管辖权，对争议案件的受理，以当事人自愿为基础。

（2）当事人双方通过仲裁解决争议时，必须有仲裁协议；双方均有在仲裁机构中推选仲裁员以裁定争议的自由。

（3）仲裁的程序简便、结案较快，而且费用也比较低廉。

（4）仲裁的裁决一般是终局性的，对双方当事人均有约束力。

8.5.2 仲裁协议的形式和作用

我国《仲裁法》规定：当事人采用仲裁方式解决纠纷，应当双方自愿，达成仲裁协议；没有仲裁协议，一方申请仲裁的，仲裁机构不予受理。

1. 仲裁协议的形式

仲裁协议有两种形式：①在争议发生之前订立，它通常作为合同中的一项仲裁（Arbitration Clause）出现；②在争议发生之后订立，它是把已经发生的争议提交仲裁的协议（Submission）。这两种形式的仲裁协议，其法律效力是相同的。

2. 仲裁协议的作用

（1）约束双方当事人只能以仲裁方式解决争议，不得向法院起诉。

（2）排除法院对有关案件的管辖权，如果一方违背仲裁协议，自行向法院起诉，另一方可根据仲裁协议要求法院不予受理，并将争议案件退交仲裁庭裁断。

（3）仲裁机构取得对争议案件的管辖权。

上述三项作用的中心是第二条，即排除法院对争议案件的管辖权。因此，双方当事人不愿将争议提交法院审理时，就应在争议发生前在合同中规定出仲裁条款，以免将来发生争议后，由于达不成仲裁协议而不得不诉诸法院。

8.5.3 合同中仲裁条款的主要内容

合同中仲裁条款的主要内容一般应包括仲裁地点、仲裁机构、仲裁规则、仲裁裁决的效力、仲裁费用的负担等。

1. 仲裁地点

在何处仲裁，往往是交易双方磋商仲裁条款时都极为关心的一个十分重要的问题。这是因为仲裁地点与仲裁所适用的程序法，以及合同所适用的实体法关系甚为密切。按照有关国家法律的解释，凡属程序方面的问题，除非仲裁协议另有规定，一般都适用审判地法律，即在哪个国家仲裁，就适用哪个国家的仲裁法规。至于确定合同双方当事人权利、义务的实体法，如合同中未规定，一般是由仲裁庭根据仲裁地点所在国的法律冲突规则予以确定。由此可见，冲裁地点不同，适用的法律可能不同，对买卖双方的权利、义务的解释就会有差别，其结果也会不同。因此，交易双方对于仲裁地点的确定都很关注，都力争在自己比较了解和信任的地点，尤其是力争在本国仲裁。

在我国进出口合同中，关于仲裁地点有下列三种规定办法：

（1）多数合同规定在中国仲裁。

（2）有时规定在被申请人所在地仲裁。

（3）规定在双方同意的第三国仲裁。

2. 仲裁机构

国际贸易中的仲裁可由双方当事人约定在常设的仲裁机构进行，也可以由双方当事人共同指定仲裁员组成临时仲裁庭进行仲裁。

目前，世界上有许多国家和一些国际组织都设有专门从事处理商事纠纷的常设仲裁机构。我国常设的仲裁机构主要是中国国际经济贸易仲裁委员会和中国海事仲裁委员会。

我们在外贸业务中经常遇到的外国仲裁常设机构有英国伦敦国际仲裁院、瑞典斯德哥尔摩商会仲裁院、瑞士苏黎世商会仲裁院、日本国际商事仲裁协会、美国仲裁协会、意大利仲裁协会等。俄罗斯和东欧各国商会中均设有对外贸易仲裁委员会。国际组织的仲裁机构有设在巴黎的国际商会仲裁院等。其中有许多仲裁机构与我国已有业务上的联系，并在仲裁业务中进行合作。

鉴于国际上仲裁机构很多，甚至一个国家或地区内就有若干个仲裁机构，因此，当事人双方选用哪个国家或地区的仲裁机构审理争议案件，应在合同仲裁条款中具体说明。

临时仲裁庭是专为审理指定的争议案件而由双方当事人指定的仲裁员组织起来的，案件处理完毕后即自动解散。因此，在采取临时仲裁庭解决争议时，双方当事人需要在仲裁条款中就双方指定仲裁员的办法和人数、组成仲裁庭的成员、是否需要首席仲裁员等问题做出明确规定。

3. 仲裁规则

各国仲裁机构都有自己的仲裁规则，但值得注意的是，所采用的仲裁规则与仲裁地点并非绝对一致。按照国际仲裁的一般做法，原则上采用仲裁所在地的仲裁规则，但在法律上也允许根据双方当事人的约定，采用仲裁地点以外的其他国家（地区）仲裁机构的仲裁规则进行仲裁。

4. 仲裁裁决的效力

仲裁裁决的效力主要是指由仲裁庭做出的裁决，对双方当事人是否具有约束力，是否为终局性的，能否向法院起诉要求变更裁决。

在中国，凡由中国国际经济贸易仲裁委员会做出的裁决一般是终局性的，对双方当事人都有约束力，必须依照执行，任何一方都不许向法院起诉要求变更。

在其他国家，一般也不允许当事人对仲裁裁决不服而上诉法院。即使向法院提起诉讼，法院一般也只是审查程序，不审查实体，即只审查仲裁裁决在法律手续上是否完备，而不审查裁决本身是否正确。如果法院查出裁决在程序上有问题，则有权宣布裁决为无效。

5. 仲裁费用的负担

通常在仲裁条款中明确规定出仲裁费用由谁负担。一般规定由败诉方承担，也有的规定为由仲裁庭酌情决定。

6. 仲裁条款格式

（1）规定在我国仲裁的条款：

凡因执行本合同所发生的或与本合同有关的一切争议，双方应通过友好协商解决。如果协商不能解决，应提交中国国际经济贸易仲裁委员会，依据其仲裁程序暂行规则进行仲裁。仲裁是终局性的，对双方均有约束力。

All disputes arising out of the performance of, or relating to this contract, shall be settled amicably through negotiation. In case no settlement can be reached through negotiation, the case shall then be submitted to China International Economic and Trade Arbitration Commission for arbitration in accordance with its provisional rules of procedure. The arbitral award shall be accepted as final and binding upon both parties.

（2）规定在被申请一方所在国仲裁的条款：

凡因执行本合同所在的或与本合同有关的一切争议，双方应通过友好协商解决；如果协商不能解决，应提交仲裁。仲裁在被申请一方所在国进行。如果在中国，则由中国国际经济贸易仲裁委员会根据该会仲裁规则进行仲裁。仲裁裁决是终局性的，对双方都有约束力。

All disputes arising out of the performance of, or relating to this contract, shall be settled amicably through friendly negotiation. In case no settlement can be reached through negotiation, the case shall then be submitted for arbitration. The location of arbitration shall be in the country of the domicile of the defendant. If in China, the arbitration shall be conducted by China International Economic and Trade Arbitration Commission in accordance with its rules of arbitration. The arbitral award is final and binding upon both parties.

（3）规定在双方同意的第三国仲裁的条款：

凡因执行本合同所发生的或与本合同有关的一切争议，双方应通过友好协商解决；如果协商不能解决，应提交××（国）××（地）××（仲裁机构），根据该仲裁机构的仲裁规则进行仲裁。仲裁裁决是终局性的，对双方都有约束力。

All disputes arising out of the performance of, or relating to this contract, shall be settled amicably through friendly negotiation. In case no settlement can be reached through negotiation, the case shall then be submitted to... for arbitration, in accordance with its rules of arbitration. The arbitral award is final and binding upon both parties.

■ 本章小结

商品检验是进出口商品交接过程中不可缺少的环节，其检验的内容包括商品的质量、规格、数量、重量、包装及是否安全、卫生等。商检的依据主要是买卖合同和信用证的有关规定。而按检验时间和地点不同可归纳为在出口国检验、在进口国检验和出口国检验、进口国复验以及装运港（地）检验重量、目的港（地）检验品质这四种类型。

在国际贸易中，由于业务环节多，国际市场变幻莫测，从而容易产生争议，引发索赔与理赔问题。引起争议的原因可归纳为卖方违约、买方违约或者买卖双方均负有违约责任等。索赔条款的规定一般有异议与索赔条款和罚金条款等。

不可抗力条款是一项免责条款。当发生不可抗力使合同无法履行或如期履行时，发生事故一方可据此免除责任。不可抗力的发生，可能是社会力量引起的，也可能是自然力量引起的。不可抗力的法律后果应视发生事故的原因、性质、规模及其对履行合同影响的程度而定。

解决国际贸易争议的方式包括友好协商、调解、仲裁和司法诉讼四种。仲裁的特点决定了它不同于司法诉讼。仲裁协议有两种形式：①在争议发生前订立的合同中的仲裁条款；②在争议发生后订立的提交仲裁的协议。仲裁条款通常包括仲裁地点、仲裁机构、仲裁规则、仲裁裁决的效力和仲裁费用的负担等内容。

■ 思考与练习

1. 甲公司与乙公司订立了一份合同，从乙公司购买100t腈纶纱，合同中也规定了单价及总金额，只是没有规定仲裁条款。在合同履行中，甲公司没有按合同规定给货款，乙公司几次催要，甲公司借口纱不合格拖欠不给，乙公司无奈向仲裁机构申请，仲裁机构受理案件后通知甲公司，要求甲公司进行答辩。甲公司如期进行了答辩，在答辩中没有提出管辖问题。甲公司答辩后，觉得在该案中做了被告，面子上不好看，因此又写了一份起诉书，递交到法院。法院受案后通知乙公司答辩。乙公司拒绝答辩，并向法院声明，仲裁机构已经受案，法院无权受理。

分析：法院是否应审理此案？

2. 申诉人香港A公司（买方）和被诉人厦门B公司（卖方）签订了买卖海藻酸钠的合同。合同品质条款规定货物品质黏度：250~280cP。合同检验条款规定：“品质、数量、重量以中国商品检验机构或生产厂方所出之证明书为最后依据。”B公司出具了生产厂方出具的检验报告单，A公司对此并无异议。货到香港后，A公司根据与德国C公司签订的合同，未经检验就将货物运到C公司所在地，提交了检验证书，并声称所售货物黏度不小于280cP。货抵目的地后，C公司提出货物黏度达不到其与B公司所签订的合同规定的标准，并请瑞士的SGS商检机构对货物进行抽检，SGS出具了检验报告声明：“被抽检货物样品的黏度为108~111cP”，A公司向C公司支付了赔偿金。之后，认为其损失是由于B公司交货不合格所致。由于B拒绝承认上述损失的责任，A遂向中国国际经济贸易仲裁委员会提出仲裁请求。

思考题：

（1）仲裁会做出何种裁决？

（2）从本案中你得到何种启示？

3. 上海A公司与美商B签订买卖合同规定：双方发生争议应通过友好协商解决，如提出索赔，应提交必要的证明文件。如在证明文件提供之后要求索赔的请求未被对方接受，任何一方均有权在斯德哥尔摩提交仲裁。因履约中发生纠纷，B商于6月向斯德哥尔摩商会仲裁院提出仲裁。A公司以B商未按约定进行协商或索赔，不符合合同中仲裁条款的先决条件，且合同的仲裁条款中无仲裁机构，斯德哥尔摩商会仲裁院对本案无管辖权为由，于10月间向该仲裁院提出管辖异议。同时向上海市中级人民法院起诉，请求判令B商承担违约赔偿金××万美元。据此，B商遂向上海市中级人民法院申请执行。

思考题：

（1）对此，你认为我中级人民法院应如何处理？请申诉理由。

（2）从本案例中你得到何种启示？

4. 某年我国某公司与英国某公司成交某种食品1500M/T，每公吨CIF伦敦350英镑，交货期为当年5月至9月。由于我方公司当时缺货，只交货500M/T，其余的1000M/T经双方协调延至下一年度交货。次年，我国发生自然灾害，我方公司即以不可抗力为理由，要求免除未交货责任。但对方拒绝，并提出该食品市场价格上涨（上涨为390英镑左右），由于我方未交货已使其损失利润15万英镑，要求我方公司无偿供应其他品种的同类食品予以抵偿。我方公司对此项要求表示拒绝。

对方公司根据仲裁条款规定向中国仲裁机构提出仲裁申请。其仲裁申请书强调，我方公司所称不可抗力的理由不充分，并提出我方公司如不愿以其他品种的同类食品抵偿其损失，它即坚持索赔15万英镑。

分析：仲裁机构应如何对此案进行裁决？

第9章 进出口合同的商订和履行

学习目标

- 掌握交易磋商的四个环节
- 学会如何订立合同
- 理解合同履行的步骤

买卖双方就买卖商品的有关条件进行协商以期达成交易的过程，称为交易磋商，通常又叫作贸易谈判。在国际贸易中，交易磋商占有十分重要的地位，因为它是贸易合同订立的基础，可以说没有交易磋商就没有合同，交易磋商工作的好坏，直接影响到合同的签订及以后的履行，关系到双方的经济利益，必须认真对待。

首先，要求参加贸易谈判的业务人员不仅要具有认真负责的工作态度，同时要掌握较为广泛的外贸业务知识，除了一般商品知识外，还要了解运输、保险、国际结算等方面的知识，特别要提出的是，贸易谈判中还要涉及许多法律问题。对这些问题处理不当，不仅可能丧失交易机会，有时甚至会卷入法律纠纷，造成不良影响和经济损失。因此要求从事这项工作的有关人员还应掌握合同法方面的基本知识。

除此之外，还应该做好市场调研和客户调研，以便选择合适的销售市场，并对交易对象的资信和经营能力加以了解，做好谈判前的各项准备工作。

9.1 交易前的准备

在洽谈交易前，为了正确贯彻外贸政策，完成进出口任务，提高交易的成功率，各外贸公司必须认真做好交易前的各项准备工作。这些工作主要包括选配经贸洽谈人员，选择适当的目标市场，选择交易对象，制定进出口商品经营方案等。

9.1.1 选配经贸洽谈人员

为了保证洽商交易的顺利进行，事先应选配精明能干的洽谈人员，尤其是对某些大宗交易或内容复杂的交易，因事关重大，更应组织一个坚强的谈判班子。在这个谈判班子中，应当包括熟悉商务、技术、法律和财务方面的人员，他们要掌握洽谈技巧，善于应战和应变，并善于谋求一致，因为有较高素质的洽谈人员，是确保洽谈成功的关键。

9.1.2 选择适当的目标市场

在洽商交易之前，必须加强对国外市场的调查研究，诸如通过各种途径广泛了解市场供销状况、价格动态，各国有关进出口的政策、法规、措施和贸易习惯做法，以便从中择优选定适当的目标市场，并合理地确定市场布局。

对国外市场进行调研的主要内容，应包括下列几个方面：

1. 对国外市场进出口商品的调研

在国外同一市场上，销售着各国同类的商品，它们的市场占有率各不相同，这与商品的品质、规格、花色品种、包装装潢是否适应市场需要等有着密切关系。我们应摸清这些不同品种对市场的适销情况，特别要研究市场畅销品种的特点，以便主动积极地适应市场的需要，扩大我们的出口。同时，还要了解国外产品技术的先进程度、工艺程度和使用效能，以便货比三家，进口我们最需要的价格最合适的商品。

2. 对市场供求关系的调研

国际商品市场的供求关系是经常变化的，影响供求关系变动的因素很多，如生产周期、产品销售周期、消费习惯、消费水平、质量需求等，我们应根据市场供求变动的规律，并结合我国商品供应的可能和进口的实际需要，选择最适当的销售或采购市场。

3. 对国际商品市场价格的调研

国际商品市场价格除围绕国际价值经常上下波动外，还经常受到诸如经济周期、通货膨胀、垄断与竞争、投机活动、自然灾害、季节变动等社会的、经济的和自然的多种因素的影响。我们必须具体分析这些因素对价格的影响，并根据价格变动趋势，选择在最有利的市场推销商品和采购物资。

9.1.3　选择交易对象

在交易之前，对客户的资信情况要进行全面调查，分类排队，并选出成交可能性最大的合适的客户。客户资信调查的主要内容包括：

1. 支付能力

主要是了解客户的财力，其中包括注册资本的大小、营业额的大小、潜在资本、资本负债和借贷能力等。

2. 客户背景

客户背景主要是指客户的政治经济背景及其对我们的态度。凡愿意在平等互利原则的前提下同我们进行友好往来、贸易合作的客户，我们都应积极与他们交往。

3. 经营范围

经营范围主要是指企业经营的品种，经营的性质，经营业务的范围，合作还是独资经营，以及是否同我国做过交易等。

4. 经营能力

经营能力主要是指客户的活动能力、购销渠道、联系网络、贸易关系和经营做法等。

5. 经营作风

经营作风主要是指企业经营的作风和客户的商业信誉、商业道德、服务态度和公共关系水平等。

应当指出的是，在选择客户时，既要注意巩固老客户，也要积极物色新客户，以便在广阔的国际市场上，形成一个广泛的有基础和有活力的客户群。

了解客户的途径很多，例如：通过实际业务的接触和交往活动，从中考察客户；通过举办交易会、展览会、技术交流会、学术讨论会主动接触客户和进行了解；通过有关国家的商会、银行、咨询公司和各国民间贸易组织了解客户；从国内外有关专业性报刊和各种行业名录中了解客户和物色潜在客户。通过上述途径对客户有所了解，便可从中挑选出对我们最适合的成交对象。

9.1.4 制定进出口商品经营方案

为了更有效地做好交易前的准备工作，使对外洽商交易有所依据，一般都需事先制定经营方案，保证经营意图的贯彻和实施。

不同的出口商品所制定的经营方案是不同的，经营方案的内容及其繁简也不一，现将出口商品经营方案和进口商品经营方案分别介绍如下：

1. 出口商品经营方案

主要内容大致包括下列几方面：

（1）货源情况。其中包括国内生产能力、可供出口的数量，以及出口商品的品质、规格和包装等情况。

（2）国外市场情况。主要包括国外市场需求情况和价格变动趋势。

（3）出口经营情况。其中包括出口成本、创汇率、盈亏率的情况，并提出经营的具体意见和安排。

（4）推销计划和措施。包括分国别和地区，按品种、数量或金额列明推销的计划进度，以及按推销计划采取的措施，如对贸易方式和收汇方式的运用，对价格佣金和折扣的掌握。

对于大宗商品或重点推销的商品通常是逐个制定出口商品经营方案；对其他一般商品可以按商品大类制定经营方案；对中小商品，则仅制定内容较为简单的价格方案即可。

此外，出口商在出口交易前，还应在国内外进行商标注册，及时做好广告宣传工作。

2. 进口商品经营方案

进口商品经营方案是对外洽商交易、采购商品和安排进口业务的依据，其主要内容大致包括下列几方面：

（1）数量的掌握。根据国内需要的轻重缓急和国外市场的具体情况，适当安排订货数量和进度，在保证满足国内需要的情况下，争取在有利的时机成交，既要防止前松后紧，又要避免过分集中，从而防止饥不择食和盲目订购的情况出现。

（2）采购市场的安排。根据国别（地区）政策和国外市场条件，合理安排进口国别（地区），既要选择对我们有利的市场，又不宜过分集中在某一市场，力争使采购市场的布局合理。

（3）交易对象的选择。要选择资信好、经营能力强并对我们友好的客户作为成交对象，为了减少中间环节和节约外汇，一般应向厂家直接采购。在直接采购确有困难的情况下，也可通过中间代理商订购。由于各厂家的产品质量和成交条件不尽相同，订购时应反复比较、权衡利弊，从中选择对我们最有利的成交对象。

（4）价格的掌握。根据国际市场近期价格，并结合采购意图，拟订出价格掌握的幅度，以作为洽商交易的依据。在价格的掌握上，既要防止价格偏高，又要避免价格偏低，因为出价偏高，会造成经济损失，浪费国家外汇；出价偏低，则又完不成采购任务，找不到合适的卖主。总之，一般中小企业不需要制定经营方案时，往往都制定价格方案，以利掌握价格。

（5）贸易方式的运用。通过何种贸易方式进口，应根据采购的数量、品种、贸易习惯做法等酌情掌握。例如，有的可以通过招标方式采购，有的可按补偿贸易或易货方式进口，更多的是采用一般的单边进口方式订购。在经营方案中，对贸易方式的运用问题，一般应提出原则性意见，以利安排进口。

（6）交易条件的掌握。交易条件应根据商品品种、特点、进口地区、成交对象和经营意图，在平等互利的基础上酌情确定和灵活掌握。

9.2　交易磋商的形式、内容及程序

交易磋商在形式上可分为口头和书面两种。口头磋商主要是指在谈判桌上面对面地谈判，如参加各种交易会、洽谈会，以及贸易小组出访、邀请客户来华洽谈交易等，另外，还包括双方通过国际长途电话进行的交易磋商。口头磋商方式由于是面对面直接交流，便于了解对方的诚意和态度，以便针锋相对地采取对策，并可根据进展情况及时调整策略，争取达到预期的目的。这对于谈判内容复杂、涉及问题多的交易尤为适合。书面磋商是指通过信件、电报、电传等通信方式来洽谈交易。随着现代通信技术的发展，书面洽谈也越来越简便易行，而且费用与前者相比要低廉一些。它是日常业务中的通常做法。通过口头洽谈和书面磋商，双方在交易条件方面达成协议后，即可制作正式书面合同。

交易磋商的内容涉及拟签订的买卖合同的各项条款，其中包括品名、品质、数量、包装、价格、装运、保险、支付以及商检、索赔、仲裁和不可抗力等。从理论上讲只有就以上条款逐一达成一致意见，才能充分体现“契约自由”的原则。然而，在实际业务中，并非每次洽商都需要把这些条款一一列出、逐条商讨。这是因为，在普通的商品交易中，一般都使用固定格式的合同，而上述条款中的商检、索赔、仲裁、不可抗力等通常作为一般交易条件印就在合同中，只要对方没有异议，就不必逐条重新协商，这些条件也就成为双方进行交易的基础。在许多老客户之间，事先已就“一般交易条件”达成协议，或者双方在长期的交易过程中已经形成一些习惯做法，或者双方已订有长期的贸易协议。在这些情况下，也不需要在每笔交易中对各项条款一一重新协商。这对于缩短洽商时间和节约费用开支都是有益的。交易磋商的程序可概括为四个环节：邀请发盘、发盘、还盘和接受。其中，只有发盘和接受是每笔交易必不可少的两个基本环节或法律步骤。

9.2.1 邀请发盘

邀请发盘是指交易的一方打算购买或出售某种商品，向对方询问买卖该项商品的有关交易条件，或者就该项交易提出带有保留条件的建议。

邀请发盘在通常的交易中不是必不可少的环节，然而在一些特殊的贸易方式下，如招标投标、拍卖等，情况则有所不同。

邀请发盘可有不同形式，其中最常见的是询盘。

询盘是为了试探对方对交易的诚意和了解其对交易条件的意见。其内容可以涉及价格、规格、品质、数量、包装、交货期以及索取样品、商品目录等，而多数是询问价格，所以，通常将询盘称作询价。询盘可由买方发出，也可由卖方发出，可采用口头方式，亦可采用书面方式。书面方式除包括书信、电报、电传外，还常采用一种询价单进行询盘。用书信询盘时，除了说明要询问的内容外，一般还带有礼貌性的客套语言以及对交易内容的宣传，以达到诱使对方发盘的目的。电报、电传由于传递速度快，在业务中采用较多。但是用电报、电传询盘，文字要简洁明了，开门见山。

例 9-1：

买方询盘：

请报 500 辆飞鸽牌自行车成本加运费至新加坡的最低价，5 月装运，尽速电告。

卖方询盘：

可供 99% 铝锭，7 月装运，如有兴趣请电告。

邀请发盘的另一种常见做法是提出内容不肯定或附有保留条件的建议。这种建议对于发盘人没有约束力，它只是起到邀请对方发盘的作用。在业务中往往是卖方货源尚未落实，提出的条件带有不确定性，或者为争取较好的价格，同一批货向两个以上客户邀请发盘，以便择优成交。也有的是买方为了探询市场情况和便于进行比价，同时向多家供货商提出发盘的邀请。

这类邀请发盘从形式上看，有的内容不明确，如在提出价格时使用参考价或价格倾向；有的主要交易条件不完备，即使对方表示接受，仍需要商定其他主要交易条件，除非双方事先已有约定或有习惯做法；还有的附有保留条件，如在提出交易条件之后，注明“以我方最后确认为准”，或者“有权先售”等。这样即使提出的交易条件明确、完备，仍不能算是有效的发盘，而属于邀请发盘。

9.2.2 发盘

发盘是指交易的一方——发盘人，向另一方——受盘人提出购买或出售某种商品的各项交易条件，并表示愿意按这些条件与对方达成交易、订立合同的行为。

发盘既是商业行为，又是法律行为，在合同法中称为要约。发盘可以是应对方的邀请发盘做出的答复，也可以是在没有邀请的情况下直接发出。发盘多由卖方发出，这种发盘称作售货发盘，也可以是由买方发出，称作购货发盘或递盘。

例 9-2： 兹发盘 5000 打运动衫，规格按 3 月 15 日样品，每打 CIF 纽约价 84.50 美元，标准出口包装，5 至 6 月装运，以不可撤销信用证支付，限 20 日复到。

1. 发盘的构成条件

根据《公约》第十四条第（1）款："向一个或一个以上特定的人提出的订立合同的建议，如果十分确定，并且表明发盘人在得到接受时承受约束的意旨，即构成发盘。一个建议如果写明货物并且明示或暗示地规定数量和价格或者规定如何确定数量和价格，即为十分确定。"

从上述解释来看，构成一项发盘应具备四个条件：

（1）发盘要有特定的受盘人，受盘人可以是一个，也可以是一个以上，可以是自然人，也可以是法人，但必须特定化，而不能泛指广大的公众。因此，一方在报纸杂志或电视广播中做商业广告，即使内容明确完整，由于没有特定的受盘人，也不能构成有效的发盘，而只能看作邀请发盘。

（2）发盘的内容须十分确定。对于什么是"十分确定"，《公约》的解释是在发盘中明确货物，规定数量和价格，在规定数量和价格时，可以明示，也可以暗示，还可以只规定确定数量和价格的方法。《公约》的这一规定是符合有些国家如美国合同法有关规定的，按美国合同法的规定，对于发盘中没有规定的其他事项，可以在合同成立之后按照《公约》中关于买卖双方权利义务的有关规定来处理。但是在我国的外贸业务中，一般都要求在发盘中列明商品名称、品质或规格、数量、包装、价格、交货和支付等主要条件，这样，一旦对方接受，便可据以制作详细的书面合同。这样做既有利于减少事后的争执，也有利于合同的订立和履行。

（3）表明发盘人受其约束。这是指发盘人在发盘时向对方表示，在得到有效接受时双方即可按发盘的内容订立合同。

发盘中通常都规定有效期，作为发盘人受约束的期限和受盘人接受的有效时限。但规定有效期并非构成发盘的必要条件，如果发盘中没有明确规定有效期，受盘人应在合理时间内接受，否则无效。何谓"合理时间"，需视交易的具体情况而定，一般按惯例处理。

发盘人在规定有效期时要根据商品的特点和采用的通信方式来合理确定。

1）对于像粮谷、油脂、棉花、有色金属等初级产品，有效期的规定要短，因为它们的价格受交易所价格的影响，行情变化很快，而且这类商品多属大宗交易，成交金额大，如果有效期过长，一旦行情发生对发盘人不利的变动，他就会蒙受很大损失。

2）双方通信联系的方式不同，在规定有效期时也应有所考虑。如果是以电报、电传等方式联系，有效期可规定短一些；如果是采用航空信件方式洽商，有效期则应稍长一些，至少应包括邮程的时间。

发盘人在规定有效期时最好明确具体，而如果规定不明确，在执行中则会发生争执。例如有一个发盘中这样规定：

本发盘有效期 5 天。

这 5 天何时起算就不清楚，因而无法确定它的截止日期。在业务中，规定有效期时多采用明确截止日期的做法，例如：

发盘限 5 月 18 日复到。

发盘限 30 日复到我方。

发盘有效至星期四我方时间。

（4）发盘应传达到受盘人。构成发盘的第四个必备条件是，发盘必须被送达受盘人。这是《公约》和各国法律普遍的要求。发盘无论是口头的还是书面的，只有被传达到受盘人时才生效。

2. 发盘的生效和撤回

按照《公约》第十五条的解释，“发盘于送达受盘人时生效”。就是说发盘虽已发出，但在到达受盘人之前并不产生对发盘人的约束力，受盘人也只有在接到发盘后，才可考虑接受与否的问题，在此之前凭道听途说表示接受，即使巧合也属无效。

发盘发出之后，在其到达受盘人之前，发盘人能否改变主意将其撤回呢？答案是肯定的。按照《公约》第十五条第（2）款的规定：“一项发盘，即使是不可撤销的，也可以撤回，如果撤回的通知在发盘到达受盘人之前或同时到达受盘人。”这一规定是基于发盘到达受盘人之前对于发盘人没有产生约束力，因此，发盘人可以将其撤回。但是，这有个前提条件，就是发盘人要以更快的通信方式使撤回的通知赶在发盘到达受盘人之前到达受盘人，或起码与之同时到达。反之，如果发盘人做不到这一点，发盘的通知已先到达受盘人，发盘即已生效，对发盘人产生了约束力，这时发盘人再想改变主意，就不是撤回的问题，而是撤销的问题。

3. 发盘的撤销

发盘的撤销不同于撤回，它是指发盘送达受盘人，即已生效后，发盘人再取消该发盘，解除其效力的行为。

对于发盘生效后能否再撤销的问题，各国合同法的规定有较大分歧。英美等国采用的普通法认为，发盘在原则上对发盘人没有约束力。在接受做出之前，发盘人可以随时撤销发盘或变更其内容，例外的情况是，受盘人给予了“对价”；或者发盘人以签字蜡封的特殊形式发盘，但美国在《统一商法典》中对上述原则做了修改，承认在一定的条件下（发盘人是商人，以书面形式发盘，有效期不超过三个月）无对价的发盘亦不得撤销。大陆法中的德国法认为，发盘原则上对发盘人有约束力，除非他在发盘中已表明不受其约束。法国法虽然允许发盘人在有效期内撤销其发盘，但判例表明，他须承担损害赔偿的责任。

《公约》第十六条的规定是：“（1）在未订立合同之前，发盘可以撤销，如果撤销的通知于受盘人发出接受通知之前送达受盘人。（2）但在下列情况下，发盘不得撤销：（a）发盘中写明了发盘的有效期或以其他方式表明发盘是不可撤销的；或（b）受盘人有理由信赖该发盘是不可撤销的，而且受盘人已本着对该发盘的信赖行事。”以上规定表明，发盘在一定条件下可以撤销，而在一定条件下又不得撤销。可撤销的条件是在受盘人发出接受通知之前将撤销的通知传达到受盘人。不可撤销的条件有二：①发盘中明确规定了接受的有效时限，或者虽未规定时限，但在发盘中使用了“不可撤销”的字眼，如 Firm、Irrevocable 等，那么在合理时间内也不得撤销。②受盘人从主观上相信该发盘是不可撤销的，并且在客观上采取了与交易有关的行动，如寻找用户、组织货源等，这时，发盘人也不得撤销，因为这种情况下，发盘人再撤销发盘会造成较严重的后果。

4. 发盘的失效

对于发盘在什么情况下失去效力的问题，《公约》第十七条规定："一项发盘，即使是不可撤销的，也应于拒绝通知送达发盘人时终止。"就是说，当受盘人不接受发盘提出的条件，并将拒绝的通知送到发盘人手中时，原发盘就失去效力，发盘人不再受其约束。

除此之外，在以下情况下也可造成发盘的失效：

（1）受盘人做出还盘。

（2）发盘人依法撤销发盘。

（3）发盘中规定的有效期届满。

（4）人力不可抗拒的意外事故造成发盘的失效，如政府禁令或限制措施。

（5）在发盘被接受前，当事人丧失行为能力，或死亡，或法人破产等。

9.2.3 还盘

还盘是指受盘人不同意或不完全同意发盘人在发盘中提出的条件，为了进一步协商，对发盘提出修改意见，还盘可以用口头方式或者书面方式表达出来，一般与发盘采用的方式相符。还盘可以是针对价格，也可以是针对品质、数量、交货时间及地点、支付方式等重要条件提出修改意见。

例9-3：某商人（前面所举的运动衫发盘的受盘人）根据发盘做出如下答复：

1. 你10日电收悉，还盘每打70美元CIF纽约。

2. 你10日电收悉，装运期5月D/P远期30天。

上述第二种答复中虽未使用"还盘"字眼，但由于对发盘中规定的装运期和支付方式做出了修改，所以，它与第一种答复一样，也可以构成还盘。

在通常的贸易谈判中，一方在发盘中提出的条件与对方能够接受的条件不完全吻合的情况是经常发生的。特别是大宗交易中，很少有一方一发盘即被对方无条件全部接受的情况。因此，虽然从法律上讲，还盘并非交易磋商的基本环节，就是说，交易的达成可以不经过还盘这一环节，然而，在实际业务中，还盘的情况还是很多的。有时，一项交易须经多次还盘，才最后达成协议、订立合同。

需要注意的是，还盘是对发盘的拒绝。还盘一经做出，原发盘即失去效力，发盘人不再受其约束。一项还盘等于是受盘人向原发盘人提出的一项新的发盘。还盘做出后，还盘的一方与原发盘的发盘人在地位上发生了变化。还盘者由原来的受盘人变成新发盘的发盘人，而原发盘的发盘人则变成了新发盘的受盘人。新受盘人有权针对还盘的内容进行考虑，决定接受、拒绝或是再还盘。

9.2.4 接受

所谓接受，是指受盘人接到对方的发盘或还盘后，同意对方提出的条件，愿意与对方达成交易，并及时以声明或行为表示出来。这在法律上称作承诺。接受如同发盘一样，既属于商业行为，也属于法律行为。接受产生的重要法律后果是交易达成、合同成立。对有关接受的问题，在《公约》中也做了较为明确的规定。

1. 构成接受的条件

构成一项有效的接受，必须具备以下条件：

（1）接受必须由特定的受盘人做出。这一条件与构成发盘的第一项条件是相呼应的。发盘必须向特定的人发出，即表示发盘人愿意按发盘中提出的条件与对方订立合同，但这并不表示他愿意以这些条件与任何人订立合同。因此接受只能由受盘人做出，才具有效力，其他人即使了解发盘的内容并表示完全同意，也不能构成有效的接受。当然，这并不是说发盘人不能同原定受盘人之外的第三方进行交易，只是说，第三方做出的接受不具有法律效力，它对发盘人没有约束力。如果发盘人愿意按照原定的条件与第三方进行交易，他也必须向对方表示同意才能订立合同，因为，受盘人之外的第三方做出的所谓“接受”只是一种“发盘”的性质，并不能表示合同成立。

（2）接受必须表示出来。接受必须由受盘人以某种方式向发盘人表示出来。如果受盘人在思想上愿意接受对方的发盘，但默不作声或不做出任何其他行动表示其对发盘的同意，那么，在法律上并不存在接受。正如《公约》所规定的，缄默或不行动（Silence or Inactivity）本身不等于接受。这里所说的“不等于接受”意即“不能构成接受”。

（3）接受的内容必须与发盘相符。从原则上讲，接受的内容应该与发盘中提出的条件完全一致，才表明交易双方就有关的交易条件达成了一致意见，即所谓“合意”，这样的接受也才能导致合同的成立。而如果受盘人在答复对方的发盘时虽使用了“接受”的字眼，但同时又对发盘的内容做出了某些更改，这就构成有条件的接受，而不是有效的接受。因为有条件的接受属于还盘的性质。《公约》第十九条第（1）款中规定：“对发盘表示接受但载有增加、限制或其他变更的答复，即为拒绝该项发盘，并构成还盘。”

那么，是不是说受盘人在表示接受时，不能对发盘的内容做丝毫的变更呢？也不是的，根据《公约》的精神，这里的关键问题是看这种变更是否属于实质性的。什么叫实质性变更呢？“有关货物价格、付款、货物质量和数量、交货地点和时间、一方当事人对另一方当事人赔偿责任范围或解决争端等的添加或不同条件，均视为实质性变更发盘的条件”。实质性变更是对发盘的拒绝，构成还盘。非实质性变更的后果又是什么呢？《公约》中指出：“对发盘表示接受但载有添加或不同条件的答复，如所载的添加或不同条件在实质上并不改变发盘的条件，除发盘人在不过分迟延的期间内以口头或书面通知反对其差异外，仍构成接受。”这就告诉我们，如果受盘人对发盘内容所做的变更不属于实质性的，能否构成有效的接受，要取决于发盘人是否反对。如果发盘人不表示反对，则合同的条件就包含了发盘的内容以及接受通知中所做的变更。

在实际业务中，有时还需要判定一项接受是“有条件的接受”还是在接受的前提下的某种希望和建议，有条件的接受属于还盘，但如果受盘人在表示接受的同时提出某种希望，而这种希望不构成实质性修改发盘条件，应看作有效接受，而不是还盘。

（4）必须在有效期内接受。发盘中通常都规定有效期。这一期限有双重意义：

一方面它约束发盘人，使发盘人承担义务，在有效期内不能任意撤销或修改发盘的内容，过期则不再受其约束；另一方面，发盘人规定有效期，也是约束受盘人，只有在有效期内做出接受，才有法律效力。如果发盘中未规定有效期，则应在合理时间内接受方为有效。

在国际贸易中，由于各种原因，导致受盘人的接受通知有时晚于发盘人规定的有效期送达，这在法律上称为“迟到的接受”。对于这种迟到的接受，发盘人不受其约束，不具有法律效力。但也有例外的情况，《公约》第二十一条规定迟到的接受在下列两种情况下仍具有效力：

1）如果发盘人毫不迟延地用口头或书面形式将表示同意的意思通知受盘人。

2）如果载有迟到的接受的信件或其他书面文件表明，它在传递正常的情况下是能够及时送达发盘人的，那么这项迟到的接受仍具有接受的效力，除非发盘人毫不迟延地用口头或书面方式通知受盘人，他认为发盘已经失效。

第 1）款规定：在一定条件下，迟到的接受仍有效力。条件是由发盘人确认，并且毫不迟延地通知受盘人。通知的方式可以是口头的，也可以是书面的，而如果发盘人不及时通知，这项接受就失去效力。这一规定的意义在于，它既保证了发盘人的正当权益（即他所承受的约束仍以发盘中所规定的有效期为限，过期不再受约束），同时，又照顾到贸易实务中许多难以预料的情况。为了促成交易，特别做出这项规定。

第 2）款规定：如果迟到的接受并非受盘人的过失，而是传递方面造成的失误，就是说，受盘人已按期发出了接受，如果传递正常的话本可以及时送达发盘人的，那么，这种迟到的接受仍具有效力。除非发盘人及时通知受盘人，他认为发盘已经失效。反过来说，如果发盘人没有及时表态，而受盘人又能证明接受迟到不属于他的责任，那么该接受即有效。总而言之，在接受迟到的情况下，不管受盘人有无责任，决定该接受是否有效的主动权在发盘人。

2. 接受的方式

《公约》第十八条第（1）款规定：“受盘人声明或做出其他行为表示同意一项发盘，即为接受，沉默或不行动本身不等于接受。”根据这项规定，可见接受必须用声明或行为表示出来。声明包括口头和书面两种方式。一般说来，发盘人如果以口头发盘，受盘人即以口头表示接受；发盘人如果以书面形式发盘，受盘人也以书面形式来表示接受。例如，发盘人在电报中提出的交易条件被受盘人接受了，受盘人在电报中答复如下：

“YOUR May 15th ACCEPTED”

除了以口头或书面声明的方式接受外，还可以用行为表示接受。《公约》第十八条第（3）款对这一问题做了解释，根据该项发盘或者依照当事人之间确立的习惯做法或惯例，受盘人可以做出某种行为，例如与发运货物或支付货款有关的行为，来表示同意。这说明只要发盘中有规定，或者当事双方之间有习惯做法或惯例，受盘人即可不以声明而以行为来表示接受。例如，买方在发盘中提出交易条件，卖方同意其条件并及时发运货物，或者买方同意卖方在发盘中提出的交易条件并随即支付货款或开出信用证。上述做法主要是为了争速度、抢时间，它改变了国际贸易中传统的先经过磋商达成协议，订立合同，而后再履行合同的做法。这种做法在有些国家是不适用的，主要是有些国家，在有关的合同法中要求以书面形式订立合同方有效，这就排除了以行为表示接受的做法。

3. 接受的生效和撤回

关于接受在什么情况下生效的问题是一个很重要的问题，然而对于这一问题的规定，国际上不同的法律体系存在着明显的分歧，英美法系实行的是“投邮生效原则”（又称“投邮主义”或“发送主义”），这是指在采用信件、电报等通信方式表示接受时，接受的函电一经投邮或发出立即生效，只要发出的时间是在有效期内，即使函电在邮途中延误或遗失，也不影响合同的成立。大陆法系中以德国法为代表采用的是“到达生效原则”，即表示接受的函电须在规定时间内送达发盘人，接受方生效，因此，函电在邮递途中延误或遗失，合同不能成立。

《公约》采纳的是到达生效的原则，在第十八条中明确规定“接受发盘于表示同意的通知送达发盘人时生效”，这是针对以书面形式进行发盘和接受时的规定。如果双方以口头方式进行磋商，则接受何时生效呢？《公约》的解释是“对口头发盘必须立即接受，但情况有别者不在此限”，就是说，受盘人如果同意对方的口头发盘，就马上表示同意，接受也随即生效，但如果发盘人有相反的规定，或双方另有约定则不在此限。另外，前面已提到受盘人除以口头或书面声明的方式表示接受外，还可以行为表示接受。那么这种以行为表示的接受何时生效呢？《公约》中也有说明：“接受于该项行为做出时生效，但该项行为必须在上一款规定的期限内做出。”

关于接受的撤回问题，由于《公约》采用的是到达生效原则，因而接受发出后在一定条件下是可以撤回的。《公约》第二十二条规定：“接受得予撤回，如果撤回的通知于接受原应生效之前或同时送达发盘人。”这一规定说明，受盘人发出了接受通知之后，如果反悔，他可以撤回其接受，但条件是，他须保证使撤回的通知赶在接受到达发盘人之前，传达到发盘人，或者二者同时到达。而如果按照英美法系的“投邮生效原则”，接受一经投邮立即生效，合同就此成立，就不存在接受的撤回问题了。

9.3 合同的成立和书面合同的签订

9.3.1 合同有效成立的条件

前一节已经谈到，一方的发盘一经对方有效接受，合同即告成立，但合同是否具有法律效力，还要视其是否具备了一定的条件。不具法律效力的合同是不受法律保护的。因此，了解和掌握合同有效成立的条件非常重要。

一个合同究竟具备哪些条件才算有效成立，各国的法律规定不尽相同。综合来看，主要要求具备以下几项：

（1）当事人必须在自愿和真实的基础上达成协议。绝大多数国家的法律都做了如上规定。这是我国涉外经济合同，包括国际货物买卖合同有效成立的实质条件。

如果当事人不能达成协议，就不存在合同。而且，协议必须建立在当事人自愿和真实的基础上。

（2）当事人必须具有订立合同的行为能力。

（3）合同必须有对价和合法的约因。对价是英美法的一种制度，是指合同当事人之间所提供的相互给付，即双方相互有偿。例如，在买卖合同中，买方支付货款是为了得到卖方提交的货物，而卖方交货是为了取得买方支付的货款，买方支付和卖方交货就是买卖双方的相互给付，就是买卖合同的对价。约因是大陆法所强调的，它是指当事人签订合同所追求的直接目的。

买卖合同只有在有对价或约因的情况下，才是有效的。否则，它得不到法律的保障，是没有强制执行力的。

（4）合同的标的和内容必须合法。几乎所有国家的法律都要求当事人所订立的合同必须合法，并规定，凡是违反法律、违反善良风俗与公共秩序的合同，一律无效。我国《合同法》第七条规定：“当事人订立、履行合同，应当遵守法律、行政法规，尊重社会公德，不得扰乱社会经济秩序，损害社会公共利益。”否则，合同无效。

（5）合同的形式必须符合法律规定的要求。《公约》对国际货物买卖合同的形式，原则上加以限制。无论采用书面方式还是口头方式，均不影响合同的效力，《公约》第十一条明确规定：“销售合同无须以书面订立或证明，在形式方面不受任何其他条件的限制。销售合同可以用包括证明人在内的任何方式证明。”但《公约》允许缔约国对该条的规定提出声明予以保留。

以上是合同成立的条件。一个合同只有符合了如上条件，才具有法律效力，才能得到法律的承认和受到法律保护，因此，我们在实际业务中，尤其在与外商商订合同时，对此要严格遵守，善加运用。

9.3.2　书面合同的签订

买卖双方经过磋商，一方的发盘被另一方有效接受，交易即达成，合同即告成立。但在实际业务当中，按照一般习惯做法，买卖双方达成协议后，通常还要制作书面合同将各自的权利和义务用书面方式加以明确，这就是所谓的签订合同。

1. 书面合同的意义

（1）是合同成立的证据。相对以口头协商达成的交易，书面合同的作用和意义尤为明显。因此，尽管有些国家的合同法并不否认口头合同的效力，但在国际贸易中，一般多要求签订书面合同，以“立字为据”。

（2）是履行合同的依据。无论是口头还是书面协议，如果没有一份包括各项条款的合同，则会给合同的履行带来诸多不便。

（3）有时是合同生效的条件。一般情况下，合同的生效是以接受的生效为条件的，只要接受生效，合同就成立。这是多数国家合同法的规定。但有些国家的合同法例外。

2. 书面合同的形式

在国际上，对货物买卖合同的形式，没有特定的限制。从事进出口贸易的买卖双方，可采用正式的合同、确认书、协议，也可采用备忘录等形式。此外，还有意向书、订单和委托订购单等。

（1）合同和确认书。在实际工作中，我外贸企业所采用的书面合同的形式，主要是合同（Contract）和确认书（Confirmation）。从法律效力来看，这两种形式的书面合同没有区别，所不同的只是格式和内容的繁简有所差异。合同的内容全面，条款齐全，对买卖双方的权利、义务以及发生争议后的处理都有全面的规定，适用于大宗商品或成交金额较大的交易。确认书的条款比较简单，一般省略了索赔、不可抗力、仲裁等条款，适用于金额不大的交易，如轻纺产品、土特产品的交易。

合同又可为销售合同（Sales Contract）和购货合同（Purchase Contract），前者是指由卖方草拟提出的合同，后者是由买方草拟提出的合同。确认书是合同的简化形式，它又可分为销售确认书（Sales Confirmation）和购货确认书（Purchase Confirmation），前者是卖方出具的确认书，后者是买方出具的确认书。

我外贸企业一般都印有固定的格式，于成交后，由业务员按双方谈定的交易条件逐项填写即可。合同和确认书虽然在格式、条款项目的设立和措辞上有所不同，但作为合同主体的双方协议一致的交易条件，都应完整、明确地加以订立。经买卖双方签署的合同和确认书，都是法律上有效的文件，对买卖双方有同样的约束力。

（2）协议。“协议”或“协议书”（Agreement），在法律上是“合同”的同义词。因为合同本身就是当事人为了设立、变更或终止民事权利义务关系而达成的协议。书面合同如冠以“协议”或“协议书”的名称，只要它的内容对买卖双方的权利和义务已做了明确、具体和肯定的规定，它就与合同一样对买卖双方有约束力。如果买卖双方所洽谈的交易比较复杂，经过谈判后，商定了一部分条件，还有一部分条件有待进一步商洽，在此情况下，双方可先签订一个“初步协议”（Preliminary Agreement）或“原则性协议”（Agreement in General）把双方已商定的条件确定下来，其余条件容后再行洽谈；还应在这种协议内订明“本协议属初步性质，正式合同有待进一步洽商后签订”（This Agreement is of preliminary nature，a formal contract will be signed after further negotiation），或做出其他类似意义的声明，以明确该协议不属正式有效的合同性质，防止引起误解。

（3）备忘录。备忘录（Memorandum）也可作为书面合同的形式之一，虽然在我外贸实际工作中较少使用。如果买卖双方商定的交易条件，明确、具体地在备忘录中一一做了规定，并经双方签字，那么，这种备忘录的性质与合同无异。但是，如双方经洽谈后，只是对某些事项达成一定程度的理解或谅解，并将这种理解或谅解用“备忘录”的形式记录下来，作为双方今后交易或合作的依据，或作为初步协议供将来进一步洽谈的参考，这种备忘录可冠以“理解备忘录”或“谅解备忘录”（Memorandum of Understanding）的名称，它在法律上不具有约束力。

（4）意向书。在交易磋商尚未最后达成协议前，买卖双方为了达成某项交易，将共同争取实现的目标、设想和意愿，有时还包括初步商定的部分交易条件，记录于一份书面文件上，作为今后进一步谈判的参考和依据。这种书面文件可称为“意向书”（Letter of Intent）。意向书只是双方当事人为了达成某项协议所做出的一种意愿的表示（Expression of Intentions），它不是法律文件，对有关当事人没有约束力。

但根据意向书，有关当事人彼此负有道义上的责任，在进一步洽谈时，一般不应与意向书中所做的规定偏离太远。

（5）订单和委托订购单。订单（Order）是指由进口商或实际买户拟制的货物订购单。委托订购单（Indent）是指由代理商或佣金商拟制的代客购买货物的订购单。在出口业务中，我外贸企业于交易达成后，都主动缮制销售合同或确认书正本一式两份，经签署后寄送国外客户，要求其签署后退回一份，以备存查。但是，国外客户也往往将它们拟就的订单或委托订购单寄来一份，以便我方据以履行交货和交单等合同义务；有的还寄来正本一式两份，要求我方签署后退回一份。这种经磋商成交后寄来的订单或委托订购单，实际上是国外客户的购货合同或购货确认书。有时，事先并未与我进行过磋商，国外客户径自寄来订单或委托订购单。对这类订单或委托订购单，我方就得按照其具体内容区别其为发盘还是发盘邀请，认真研究其内容后，决定是否与之交易，并及时答复对方。如果国外客户是在与我达成交易、订立合同后寄来的订单或订购单，我方即使不予签退，也应仔细审阅其内容，若发现其中有些条款与双方磋商协议一致的条件不符或另有添加、更改的，则应分别按情况予以处理。若不符或添加、更改的情况并不严重、性质轻微，我方可以考虑接受。但如果涉及实质性改变、出入较大，我方不能接受的，就应及时向对方明确提出异议，而不能保持沉默，置之不理。否则，就会被对方认为我方已默认其订单或订购单中所列的条款。有些国外商人签发的订单或订购单上还列有：限期提出异议，逾期不提出异议作为同意的条款。对这种订单或订购单，如我方审阅后发现问题，更应在限期内尽速提出异议，以免造成被动。

3. 书面合同的内容

合同的内容要求订得完整、全面，一般包括三个部分：约首、本文和约尾。

（1）约首。约首包括开头部分或序言、合同名称、编号、缔约日期、缔约地点、缔约双方的名称和地址等。

在合同的开头或序言部分，一般表明双方签约的依据，如根据××年××月××日来电、××订单、报价单等。

合同的编号，应根据自己企业的实际需要自行编组，最后形成一定的次序，便于以后查找。一般而言，编号可以由公司简称、年份及序号三部分构成，如 XY-20-008。应该注意的是，合同号码不能重复使用，否则在出口退税等业务中将会产生麻烦。

缔约地点应明确规定，因为如果在合同中未对合同适用的法律做出规定，根据有些国家的法律规定和贸易习惯的解释，可适用合同缔约地国家的法律。

缔约双方的名称和地址应列明全称和详细地址，有些国家法律规定这是合同正式成立的条件。

（2）本文。本文是合同的主体部分，规定了双方的权利和义务，包括主要的交易条款和一般交易条件两个方面。

主要的交易条款是每笔交易买卖双方权利义务关系的具体内容，必须在合同中列明，缺一不可，它们是合同的实质性条款。主要的交易条款有：品名和品质规格条款、数量条款、包装条款、价格条款、运输条款和支付条款。

买卖双方初次交易时，可先就一般交易条件取得协议。一般交易条件主要有：商品检验、保险、仲裁、人力不可抗拒和索赔等。这些是适用于各笔交易的条款。买卖双方首次交易就上述各项的解释和范围等取得一致意见，其后每笔交易都可沿用，不必再逐笔进行磋商。习惯上一般交易条件在空白合同的背面印就。

（3）约尾。约尾包括合同的份数、所使用的文字和效力，以及双方的签字，有的合同还规定了合同的生效日期。如果合同需要一些附录，如商品的说明书的功能，则应在约尾写明“××构成合同不可分割的一部分”。

为了提高履约率，我们在规定合同内容时，应当考虑周全，力求使合同中的条款明确、具体、严密和相互衔接，且与磋商的内容一致，以利于合同的履行。

4. 销售合同制作要点

在国际贸易中应填写的合同内容一般包括合同号码，买卖双方的名称和地址，货物的品名、规格、数量、单价、总值、包装、唛头，以及装卸港、支付条件、签约日期和地点等。

（1）合同号码（Contract No.）。

合同号码有时写在合同标题之后，即 Contract 的后面，有时则写在其右下方。

（2）买卖双方的名称和地址（Sellers/Buyers）。

填写此项时，注意不可将买卖双方的名称和地址颠倒。

（3）商品名称（Commodity）。

在填写商品名称时，要注意名称的第一个字母要大写，如“花瓶”Flower Vase。

（4）规格（Specifications）。

注意不同的商品有不同的规格，不同的商品规格也有不同的表达方式。例如：“货号 1212” Art. No. 1212。

（5）数量（Quantity）。

数量通常用数字表示，计量单位用英文单词或缩写。例如：

“2000 打” 2000 dozen

（6）单价（Unit Price）。

填写单价一般由介词“at”开头（有时可以省略），后跟表示币别的缩写字母再加上该货币的符号，然后写出每单位数量的价码，最后写出价格术语。

（7）总值（Total Value）。

填写总值时，最好用大小写两种写法，即先用数字后用文字。

使用文字时要注意三点：

1）第一个词用“Say”，最后用“Only”一词（没有小数时）。

2）每个单词的第一个字母大写，或者所有字母都大写。

3）币别也可写在后面。

（8）包装（Packing）。

常见的包装表达法有：

1）“in”用某物包装，用某种形式装货，如“in case”。

2）“in... of... each ”或“in... , each containing... ”，即用某物包装，每件装多少。

（9）唛头（Shipping Mark）。

唛头条款一般由卖方或买方选定，英文用“at Seller's option”或“at Buyer's option”来表示。

（10）保险（Insurance）。

保险条款的内容一般包括由谁投保（to be covered by...）、投保险别（against... risks）、投保金额（for... amount）、保险条款规定执行的依据（as per...）。例如：

由卖方根据中国人民财产保险股份有限公司的CIC，按发票金额的110%投保一切险和战争险。

To be covered by the Sellers for 110% of the invoice value against ALL Risks and War Risks as per CIC of PICC P & C.

（11）装运期（Time of Shipment）。

填写这一项要注意有关装运的表达法：

1）某年某月装运：英文要先写月份后写年份，月份前的介词“in”或“during”加不加均可。例如：

2020年3月（in）March 2020

2）转船：在某地转船用介词短语“with transshipment at...”来表示。

3）分批装运：分批装运需要具体说明分几批，从何时开始，是否每批等量装运，按月分批还是按季度或星期。英语表达法是in... equal monthly/weekly installment beginning from...

（12）装卸港（Port of Shipment & Destination）。

装卸港包括装运港和目的港，也可以用介词短语“from... to...”来表示。

（13）支付条件（Terms of Payment）。

表示支付方式的短语用介词“by”引导。

（14）签约日期与地点。

作为填制合同的最后一项内容，其一般的格式为Done and signed in... on this... day of...，在介词in后填上地点，在this后填上日期，在of后填上月份和年份。

【小资料9-1】

销售合同样单

SHANGHAI TEXTILES IMP. & EXP. ENTERPRISES CO, LTD

SALES CONTRACT

TO：

OVERSEAS TRADING CORP.	NO.：01XDJJD－14778
SINGAPORE	Date：Oct. 16，2016

THE BUYER AND SELLER HAVE AGREE TO CONCLUDE THE FOLLOWING TRANSACTIONS ACCORDING TO THE TERMS AND CONDITIONS STIPULATED BELOW：

Commodity & Specifications	Quantity	Unit Price	Total Value
LADIES'55% ACRYLIC 45% COTTON KNITTED BLOUSE, ART. NO. H32331SE	60 000DOZS	CIFC5% SINGAPORE USD118. 00	USD7 080 000
TOTAL	60 000DOZS		USD7 080 000

SAY TOTAL (IN WORDS): SAY US DOLLARS SEVEN MILLON EIGHTY THOUSAND ONLY.

PACKING: IN CARTON

INSURANCE: TO BE COVERED BY THE SELLER FOR 110% OF INVOICE VALUE AGAINST ALL RISKS AND WAR RISKS AS PER THE OCEAN MARINE CARGO CLAUSE OF PICC DATED JAN. 1ST, 1981.

TERM OF SHIPMENT: FORM SHANGHAI TO SINGAPORE DURING DEC.

TERM OF PAYMENT: AN IRREVOCABLE SIGHT LETTER OF CREDIT

THE BUYER:
OVERSEAS TRADEING
CORPORATIONSINGAPORE

THE SELLER:
SHANGHAI TEXTILES
IMP. & EXP. ENTERPRISES CO, LTD

9.4 合同的履行

9.4.1 出口合同的履行

买卖双方经过交易磋商、签订出口合同以后，就进入了出口合同的履行阶段。高质量地完成外贸出口任务，不仅取决于合同的磋商和签订工作，而且更有赖于双方切实地按合同规定履行各自的义务。

在不同的贸易条件下，出口合同履行过程中所包括的工作环节和手续是不一样的。我国的出口贸易除大宗交易有时采用 FOB 贸易术语外，多数采用 CIF 和 CFR 贸易术语和凭信用证支付方式。以目前使用最多的采用 CIF 贸易术语和凭不可撤销即期议付信用证支付的交易为例，履行出口合同必须切实做好准备货物、落实信用证、安排装运和制单结汇等环节的工作，换言之，货（备货）、证（催证、审证、改证）、船（租船订舱、装船）、款（制单、结汇）四个基本环节构成了出口合同履行的必要程序，它们之间是相互联系、相互依存的关系。

对出口企业来说，在出口合同履行过程中，具体地要做好“四排队”“三平衡”工作。“四排队”是指以买卖合同为对象，根据合同项下的货物是否备妥、信用证是否开到，按四种情况进行分析排队，即“有证有货”“有证无货”“无证有货”“无证无货”。“三平衡”是指以信用证为依据，根据信用证规定的装运期和到期日的远近，结合货源和运输能力的具体情况，分清轻重缓急，力求做到“货、证、运（船）”三方面的有效衔接，保证按时交付和装运货物，保证出口合同得以顺利履行。

1. 准备货物

出口合同履行之前，首先要做的就是准备货物。根据合同规定的质量、数量、包装和交货时间的要求，进行货物的准备工作，是为了保证按时、按质、按量履行出口合同的交货义务。

（1）备货。备货工作的具体内容主要包括：向生产厂家或供货部门安排生产或催交货物，然后核实检查应收货物的质量、数量和包装状况，并对货物进行验收。有的商品进仓后，尚需根据出口合同规定再次进行整理、加工和包装，并在外包装上加刷唛头和其他必要的标志，如运输标志、指示性标志、警告性标志等，这种通过在货物上加标记等方式将货物划归有关合同的行为，在法律上又称“特定化”，这对货物风险的转移是很重要的。

在出口备货时，一般要注意以下几个问题：

1）货物的品质、规格及花色搭配必须与合同规定完全一致，对不符合规定的商品应立即更换，否则对方有可能拒收货物并提出索赔。

2）备货的数量应略多于合同规定的数量。即备货的数量不仅应保证满足合同或信用证对数量的要求，还应适当留有余地，备作装船时可能发生的调换和适应舱容之用。

3）出口货物的包装材料、包装方法等应尽量与合同规定一致。出口人要认真检查出口货物包装是否出现破漏、水渍等不良情况，以及包装是否适合合同规定的运输方式。一旦发现包装损坏或与特定运输方式不相适应，就要立即更换或修理。另外，为避免货物在运输途中被盗，在外包装上不应标注可以识别货物种类的标签或货物的品牌。

4）出口运输包装上货物的唛头既要与合同或信用证中的规定完全一致，又要符合进口国的有关规定，而且要做到字迹清晰、位置醒目、刷制正确。如果合同规定由买方设计唛头，而买方开来的信用证中又未对唛头做出规定，出口人应要求对方及时交来唛头图案，否则出口人有权自行决定唛头图案。

5）备货时间应根据信用证规定的交货时间和期限而定，并结合船期安排，以利于船货衔接。避免船等货或货等船的现象，避免不必要的费用开支。

6）卖方交付的货物必须是任何第三方不能根据工业产权或其他知识产权提出任何权利或请求的。即卖方应保证对所售货物享有合法的完全的所有权。也就是说，卖方不能把非法侵占他人权利得来的货物出售给买方，而且还应保证准备交付的货物是第三方不能根据工业产权或其他知识产权主张任何权利或请求的。

7）若出口货物是比较特殊、不易转售的货物，出口人最好在收到买方开来的信用证并审核无误后再开始备货，这样就不会因对方违约（如拒不开证）而使自己陷于被动。

（2）报检。出口报检是出口生产、经营单位在报关前向产地/组货地海关提出检验检疫申请。目前，我国通过“单一窗口”实现报关报检，对进出口货物全面实施一次查验，凭海关放行指令提离货物，实现一次放行。

1）凡属于法定检验的出口商品，在规定的地点和期限内，持出口合同、信用证副本、发票、装箱单以及其他必要的单证向海关报检。海关应当在不延误装运的期限内，实施检验检疫。

2）对于不属于法定检验范围内的出口商品，出口合同约定由海关检验的，也须按合同规定，持买卖合同等有关单证向海关报检，由海关实施或组织实施检验或检疫，在取得检验合格并能证明货物符合合同规定的证书之后，方可收取货款，并以此作为交接货物的依据。

3）凡属危险货物，同时需要查验和检验检疫的货物，由计算机系统进行指令对碰，对碰成功后，根据对碰信息确定作业时间，查验人员和检验检疫人员根据职责在查验场地实现一次查验。

2. 落实信用证

在履行以信用证付款合同时，落实信用证是履行出口合同不可缺少的重要环节。落实信用证通常包括催证、审证和改证三项内容。当买方未按合同规定的时间开来信用证，或我企业作为卖方根据货源和运输情况可提前装运时，可以某种方式催促对方及时办理开证手续，以便卖方履行交货义务。而当买方开来信用证时，我方就必须对开证行及信用证内容进行认真审查和核对，如发现与合同有重大不符，而我方又不愿接受，应及时向买方发出要求修改信用证的通知。

（1）催证。

履行出口合同，对买方来说，应严格按照合同的规定按时开立信用证。在正常情况下，买方最迟应在货物装运期之前 15 天（有时也规定 30 天）将信用证开到卖方手中。但在实际业务中，有时国外进口人在遇到市场发生变化或资金发生短缺的情况时，往往会拖延开证。对此，我们应催促对方迅速办理开证手续，必要时，也可请我国驻外机构或有关银行协助代为催证。特别是大宗商品交易或按照买方要求而特别定制的商品的交易，更应结合备货情况进行及时催证。例如通过电传催证：Sales Contract No. 9403 Goods are ready. Please rush to open the relevant L/C（9403 号合同项下的货已备妥，请速开信用证）。

催开信用证不是履行每一个出口合同都必须做的工作，通常在下列情况下才有必要进行：

1）出口合同规定的装运期较长（如 3 个月或 6 个月），而买方应在我方装运期之前的一定时日（如 30 天）开立信用证者，我方应在通知对方预计装运期的同时，催请对方开证。

2）买方在出口合同规定的期限内未开立信用证，我方可根据合同规定向对方要求损害赔偿或者同时宣告合同无效。但如不需要立即采取这一行动时，仍可催请对方开证。

3）如果我方根据备货和承运工具的情况，可以提前装运时，则可请对方提前开证。

4）即使开证期限未到，但发现客户资信不好，或者市场情况有变，也可催促对方开证。

（2）审证。

信用证是一种银行开立的有条件的付款保证文件。信用证是按合同开立的，信用证内容应该与合同一致。但在实践中，由于种种原因，如工作的疏忽、电文传递的错误、贸易习惯的不同、市场行情的变化或进口人有意利用开证的主动权在信用证上加列有利于自己利益的条款等，往往会出现开立的信用证与合同规定不符的情况。

在我国，审核信用证是银行与出口人的共同责任。由于银行与出口人的分工不同，因而在审核内容上各有侧重。银行着重负责审核有关开证申请人的资信、付款责任以及索汇路线方面的条款和规定，出口人则着重审核信用证的条款是否与买卖合同的规定相一致。

对信用证内容的审核，一般包括：

1）审核开证行和保兑行的资信。开证行和保兑行的资信对于出口人安全收汇很重要，因此，对于它们的资信情况要进行审核，特别是出口大宗货物时，更要认真审核。另外，对于大宗货物出口，可要求允许分批装运、分期收汇，以减少风险。

2）审核开证申请人和受益人。开证申请人大都是买卖合同的对方当事人（买方），但也可能是对方的客户（实际客户或第二买主），因此，对其名称和地址均应仔细核对，防止张冠李戴，错发错运。受益人通常是我方出口人，是买卖合同的卖方，但我方企业有时需要更名，地址也可能改变，因此必须保持同步和正确无误。

3）审核商品名称、规格、数量、包装等条款。这些内容要与合同一致。如果信用证有一些特别规定，要充分考虑是否做得到，是否能全部接受，否则，要求银行改证。

4）审核信用证的金额。首先，应注意信用证金额与开证行资信能力是否相称，如不相称，为了确保安全收汇，要采取适当安全措施或干脆不予接受。其次，信用证金额一般应与合同金额相符。信用证上金额总值的阿拉伯数字和大写文字必须一致，若不一致，应要求改正。信用证金额是开证行承担付款责任的最高金额，因此，发票和/或汇票金额不能超过信用证金额，否则将被拒付。所以，如果合同订有商品数量的“溢短装”条款时，信用证金额也应包括“溢装”部分的金额在内，按溢装幅度增加或规定相应的机动条款。信用证未按此规定的，不能溢装，但允许低于信用证金额5%以内的发票金额。

5）审核采用的货币。信用证所使用的货币，对协定国家（地区）应符合协定规定的货币；非协定国家（地区）的，信用证规定的支付货币应与合同规定相同，如不一致，应按我国银行的外汇牌价表折算成合同货币，在不低于或相当于原合同货币金额时，才能接受。

6）审核到期日、到期地点、交单期和最迟装运期。按国际惯例，信用证均规定一个交单付款或议付的有效期（或称到期日）。所以，未注明到期日的信用证不能使用。凡晚于到期日提交的单据，银行有权拒收。如信用证规定的到期地点在国外，最好能修改，否则要提前交单，以免过期。交单期是信用证规定的最晚向银行交单议付的日期，一般为提单日期后21天交单。

如交单期先到期，出口人到议付行议付的最后期限应以交单期为准。如信用证到达太晚或由于生产、船舶问题等原因，不能按期装运，应及时电请国外买方延展装运期。信用证的有效期与装运期应有一定的合理间隔（一般为 10 ~ 15 天），以便在货物装船后有足够的时间进行制单结汇等工作。如信用证的有效期和装运期是同一时间，即为“双到期”的信用证，可根据我企业能否提前装运而决定是否让对方修改有效期，如果接受，应在装运期内提前 10 ~ 15 天完成装运。

此外，还应对装船和分批装运条款、信用证的付款方式、特殊条款等按照买卖合同条款，参照《UCP600》的规定和解释逐条对照做详细审核。

（3）改证。

在审核信用证中发现属于不符合我国对外贸易政策，影响合同履行和安全收汇等情况，我们必须要国外客户修改信用证，并坚持在收到银行修改信用证通知书后才能装运。修改信用证流程通常是：卖方审证→函电要求买方修改→买方通知开证行改证→开证行改证并转交通知行→通知行再将改证转交卖方。《UCP600》第十条对修改信用证做了详细和具体的规定：

1）除第三十八条另有规定者外，未经开证行、保兑行（如有的话）及受益人同意，信用证既不得修改，也不得撤销。

2）开证行自发出修改之时起，即不可撤销地受其约束。保兑行可将其保兑扩展至修改，并自通知该修改时，即不可撤销地受其约束。但是，保兑行可以选择将修改通知受益人而不对其加具保兑。若然如此，它必须毫不延误地将此告知开证行，并在其给受益人的通知中告知受益人。

3）在受益人告知通知修改的银行其接受该修改之前，原信用证（或含有先前被接受的修改的信用证）的条款对受益人仍然有效。受益人应提供接受或拒绝修改的通知。如果受益人未能给予通知，当交单与信用证以及尚未表示接受修改的要求一致时，即视为受益人已做出接受修改的通知，并且从此时起，该信用证被修改。

4）通知修改的银行应将任何接受或拒绝的通知转告发出修改的银行。

5）对同一修改的内容不允许部分接受，部分接受将被视为拒绝修改的通知。

6）修改中关于除非受益人在某一时间内拒绝修改否则修改生效的规定应被不予理会。

修改信用证时应注意以下问题：

为防止作伪，便于受益人全面地履行信用证条款规定的义务，信用证的修改通知书应当通过原信用证的通知行转递或通知。例如，由开证人或开证行直接寄来的，应提请通知行证实。对于可接受或已表示接受的信用证修改书，应立即将其与原信用证附在一起，并注明修改次数（如修改一次以上），这样可防止使用时与原信用证脱节，造成信用证条款不全，影响及时安全收汇。

3. 安排装运

按 CFR、CIF 条件成交的合同，出口人办理租船订舱，或以 FOB 条件成交而进口人委托出口人代办的，出口人也应该办理托运手续。

4. 制单结汇

以托收和信用证方式结算货款是凭单付款，出口单据在表面上证实了卖方已经履行了合同义务。以信用证方式成交，对单据有更加严格的要求，单据是否严格符合信用证规定，直接关系到及时和安全收汇。因此，根据合同和信用证，正确缮制单据，是履行出口合同的一个重要环节。

现代国际贸易绝大部分采用凭单交货、凭单付款方式。因此，在出口业务中做好单据工作，对及时安全收汇有特别重要的意义。

常用的出口单据主要有以下几种：

1）汇票。在出口贸易中，通常使用的是随附单据的“跟单汇票”。

2）商业发票（Commercial Invoice）。商业发票是出口人对进口人开立的发货价目清单，是装运货物的总说明。

3）运输单据。运输单据随不同的运输方式而各异。海洋运输大都使用海运提单。

4）保险单据。当出口人办妥投保手续后，保险公司即根据投保单缮制保险单。

5）包装单据。包装单据是指一切记载或描述商品包装情况的单据，也是商业发票的补充单据。在向银行交单并要求付款、承兑或议付时，除散货外，一般均要求提供包装单据。由于银行的付款、承兑和议付均以受益人提交的单据完全符合信用证条款的规定为条件，因此交付单据应严格做到完整、明确、及时。

为了提高单证质量，保证安全和及时收汇，我国银贸双方本着密切配合、相互支持的原则，采用在运输单据签发之前先将其他已备齐的单据送交银行预审和在全部单据备齐后向银行交单。两种不同的方式，视业务的实际情况选择使用。

在我国出口业务中，使用议付信用证比较多。对于这种信用证的出口结汇办法，主要有三种：收妥结汇、定期结汇和买单结汇。

1）收妥结汇又称先收后结，是指出口地银行收到受益人提交的单据，经审核确认与信用证条款的规定相符后，将单据寄给国外付款行索偿，待付款行将外汇划给出口地银行账户的贷记通知书（Credit Note）后，该行再按当日外汇牌价结算成人民币付给受益人。

2）定期结汇是指出口地银行在收到受益人提交的单据经审核无误后，预先确定一个固定的结汇期限将单据寄给国外银行索偿，并自交单日起在事先规定的期限内主动将货款外汇结算成人民币贷记受益人账户或交付给受益人。

3）买单结汇又称出口押汇或议付，是指议付行在审核单据后确认受益人所交单据符合信用证条款规定的情况下，按信用证的条款买入受益人的汇票和/或单据，从票面金额中扣除从议付日到估计收到票款之日的利息，将净数按议付日人民币市场汇价折算成人民币，付给信用证的受益人。议付行买入汇票和/或单据后，就成为汇票的善意持有人，即可凭汇票向信用证的开证行或其指定的银行索取票款。

如上所述，在信用证支付条件下，受益人为了安全收汇必须做到单证一致和单单一致。但不能疏忽的是，出口人还需承担买卖合同规定的义务。因此出口人在履行合同时除了要做到单证一致和单单一致外，还必须做到所交货物与合同规定一致，货物与单据一致。这样环环扣紧，才能保证安全收汇，并避免买方收到货物后提出异议或索赔。

5. 违约处理

违约（Breach of Contract）是合同一方当事人未履行其合同上的业务或者没有全部履行其合同义务而应承担的责任。

在实际业务中，由于种种原因，当事人不履行合同义务，或不按合同规定全部履行合同义务的情形经常有可能发生。当事人不履行合同义务或不按合同规定履行义务，如果不是出于不可抗力或其他的免责原因，均构成违约，违约的一方应对由此引起的后果负责。在一般情况下，违约的一方要向对方负责赔偿因违约而造成的损失。

国际货物买卖合同订立后，卖方最常见的违约行为有不交货、延迟交货、所交货物与合同规定不符、不按合同规定移交与货物有关的单据等，买方的违约行为最常见的有无理由拒收货物、拒绝接收符合合同规定的单据、不按合同规定派船接货或指定承运人、拒绝支付货款或按合同规定开立信用证等。

在国际货物买卖中，当一方违反合同时，另一方可采取的救济方法主要有：要求损害赔偿；推迟履行；降低价格；要求违约方支付违约金或宣告合同无效。此外，还可要求继续履行、换货、对不符合同货物进行修补，卖方对未付清货款尚未发运的货物行使留置权，已发运在途的货物通知运回等。究竟采取何种补救措施，在很大程度上取决于违约的性质及其具体情况。

总之，一旦发生违约，不仅涉及当事人的法律责任和经济利益，如果处理不当，还会影响双方的关系和日后的业务发展，因此必须认真对待。

9.4.2 进口合同的履行

进口合同依法订立后，买卖双方都必须严格按照合同规定履行各自的义务。在进口业务中，我方作为买方，必须贯彻重合同、守信用的原则，按照合同规定，支付货物的价款和收取货物，同时，也要随时注意卖方履行合同的情况，督促卖方按合同规定履行其交货、交单和转移货物所有权的义务。

1. 开立和修改信用证

进口合同签订后，进口人应在合同规定的期限内向经营外汇业务的银行及时办理开证申请手续。信用证开出后，如发现内容与开证申请书不符，或因情况发生变化或其他原因，需对信用证进行修改，应立即向开证行提出修改申请。

（1）申请开立信用证。开证申请人在向开证行申请开立信用证时，应填写开证申请书，连同所需附件交开证行。开证申请书的内容必须完整明确，为了防止混淆和误解，开证申请书不应罗列过多的细节。在指示开立信用证时，最好不要引用先前开立的信用证。开证申请书中必须明确说明据以付款、承兑或议付的单据的种类、文字内容及出具单据的机构等。信用证的开立时间应按照合同的规定拟订。

开证申请人在填写开证申请书时，应注意下列问题：

1）信用证的种类：应按合同规定填写信用证的类别。在进口业务中，一般不宜开立可转让信用证，以防因第二受益人不可靠而造成意外损失。

2）信用证金额：受益人可使用的最高限额。大小写金额要一致，除非确有必要，不宜在金额前加“约”“近似”“大约”或类似词语，否则，按《UCP600》，将被解释允许有不超过10%的增减幅度。另外要注意进口合同中对于出口人佣金的规定，信用证金额需与规定一致。

3）汇票付款人和付款期限：汇票的付款人应规定为开证行或信用证指定的其

他银行，而不能规定为开证申请人，否则，该汇票将被视作额外单据；汇票为即期还是远期应严格按合同规定。

4）运输单据：如采用海洋运输，一般应要求提供全套空白背书并由发货人背书，或凭开证行指示的已装船提单；对集装箱运输、航空运输、铁路运输、邮包运输，则应在采用FCA、CIP、CPT贸易术语的条件下方可受理，同时必须注明提交相应的运输单据。

5）其他单据：产地证、品质证明、重量检验证书、化验证明书等的签发机构、形式、内容及证明事项等应做明确规定。

6）分批装运和转运：进口合同如规定不允许分批装运和转运，则应在信用证中明确注明"不准分批装运"（Partial Shipment Not Allowed）、"不准转运"（Transshipment Not Allowed）。如信用证对此不做规定，将被视为允许分批装运和转运。

7）到期日和到期地点：信用证必须规定一个到期日和除了自由议付信用证外的一个交单地点，否则，该信用证就不能使用。

（2）信用证的修改。信用证开出后，如发现内容与开证申请书不符，或因情况发生变化或其他原因，需对信用证进行修改，应立即向开证行递交修改申请书，要求开证行办理修改信用证手续。但应尽量避免修改信用证，因为不仅会发生银行费用，也会占用时间，影响合同正常履行。

信用证经修改后，开证行即不可撤销地受该修改的约束。受益人可决定其是否接受修改，而且，受益人必须发出其接受或拒绝修改的书面通知（受益人一般应该在接到信用证副本之日起2个工作日内通知银行是否接受修改）。在受益人告知通知修改的银行他接受修改之前，原信用证的条款对受益人仍具有约束力。如受益人未发出其接受或拒绝的通知而其提交的单据与原信用证的条款相符，则视为受益人已拒绝了该修改；但若提交的单据与经修改的信用证条款相符，则视为受益人已发出接受该修改的通知，从那时起，该信用证已被修改。

总之，我进口企业对信用证的开立和修改应持慎重态度。在申请开立信用证时，应做到开证申请书与合同相符，以避免不必要的修改，并避免不符条款被受益人利用而遭受损失；在修改信用证时，亦应注意修改内容的正确并应考虑到可能受益人拒绝修改而仍按原信用证条款履行。

2. 派船接运货物

履行FOB交货条件的进口合同，由进口人负责安排运输。租船、订舱的时间应按照合同规定，并应在运输机构规定的时间内提交订舱单，保证及时配船。进口人在办妥租船、订舱手续，接到运输机构的配船通知后，应按规定期限将船名及预期到港日期通知卖方，以便卖方准备装货。对CIF和CFR条件下的进口合同，系由卖方负责租船、订舱，安排装运。但我方也应及时与卖方联系，掌握卖方的备货和装运情况。

为了防止船货脱节和出现船等货物的情况，进口人要随时了解和掌握对方备货和装船前的准备工作情况，督促对方按期装运。

3. 办理保险

FOB、FCA、CFR和CPT条件下的进口合同，由进口人负责向保险公司办理货物的运输保险。进口货物运输保险一般有预约保险和逐笔投保两种方式。

（1）预约保险。我国部分外贸企业和保险公司签订海运、空运和陆运货物的预约保险合同，简称“预保合同”（Open Policy）。这种保险方式，手续简便，对外贸企业进口货物的投保险别、投保费费率、适用的保险条款、保险费及赔偿的支付方法等都做了明确的规定。

根据预约保险合同，保险公司对有关进口货物负有自动承保的责任。对于海运货物，外贸公司接到外商的装运通知后，只需按要求填制进口货物“装货通知”，将合同号、启运口岸、船名、启运日期、航线、货物名称、数量、金额等必要内容一一列明，送保险公司，即可作为投保凭证。货物一经启运，保险公司就自动按预约保单所订的条件承保。对于空运和邮包运输的货物，也要根据预约保险合同的内容和承保范围，在收到供货商的装运通知后，立即填制“装货通知”送交保险公司签章。

（2）逐笔投保。在没有与保险公司签订预约保险合同的情况下，对进口货物要逐笔投保。外贸企业在接到卖方的发货通知后，应当立即向保险公司办理保险手续。在一般情况下，外贸企业填制“装货通知”代替投保单交保险公司，“装货通知”中必须注明合同号、启运地、运输工具、启运日期、目的地、估计到达日期、货物名称、数量、保险金额等内容，保险公司接受承保后给公司签发一份正式保单。如外贸公司不及时向保险公司投保，货物在投保之前运输途中发生损失时，保险公司不负赔偿责任。

保险公司对海运货物保险的责任期限，一般是从货物在国外装运港装上海轮时起开始生效，到保险单据载明的国内目的地收货人仓库或储存处所为止。如未抵达上述仓库或储存处所，则以被保货物在卸货港卸离海轮后 60 天为止，如不能在此期限内转运，可向保险公司申请延期，延期最多为 60 天。应当注意的是：散货以及木材、化肥、粮食等一些货物，保险责任均至卸货港的仓库或场地终止，并以货物卸离海轮 60 天为限，不实行国内转运期间保险责任的扩展；少数货物如新鲜果蔬、活牲畜在卸离海轮时，保险责任即告终止。

4. 审单和付款

以信用证方式结算，为保证我方的权益，必须认真做好审单工作，而审单是银行与企业的共同责任。银行在收到国外寄来的汇票和其他单据之后，对照信用证的规定，核对是否“单单一致、单证一致”，如内容无误，由银行对国外付款。同时进口人用人民币按照国家规定的有关外汇牌价向银行买汇赎单。如果核对国外单据发现国外单据单证不符，应做出适当处理。例如：停止付外付款；凭卖方或议付行出具的担保付款；要求国外改正单据；付款的同时，提出保留索赔权等。

5. 报关和接货

货物在抵达目的港后，必须向海关申报。除另有规定外，进口报关必须由海关准予注册登记的报关企业或者有权经营进口业务的企业负责办理。报关需要填制进口货物报关单，并随附发票、提单和进口通关单等向海关申报进口，海关经查验认可后才能放行。未经海关放行的进口货物，任何单位和个人不得提取或发运。

进口报关的法定申报时限为自运输工具申报进境之日起 14 天内，超过 14 天期限未向海关申报的，由海关按日征收进口货物 CIF（或 CIP）价格的 0.5‰的滞报金。超过 3 个月未向海关申报的，由海关提取变卖，所得价款在扣除运输、装卸、存储等费用和税款后，尚有余款的，自货物变卖之日起 1 年内，经收货人申请予以发还，超期无人申请的，统一上缴国家。

另外，进口企业付款赎单之后，应着手准备接货工作。接货包括监卸和报验。监卸后，在报关前，货物应先向海关申请报检，以取得进口通关单。在下面三种情况下，应在卸货港口向海关报检：

（1）属于法定检验的货物。

（2）合同规定应在卸货港检验的货物。

（3）发现货损货差情况。

海关根据报检人的要求和有关合同的规定，对进口商品进行检验、鉴定后，对外签发品质、数量、重量、包装、货载衡量、验残、海损鉴定证书。进口商品检验不合格的，对外签发检验证书供有关方面凭以向外索赔。

6. 进口索赔

在进口业务中，有时会发生卖方不履行或不完全履行合同规定的义务的情况，如不交货或虽交货但所交货物不完全符合合同规定，而使买方遭受损失而引起索赔，或货物由于在装卸、搬运和运输过程中品质、数量、包装受到损害，或由于自然灾害、意外事故以及其他外来原因致使货物受损，而需向有关责任方提出索赔。

（1）向卖方索赔。向卖方索赔，也就是由于卖方违约买方可以采取的补救措施。在进口业务中，由于卖方的违约行为不同，买方可以采取的补救措施也各异。

1）宣告合同无效。按《公约》规定，如果卖方完全不交付货物，或不按合同规定交付货物，属于根本违反合同时，买方可以宣告整个合同无效，还可以向卖方提出索赔。赔偿金额应与因卖方违反合同而使买方遭受的包括利润在内的损失相等。

2）其他补救措施。如果卖方不履行合同或不完全履行合同的结果，使买方遭受了损失，但并未剥夺买方根据合同规定有权期待得到的东西，即未构成根本性违约，买方不能宣告合同无效，但可以要求赔偿。此外，买方可以采取其他补救措施：可以规定一段合理时限的额外时间，让卖方履行其义务；如果货物不符合同，买方可以要求卖方通过修理对不符合同之处做出补救，或买方可以降低价格，减价按实际交付的货物在交货时的价值与符合的货物在当时的价值两者之间的差别进行计算。

（2）向承运人索赔。在进口业务中，凡到货数量少于运输单据所述数量，或由于承运人的过失造成货物残损、遗失，应由承运人负责。进口人可根据不同运输方式的有关规定，向承运人或其代理人发出索赔通知。

向承运人索赔的期限为货物到达目的港交货后 1 年之内。

（3）向保险公司索赔。如进口货物在保险责任有效期内发生属于自然灾害、意外事故、外来原因或在运输装卸过程中发生其他事故致使货物受损，且在保险公司责任范围内的，不论合同中采用 FOB、CFR、FCA、CPT 贸易术语还是采用 CIF、CIP 贸易术语，都应由进口人向保险公司提出赔偿要求。

在向保险公司索赔时，进口人应备妥各项必要的单证，如保险单据、运输单据、发票、检验报告、货损货差证明等，并及时发出损失通知。此外，进口人还应迅速对受损货物采取必要的合理施救、整理措施，防止损失的扩大，因抢救、阻止或减少货损的措施而支付的合理费用，可由保险公司负担。

向保险公司提出海运货损索赔的期限则为被保险货物在卸货港全部卸离海轮后2年内。

（4）索赔的注意事项。

1）索赔期限。索赔期限是进口索赔的重要问题。有关卖方交货的品质与合同不符或原装数量短少需向卖方索赔的，应当在合同所规定的索赔期限内提出。逾期提出索赔，卖方有权不受理。

如买卖合同中未规定索赔期限，按《公约》的规定，买方行使索赔权最长期限是自其实际收到货物之日起不超过2年；而我国法律对国际货物买卖合同争议提起诉讼或者申请仲裁的期限，则规定自当事人知道或者应当知道其权力受到侵犯之日起4年为限。

2）索赔证据。对外索赔需提供足够的证据，索赔时证据不足、问题不清、责任不明或不符合同中索赔条款的都可能遭到对方拒绝。首先，应填制索赔清单，并随附检验证书、发票、装箱单及提单副本。其次，对不同的索赔对象，还要另附有关证件。向出口人索赔时，如是FOB或CFR合同，须附保险单一份；向船公司索赔时，须附由船长及港务局理货员签证的理货报告及船长签证的短缺残损证明；向保险公司索赔，须附保险公司与买方的联合检验报告等。

■ 本章小结

我国的出口合同目前大多采用CFR或CIF贸易术语，以信用证方式收取货款。出口合同履行的一般程序，主要包括备货、报检、催证、审证、改证、安排装运和制单结汇等环节。信用证的管理和使用主要包括催证、审证和改证这三个重要环节。审证是一项政策性、法律性和业务性很强的工作，是银行和公司的共同责任。制单结汇不仅是进出口业务的一项工作，也是收取货款必不可少的环节。缮制结汇单据时，要求做到正确、完整、及时、简明和整洁。进口合同履行的主要环节包括：开立和修改信用证、派船接运货物、办理保险、审单和付款、报关和接货、进口索赔等。进口商向银行申请开立信用证是其履行合同的首要环节，开证内容必须与合同内容一致。审单和付款是进口合同履行的重要环节，在审单时，要按照合情、合理、合法的原则，并在向境外支付有关进口商品的货款后，及时办理付汇核销手续。根据规定，进口货物应当由收货人在货物的进境地海关办理海关手续。当发现进口货物的质量、数量和包装等方面有问题时，进口人可向有关方提出索赔。

■ 思考与练习

1. 履行出口合同包括哪些基本程序？
2. 对信用证的审查主要包括哪些项目？修改信用证应该注意哪些问题？
3. 在信用证付款条件下，出口人在银行办理出口结汇时应该提交哪些单据？要注意哪些事项？

4. 履行进口合同包括哪些基本程序？
5. 在履行 FOB 进口合同时，应如何办理接运货物？
6. 如何办理进口货物的报检？应注意哪些问题？
7. 审单和付款时要注意哪些问题？
8. 买方在办理进口索赔时，应注意的事项有哪些？

■ 案例分析题

1. 中国南方某公司与丹麦 AS 公司在 2019 年 6 月按 CIF 条件签订了一份出口圣诞灯具的商品合同，支付方式为不可撤销即期信用证。AS 公司于 7 月通过丹麦日德兰银行开来信用证，经审核与合同相符，其中保险金额为发票金额的 110%。就在我方备货期间，丹麦商人通过通知行传递给我方一份信用证修改书，内容为将保险金额改为发票金额的 120%。我方没有理睬，仍按原证规定投保、发货，并于货物装运后在信用证交单期和有效期内，向议付行议付货款。议付行审单无误，于是放款给受益人，然后将全套单据寄丹麦开证行。开证行审单后，以保险单与信用证修改书不符为由拒付。试问：开证行拒付是否有道理？为什么？

2. 我某进出口公司与国外某客商订立一份轻纺制品的出口合同，合同规定以即期信用证为付款方式。买方在合同规定的开证时间内将信用证开抵通知行，并经通知行转交给我出口公司。我出口公司审核后发现，信用证上有关货物装运期限和不允许转运的规定与双方签订的合同不一致。为争取时间，尽快将信用证修改完毕，以便办理货物的装运，我方立即电告开证行修改信用证，并要求开证行修改完信用证后，直接将信用证修改通知书寄交我方。

问：（1）我方的做法可能会产生什么后果？

（2）正确的信用证修改渠道是怎样的？

第 10 章 国际贸易方式

学习目标

- 了解目前国际货物贸易中常用的国际贸易方式
- 掌握各种国际贸易方式的程序

10.1 经销和代理

10.1.1 经销

经销（Distribution）是指出口企业与国外经销商达成书面协议，规定经销商品的种类、销售期限和地区范围，利用国外经销商推销商品的一种方式。

经销属于转卖性质的一种贸易方式，这种方式被广泛应用于国际贸易中。经销协议有两个当事人：出口人和经销商，它们之间是一种买卖关系。双方通过签订经销协议确定对等的权利和义务。在这种关系下，出口人按照经销协议向经销商供应指定的商品，经销商则以自己的名义买进商品，自行销售，自负盈亏，承担货价涨落及库存积压的风险。

10.1.2 经销的种类

1. 一般经销

一般经销是指出口人与国外经销商签订经销协议，向国外经销商提供在一定地区、一定期限内经销某种或几种商品的经销权，经销商有义务维护出口人的利益，必要时还要对经销商品组织技术服务、进行广告宣传与推广，而出口人也要向经销商提供帮助。采用这种方式，经销商享有经销权，在购货方面能够得到一定的优惠，但没有专营权，出口人可以在同一地区内指定几个经销商。

2. 独家经销

独家经销也称为包销，是指出口人通过协议把某一商品或者某一类商品在某一地区和期限内的经营权单独给予国外某个客户或公司的做法，即国外的某个客户或公司拥有独家经营权。

（1）独家经销的特点。独家经销商与出口商之间的关系是买卖关系，前者从出口商处购进货物后，自行销售；经销商赚取的是货物的进价与出价之间的差额，自负盈亏，承担货价涨落及库存积压的风险。

采用独家经销方式的优点是，通过独家经销协议，确定了双方在一定期限内互相合作关系：在规定的期限内，在规定地区的经营和市场开发上，双方有着共同的目标和一致的利益，从而能在平等互利的基础上同舟共济。这样就能充分调动经销商的经营积极性，促使对方专心销售约定的商品，并向用户提供必需的售后服务。出口人就能对市场销售进行全面、系统、长期的规划和安排，采取近期和远期的推销措施。但采用独家经销方式也存在着风险，这种风险大致有：独家经销商有时还经销其他出口人的商品，这就不能专心经营约定的商品；独家经销商的经营能力较差，虽然努力，仍不能完成甚至远远不能完成协议规定的最低限额；倘若独家经销商作风不正、居心不良，凭借专营权压低价格，就会使出口人蒙受损失。因此，在出口人选择国外独家经销商时，一定要慎重选择，有效监督使用。

（2）独家经销协议。独家经销协议是规定出口人与独家经销商之间权利和义务的文件。它确立了双方关系的法律性。独家经销协议的主要内容有以下几个：

1）独家经销协议的名称、签约日期和地点。

2）独家经销商的责任、独家经销权的授予和双方的关系。

3）独家经销商品的范围、经销商品的数量与金额。该条款对出口人和独家经销商具有同样的约束力。在协议中规定最低数量和金额后，独家经销商必须承担向出口人购买规定数量和金额商品的义务。

4）独家经销的期限。在我国出口业务中，通常与独家经销商签订为期一年的经销期限。

5）专营权。出口人将指定的商品在规定的地区和期限内给予独家经销商销售的权利，出口人承担不向该地区的其他客户直接销售的义务。

6）独家经销的作价方法。可以采用在独家经销期间一次作价和在规定的经销期内分批作价的方法，后一种方式较普遍。

7）广告、宣传、市场报道和商标保护。出口人为了开拓国际市场，宣传其产品，常常要求独家经销商负责为其商品刊发广告，并向出口人尽量提供该出口商品市场销售的有关情报。

10.1.3　代理

代理（Agency）是许多国家商人在从事进出口业务中习惯采用的一种贸易做法。所谓代理，是指代理人（Agent）按照委托人的授权，代表委托人与第三人订立合同或做其他法律行为，而委托人直接享有由此而产生的权利与承担相应的义务。

1. 代理的种类

代理以委托人对代理人授权的大小，可分为一般代理、独家代理和总代理。

（1）一般代理。一般代理又称普通代理或佣金代理，是指在同一地区和期限内，委托人可同时委派几个代理人，委托人自己也可以直接向该地区销售，委托人仅按代理人的实际销售业绩支付佣金。

（2）独家代理。独家代理是指在约定的时间和地区范围内，由代理商独家从事约定商品的销售活动，享有专营权。委托人在该地区不得再寻找第二个代理人，代理人也不得再做其他委托人的代理。但是，独家代理人的专营权与独家经销商所具有的专营权并不完全相同，除非协议有特别规定，委托人一般也可直接与指定地区的买主进行直接交易，但为不损害独家代理人的利益，此类交易仍要向其支付一定费用。

（3）总代理。总代理是指在指定地区内，除了代表委托人销售指定商品、签订买卖合同、处理货物外，还可以代表委托人处理其他商业活动和事务的代理人。

2. 代理协议

代理协议是规定出口人和代理人之间权利和义务的协议。

（1）协议名称及双方当事人。签订代理协议时，一定要明确注明代理协议的性质，是独家代理、总代理，还是一般代理。

（2）指定代理的商品、地区和期限。在代理协议中，要明确、具体地对代理人代理商品的种类、名称、规格以及代理的地区、时间等做出规定。

（3）专营权。在上述范围内，委托人承诺所指定的独家代理为唯一与买主进行交易的中间商，若委托人与买主直接发生交易，仍应按交易金额向独家代理支付佣金。是否授予专营权是独家代理与一般代理的主要区别。

（4）最低代销额。为了保障卖方的权益，应在协议中规定最低代销额。如届时代理人由于其自身的能力未能达到或超过最低代销额，委托人对代理人的报酬可做相应调整。

（5）代理佣金。代理佣金是代理人为委托人推销商品所得的报酬。在代理协议中，应就佣金率、佣金的计算方法、佣金的支付时间和佣金支付的方法做详细规定。

（6）宣传推广、商情报告和保护商标。代理人在代理期内，有义务定期或不定期地向卖方提供商情报告，并对商品的销售进行广告宣传和促进。

此外，独家代理协议还应规定代理商应负责进行产品的售后服务及保护委托人的知识产权等条款。在代理协议中，委托人通常保留货主对代理商品的商标注册权。

10.2 寄售、拍卖、展卖和招标投标

10.2.1 寄售

1. 寄售（Consignment）的含义

寄售是一种委托代售的贸易方式，即寄售人（出口人）先把准备销售的货物寄到国外，委托当地代售商按照寄售协议规定的条件和办法，在国外当地代为销售，待货物售出后由代售人扣除佣金和其他费用后，将货款交付寄售人。

2. 寄售的特点

寄售的特点是：寄售人与代销商之间是委托代售关系，寄售人将货物运至目的地经代销商或买主销售后，扣除应付佣金和其他相关费用，将货款寄交寄售人；在商品售出前，所有权仍属寄售人，代销商只承担保管责任而不承担任何风险和

费用。

寄售方式的优点是：①采用寄售方式可以在当地市场出售现货，有利于卖方根据市场的供求情况，掌握销售时机，提高商品的竞争力并使商品卖好价；②货物与买主直接见面，买方可以看货成交，随时采购，对开辟新市场、推销新产品有一定的作用；③代销商不负担风险和费用，一般不需垫付资金，多销多得，有利于提高其经营的积极性。

采用寄售方式销售出口商品的缺点也十分明显：出口人资金周转期长、费用增加、收汇很不安全。特别是货物到达目的地后，如遇市场不景气，货物一时不能售出，代销商有意压低价格，就比较被动。

3. 寄售协议

寄售协议是寄售人和代销商之间为了执行寄售业务就双方的权利、义务和有关寄售的条件和具体做法而签订的书面协议。寄售协议中特别应该处理好寄售商品的价格、各种费用的负担及安全收汇三个方面的问题。寄售协议一般包括下列内容：

（1）协议名称及双方的义务与责任。一般应注明在售出前货物的所有权仍属寄售人，费用一般也由寄售人承担；并规定寄售货物售出时，所有权由寄售人直接转移给买方。

（2）寄售区域及寄售商品。

（3）定价方法。寄售商品的定价一般有三种方法：①由寄售人限价，即寄售人在寄售时确定最低售价，代售商只能以此价格或高于此价的价格出售，否则，必须事先征得寄售人同意；②由代售商按市价自行定价出售，寄售人不做限价；③在销售前逐笔征求寄售人的同意，这种定价方法弹性较大，实践中使用较多。

（4）佣金。寄售人需要向代售人支付一定数量的佣金作为服务的回报，佣金的比率通常为1% ~5%不等，有时也可用增减佣金比例的计算方法。

（5）付款。寄售货物售出后的货款，一般由代销商扣除佣金及代垫费用后付给寄售人。为了保证及时收汇、减少资金占用，在寄售协议中要对汇付方式和时间进行明确规定，还应要求代售人提供银行保函或备用信用证。

10.2.2 拍卖

拍卖（Auction）是由专营拍卖业务的拍卖行接受货主的委托，在规定的时间和地点，按照一定的章程和规则，以由买主公开叫价竞买的方法，由拍卖行把货物卖给买主的一种贸易方式。拍卖商品大多是一些品质不易标准化，或难以久存的，或历史上有拍卖习惯的商品。在国际市场上采用拍卖方式出售的商品，主要有艺术品、古玩、烟叶、木材、羊毛、毛皮、纸张、蔬菜、鱼类和水果等。

1. 拍卖的形式

（1）增价拍卖。增价拍卖又称“买主叫价拍卖”，拍卖时，由拍卖人提出一批货物，宣布预定的最低价格、最后由竞买者相继叫价，竞相加价，有时规定每次加价的金额额度，直到拍卖人认为无人再出更高的价格时，用击槌动作表示竞买结束，将这批商品卖给最后出价最高的人。在拍卖人击槌前，竞买者可以撤销出价。

如果竞买者的出价都低于拍卖人宣布的最低价格，或称价格底线，卖方有权撤回商品，拒绝出售。

（2）减价拍卖。减价拍卖也称“卖方叫价拍卖”或“荷兰式拍卖”，是由拍卖人先开出最高价格，然后由拍卖人逐渐减低叫价，直到有人表示接受为止。减价拍卖经常用于拍卖鲜活商品，如花卉、水果、蔬菜等。

荷兰作为出口鲜花的大国，在花卉交易中通常都是采用减价拍卖方式，这种拍卖方式又称无声拍卖，即竞买人无须喊价，只需在拍卖人由高到低的报价过程中，选择自己能接受的价格及时报价。应价以前采用打手势表示，现在多用按电钮的方式。

（3）密封递价拍卖。密封递价拍卖也称“招标式拍卖”，是由拍卖人事先公布每批商品的具体情况和拍卖条件，然后，竞买者在规定的时间内将密封标书递交拍卖人，由拍卖人选择条件最合适者，表示接受而达成交易。有些国家的政府或海关在处理库存物资或没收货物时往往采用这种拍卖方式。

2. 拍卖的程序

各种商品的拍卖都有自己的特点和惯例，但进行拍卖的基本程序却大致相同。

（1）准备阶段。货主事先把商品运到拍卖人指定的仓库，由拍卖人进行挑选、分类、分级编号。拍卖人还要印发拍卖目录，并刊登广告。

（2）察看货物。买主既可查看拍卖人提供的样品，也可去仓库查看整批货物，并在其中提出一定数量的样品，以供分析和试用。

（3）正式拍卖。正式拍卖是在规定的时间和地点，按照一定的拍卖规则和章程，逐批喊价竞买或举牌应价。拍卖达成后，买主在标准合同上签字。

（4）付款和提货。拍卖成交后，拍卖行的工作人员即交给买方一份成交确认书，由买方填写并签字，表明交易正式达成。买主按规定付款和提货。

拍卖是公开竞买的方式，对卖方来说，看货出价，可以卖好价；对买方来说，可以按照自己愿出的价格，购买符合自己需要的货物。

10.2.3 展卖

展卖（Fairs and Sales）是利用展览会和博览会及其他交易会形式，对商品进行展销结合的一种贸易方式。

1. 展卖的主要形式

（1）展览会。展览会是指举办国通过选择适当的场所，将商品集中进行展出和销售的贸易方式。展览会的举办时间不定期，地点不确定，可在国内也可在国外，还可以流动方式在各地进行轮流展销。国际展览会主要是一国商品集中在一起进行展览和销售，有时，也可以是几个国家联合起来在一国举办。

（2）展销会。展销会是指出口人或者联合其他出口人共同在国内举办的展销活动。一般多是食品、农产品、纺织品等小型展销会，也有的展销会是大型商企集团、垄断企业展销自己的“拳头产品”。国际展销会常常受到国家海关的政策限制，因为在国际展销会上，出口人虽然可以直接销售产品，但这些产品一般要经过海关的检验。

（3）博览会。博览会是指世界一些著名的城市定期举办的、邀请各国商人来参加商品展卖的活动。国际博览会有综合国际博览会和专业国际博览会。前者一般规模较大，展出的商品多种多样，展品不受限制；后者则对展品具有一定的专业要求。世界上定期举办国际博览会的城市很多，对我国出口贸易影响比较大的是中国进出口商品交易会，因一直在广州举办，故又称广交会，它是集展示、展销、交易于一体的综合性国际博览会。

2. 开展展卖业务应注意的问题

（1）选择适当的展卖商品。

（2）选择好合作的客户。

（3）选择合适的展出地点。

（4）选择适当的展卖时机。

10.2.4　招标投标

招标投标这种贸易方式常常被国家政府机构、国有企业或公用事业单位在采购大批物质或大型器材设备中广泛采用。

招标（Invitation to Tender）是指不经过一般交易磋商程序，只由买方向社会发出招标通告，说明准备在规定范围内购买商品的品种、数量及有关条件，由应征人公开竞争，最后由招标人选定交易对象订立合同的一种交易方式。

投标（Submission of Tender）是投标人（卖方或承包商）应招标通告的邀请，根据招标人规定的要求和条件，在规定的期限和地点，以填投标单的形式，向招标人发出应约，争取中标以达成交易。投标是针对招标而来的后续行动，有招标才需要投标，因此，它们不是两种贸易方式，而是同一种贸易方式的两个方面。招标投标是一种竞卖的方式。虽然招标法令及传统习惯不同，世界各国进行的招标条件有差异，但程序大致相同。具体的招标投标通常要经历招标、投标、开标与评标、签订协议四个阶段。

1. 招标

招标包括以下三项基本工作：

（1）编制招标文件。

（2）发布招标通告。

（3）制定招标文件。

2. 投标

参加投标时必须做好以下工作：

（1）做好投标前的准备工作。

（2）提供投标保证金。招标人通常都要求投标人在投标时提供 3% ~5% 的投标保证金，未中标的可以在评标后全部退回。

（3）认真制作投标文件。

（4）及时递送投标文件。投标文件必须在规定期限内送达招标人所规定的地址。

3. 开标与评标

所谓开标，是指招标人在规定的日期、时间和地点，确定对它最为有利的最优投标人作为供货人或承包商。开标分成公开开标和不公开开标两种。开标后，招标人进行权衡比较，选择最有利者为中标人。在现代国际招标业务中，中标与否不完全取决于报价的高低。但在世界银行贷款项目的国际性竞争招标中，招标人必须接受标价最低的产品或服务。如果招标人认为所有的投标均不理想，可宣布招标失败，造成招标失败的可能性如下：

（1）所有报价与国际市场平均价格差距过大。

（2）所有投标的内容都与招标要求不符。

（3）投标人太少，缺乏竞争性。

4. 签订协议

一项招标活动的最后阶段，即在得出评标结果后，招标人书面通知中标人，在规定的时间内到招标人所在地与招标人签订买卖协议或承包项目协议，并按规定缴付履约金。如中标人没有在规定的时间内签约，事先又未提出申请延期要求，或提出申请未被招标人接受等，均视为中标人违约，招标人有权没收其投标保证金，并可决定重新招标或将标授予其他投标人。

10.3 期货交易

期货交易是指在期货交易所内为集中买卖标准化的期货合约而进行的一种有组织的交易活动。期货交易这种特殊的交易方式是从现货远期交易形式发展而来的，是商品经济发展到一定阶段的产物。

10.3.1 期货交易相关概念

1. 期货及期货交易

期货就是未来某个日期的某种货物，但严格来讲这并不是货物，而是一种法律合约，是签订合约的双方约定在未来的某一天，以约定的价格和数量，买进或卖出某特定商品。简而言之，期货就是事先订好的合约，内容载明了买卖双方必须履行的义务。

期货交易（Futures Transaction）是指在期货交易所内，按照严格的程序和规则，通过公开叫价的方式，买进或卖出期货标准化合约的一种贸易方式。期货可以进行投机，也可利用期货交易，配合现货进行套期保值，从而转移和规避价格波动带来的风险。期货市场由期货交易所、期货清算所、期货经纪行以及期货交易者等构成。

2. 期货交易与现货交易的联系与区别

期货交易作为一种特殊的交易方式，与现货交易有相同的地方，都是一种交易方式、都是真正意义上的买卖、涉及商品所有权的转移等。但是两者之间的区别还是很明显的，主要表现在以下几点：

（1）交易对象不同。期货交易的对象是标准化的期货合约，现货交易的对象是实物商品。

（2）交易目的不同。期货交易中，套期保值者的目的是规避风险，投机者的目的是获得投机利润，套利者的目的是获得低风险收益；现货交易的目的是获得或让渡商品的所有权。

（3）交易的场所与方式不同。期货交易在高度组织化的期货交易所中以公开竞价的方式进行，现货交易一般在不固定的场所以面对面交易的方式进行。

（4）结算方式不同。期货交易实行保证金的每日无负债结算制度，现货交易一般采取到期一次性结清的结算方式。

（5）对交易品种的要求不同。商品期货交易对品种要求较严，一般要求该品种有较大的流通量，可长时间储藏，品质较易标准化，价格波动频繁；现货交易对商品无特殊要求。

3. 期货品种

据统计，目前世界上期货品种有 1000 多种，可分为两大类：一类是商品期货；另一类是金融期货。

（1）商品期货。商品期货通常是指交易的标的物为实物商品的期货，它是期货中最基本的组成部分之一。期货商品不同于一般的市场商品，被挑选出来作为期货合约标的物的商品，一般具有价格波动大、供需量大、易于分级和标准化以及易于储存运输等特点。目前，世界上进行交易的商品种类主要有农产品、金属、能源三大类。

（2）金融期货。金融期货是指交易所按照一定规则反复交易的标准化金融商品合约。从 20 世纪 70 年代开始，金融期货在期货市场中迅速发展起来，并已逐渐占据主要地位。外汇、利率、股票指数等金融期货已成为世界期货市场的主流。

10.3.2　期货交易所

期货交易必须在期货交易所内进行。各国的期货交易所一般都是由会员联合组成的非营利性的团体。交易所本身不参加期货交易，也不拥有任何商品，它只为期货交易提供场地、设备，并制定、公布交易规则，以维护交易平等、公开。只有取得期货交易所会员资格，才能进入交易场所进行期货交易，非会员则只能通过会员代理才能进行期货交易。期货交易所一般都是由全体会员组成的会员大会作为其最高权力决策机构，会员大会选举产生理事会，理事会作为其常设机构。下属委员会有会员资格审查委员会、交易行为管理委员会、仲裁委员会等。

10.3.3　期货清算所

期货清算所负责期货合约的结算，包括期货合约的交割和未到期合约的平仓；负责每笔交易的清算和保证期货合约购入者能最终拥有其所需商品的担保责任。清算所是期货市场运行机制的核心。它一般采用会员制，清算所服务的对象仅限于其会员，非会员的结算则必须通过清算会员的代理来进行。

10.3.4　期货经纪行

期货交易所明确规定：只有会员才能进入交易所进行交易，于是就出现了专门接受委托、代理客户进行期货交易并收取一定佣金的期货经纪人和期货经纪行，专门从事代理业务。经纪行的主要职责是：代理客户办理买卖期货的各项手续；向客户介绍和解释期货合约的内容和交易规则；向客户提供期货交易的决策信息以及提供咨询；报告合约的执行情况和盈亏结果。

10.3.5 期货交易者

根据交易目的和动机的不同，期货交易者可分为套期保值者和投机者。

1. 套期保值者

套期保值（Hedging）又称对冲交易，是指在卖出（或买入）实际货物（即现货）的同时，再在期货市场上买入（或卖出）同等数量的期货作为保值的做法。现货市场的价格趋势造成的亏（盈），可从期货市场的盈（亏）得到弥补或抵消。套期保值者大都是生产商、贸易商和加工商，它们把期货市场当作转移价格风险的场所，通过期货交易来避免或减少现货市场上价格波动带来的风险。

2. 投机者

与套期保值者的目的正好相反，投机者愿意承受商品价格波动带来的风险，以期用少量资金获取较多的利润。对于期货投机者而言，当它们预期某种商品价格上涨时，就择机买进期约（称为买空或多头），一旦预期价格将下跌，就抛售期货合约（称为卖空或空头），待价格与自己预料的方向变化一致时，再相机对冲。通常，投机者要冒很大的风险。

例 10-1：某贸易商现货卖出900M/T玉米，3个月后交货，而3个月后的玉米价格是否上涨尚不得而知。同时，贸易商在期货市场上买进3个月后交货的玉米期货合同900M/T。3个月后，当贸易商在现货市场上购买玉米时，价格已上涨，然而由于它已在期货市场上进行了买期保值，此时，期货市场上的玉米价格也相应上涨，他就可用期货市场的盈利补偿现货市场的亏损，从而保证原定的玉米出口利润。

这是一个巧妙运用买期保值的典型案例。通过这种方法，出口人将价格风险转移给了投机者。

10.3.6 套期保值的种类

套期保值可分为卖期保值和买期保值两种。

1. 卖期保值

一些手头持有现货的企业或拥有大量库存的经销商，根据现货交易情况，先在期货市场卖出期货合同，然后再以多头进行平仓以达到保值的目的的做法，称为“卖期保值”。

2. 买期保值

和卖期保值相反，买期保值是指经营者在卖出一批以后交货的商品时，买入同样数量、同一交货期的期货合同，以防止日后价格上涨而受到损失。

通过套期保值这种方式，保值者将价格变动的风险转移给了投机者。

10.4 对销贸易

10.4.1 对销贸易概述

1. 对销贸易的含义

对销贸易（Counter Trade）是指在互惠的前提下，由两个或两个以上的贸易方达成协议，规定一方的进口产品可以部分或者全部以相对的出口产品来支付。对销贸易买卖的标的除有形的财产货物以外，也包括劳务、专有技术和知识产权。

2. 特征

对销贸易不同于单边进出口，实质上是进口和出口相结合的方式，一方商品或劳务的出口必须以进口为条件，体现了互惠的特点。对销贸易源自易货，它包含的各种交易形式都具有易货的基本特征，但又不是易货的简单再现，而是具有时代的烙印和新的经济内涵。

3. 主要形式

在目前的国际贸易实务中，对销贸易内容复杂，方式多样，但基本形式可以归纳为三种，即易货贸易（Barter Trade）、互购贸易（Parallel Trade）和补偿贸易（Compensation Trade）。

10.4.2 易货贸易

1. 易货贸易的含义

易货贸易是国际贸易最古老的形式，也是最简单的交易方式。易货贸易可以根据各国的生产、技术和原料供应等优势，扬长避短，用本国生产的产品，换回自己需要的各项物资，以发展本国经济和改善国家贸易平衡状况。易货双方通常需要签订一份以货物相互抵偿的换货合同，交换货物的品种、规格、数量均在签订合同时商定。

2. 易货贸易的主要形式

（1）记账易货。

（2）对开信用证方式。

3. 易货贸易的优缺点

（1）优点：促成外汇支付能力匮乏的国家和企业间进行贸易，调剂余缺，从而有利于国际贸易的发展，还能“以进带出”或“以出带进”。

（2）缺点：易货贸易中进行交换的商品，无论是在数量、品质、规格等方面都必须是对方所需要的和可以接受的，尤其是在当前的国际贸易中，要找到合适的交易伙伴有时是相当困难的。而且，易货的开展还要受到双方国家经济互补性的制约。

10.4.3 互购贸易

1. 互购贸易的含义

互购又称相对采购、反向购买等，就是交易双方互相购买对方的产品。在互购方式中，一方向另一方出口商品的同时，承担在约定的期限内向对方购买一定数量（或金额）商品的义务；同样，一方向另一方购买了商品的同时，就享有向卖方出口一定数量（或金额）商品的权利。

2. 互购贸易的特点

互购贸易的特点在于，两笔交易都用现汇来支付，一般是通过信用证付款或付款交单来进行，有时也可采用远期信用证付款方式。它与一般交易的不同之处在于，先出口的一方在第一份合同中做出回购对方货物的承诺，从而把先后两笔不一定等值的现汇交易结合在一起。因此，先出口的一方除非是接受远期信用证，否则不存在垫付资金的问题；相反，还可以在收到出口货款至支付进口回头货价金的这段时间里利用对方的资金，而且在随后的谈判中处于比较有利的地位。

3. 互购贸易的利弊

互购贸易对于先出口方来说，无论是从资金周转还是随后的谈判地位来衡量，都是比较有利的，实践中，西方国家挟其技术优势，往往占有这种有利地位而比较愿意采用这种做法。互购贸易已成为当前对销贸易的主要形式之一。

10.4.4 补偿贸易

1. 补偿贸易的含义

补偿贸易又称作产品回购，这种做法多出现于设备的交易。它是指按照回购协议，先进口国以赊购方式或利用信贷购进技术或设备，同时，由先出口国向进口国承诺购买一定数量或金额的，由该技术或设备直接制造出来或派生出来的产品，先进口国用出售这些产品所得货款分期偿还进口设备的价款和利息，或偿还贷款和利息。

2. 补偿贸易的种类

（1）直接产品补偿。

（2）间接产品补偿。

（3）劳务补偿。

3. 补偿贸易的特征和作用

（1）特征。

补偿贸易以信贷作为前提条件；设备供应方必须同时承诺回购设备进口方的产品或劳务，这是构成补偿贸易的必备条件。

（2）作用

1）对设备进口方而言，这是一种较好的利用外资的形式，可以引进先进技术和设备，发展和提高本国的生产能力，加快企业的技术改造，通过对方的回购还可以在扩大出口的同时，得到一个较稳定的销售市场和销售渠道。

2）对设备供应方而言，进行补偿贸易，有利于突破进口方支付能力不足，扩大出口；在当前市场竞争日益激烈的条件下，通过承诺回购义务来加强自己的竞争地位，争取贸易伙伴，对从回购中取得较稳定的原材料来源，或从转售的产品中获得利润等方面，也能起到积极的作用。

4. 补偿贸易合同的主要内容

（1）有关技术及技术协助的规定。

（2）有关信贷的条件。包括贷款金额、结算货币、利率、偿还期限、偿还办法以及银行担保等内容。

（3）有关回购义务的规定。包括回购产品的名称、品种、规格、额度、作价及销售地区的限制等。

通常对外贸易中的“三来一补”业务就是指来料加工、来件装配、来样加工和补偿贸易。

■ 本章小结

本章主要讲授了国际贸易中一些常用的交易方式，这些方式弥补了单边逐笔售定的不足之处。这些方式主要是经销和代理、寄售、拍卖、展卖、招标投标、期货交易、对销贸易。

经销是指出口企业与国外经销商达成书面协议，规定经销商品的种类、销售期限和地区范围，利用国外经销商推销商品的一种方式，经销属于转卖性质。代理是指代理人按照委托人的授权，代表委托人与第三人订立合同或做其他法律行为，而委托人直接享有由此而产生的权利与承担相应的义务。委托人与代理人之间是委托代理关系。

寄售是一种委托代售的贸易方式，即寄售人（出口人）先把准备销售的货物寄到国外，委托当地代售商按照寄售协议规定的条件和办法，在国外当地代为销售，待货物售出后由代售人扣除佣金和其他费用后，将货款交付寄售人。

拍卖、展卖和招标投标都是公开销售货物的方式，在国际贸易中经常采用。

期货交易是指在期货交易所内，按照严格的程序和规则，通过公开叫价的方式，买进或卖出期货标准化合约的一种贸易方式。

国际贸易中，还有一些其他的贸易方式，如对销贸易中的易货贸易、互购贸易和补偿贸易等。这是我国常常采用的贸易方式。

■ 思考与练习

1. 独家代理与包销的主要区别有哪些？
2. 什么是补偿贸易？补偿贸易通常有哪几种？

■ 案例分析题

1. 某年 3 月，我某乡镇企业通过当地贸易公司的介绍，匆匆与日本某厂商签订了加工生产某种轻工产品的补偿贸易合同。合同规定：由日商提供生产设备，某乡镇企业将利用该设备生产的产品返销给日商，以补偿设备价款。补偿期为五年。合同未明确规定设备的型号、产地、生产年代以及技术性能等方面的指标。后日商按期运到设备，但经检验，该设备是 20 世纪 70 年代末的产品，而且是二手货。由于合同对此未加规定，该乡镇企业只得接受并进行加工生产。五年之后，补偿期满，但设备已接近报废，该企业蒙受了巨大的损失。

从这个案例中，我们得到了哪些启示？

2. 某年 10 月 20 日，A 公司同 B 公司签订了委托 B 公司代销某种电子元器件的合同。合同规定：代销产品的价格由A公司确定，开具B公司发票，每季度结算一次，代销费为6%，未售出的货物可以退货，合同期为一年。因当时该元器件销路较好，货物很快销完。次年9月4日，B公司与A公司又签订一份经销合同。该合同规定：A公司向B公司提供2万套元器件，单价86美元，货到付款，10月底之前交货。签约后不久，市场情况发生变化，该产品由畅销变为滞销，B公司拖延付款，并要求将存货退回。A公司多次催要货款，B公司均以货未售出为由拖延付款，并要求将存货退回。A公司予以拒绝，双方多次协商未果，A公司遂向法院提起诉讼。结果A公司胜诉。请分析A公司胜诉的原因。

附　　录

附录 A

专业术语词汇（英汉对照）

A

Acceptance　接受

Advanced Payment Guarantee　预付款保函

Advising Bank　通知行

Air Transportation　航空运输

Air Waybill, AWB　航空运单

All Risks, AR　一切险

Amount　金额

Applicant　开证申请人

B

Beneficiary's Certificate　受益人证明

Beneficiary　受益人

Bid Firm　递实盘

Bill of Lading, B/L　提单

Business Negotiation　交易磋商

Buyer　买方

Buying Offer　购货发盘

C

Cable Reply　电复

Certificate of Origin　一般产地证

Cost and Freight, CFR　成本加运费

Charter Shipment　租船运输

China Council for the Promotion of International Trade, CCPIT　中国国际贸易促进委员会

Cost, Insurance and Freight, CIF　成本加保险费、运费

Carriage and Insurance Paid to, CIP　运费、保险费付至

Clean Letter of Credit　光票信用证

Collecting Bank　代收行

Collection　托收

Combined Certificate　联合凭证

Commission　佣金

Consular Invoice　领事发票

Consulate　领事馆

Container Fright Station　集装箱货运站、中转站、拼装货站

Container Transport　集装箱运输

Container Yard　集装箱堆场

Contracts for the International Sale of Goods　国际货物销售合同

Counter-offer　还盘，还价

Carriage Paid to, CPT　运费付至

Customs Invoice　海关发票

Customs　海关

D

Delivered at Place, DAP　目的地交货

Delivered Duty Paid, DDP　完税后交货

Delivered at Place Unloaded, DPU　交货

Deferred Payment　延期付款

Demurrage　滞期费

Disclosed Factoring　公开型保理

Discount, Allowance 折扣
Dispatch Money 速遣费
Documentary Letter of Credit 跟单信用证
Documents against Acceptance, D/A 承兑交单
Documents against Payment, D/P 付款交单

E

Exporter 出口人
Ex Works, EXW 工厂交货

F

Factor 保理商
Free alongside Ship, FAS 装运港船边交货
Free Carrier, FCA 货交承运人
Financial Factoring 预支保理
Free on Board, FOB 船上交货
Free from Particular Average, FPA 平安险
Full Container Load 整箱货

G

General Additional Risk 一般附加险
General Average 共同海损
GSP FORM A 普惠制原产地证

I

Import or Export License 进出口许可证
Importer 进口人
Inquiry 询盘，询价
Inspection Certificate 商检证书
Installment 分期付款
Insurance Cargo Clauses, ICC 协会货物条款
Insurance Certificate 保险凭证
Insurance Policy 保险单
Insurance Premium 保险费
Insured Amount 保险金额
Insured 被保险人
International Chamber of Commerce, ICC 国际商会
International Practice and Customs 国际贸易惯例
Irrevocable Letter of Credit 不可撤销信用证
ISBP 《关于审核跟单信用证项下单据的国际标准银行实务》
Issuing Bank 开证行

L

Land Bridge Transport 大陆桥运输
Late Acceptance 迟到的接受
Less than Container Load 拼箱货
Letter of Credit, L/C 信用证
Bank's Letter of Guarantee 银行保函
Liner Transport 班轮运输

M

Maturity Factoring 到期保理
Money of Account 计价货币
Money of Payment 支付货币
Multimodal Transport Document 多式联运单据

N

Negotiating Bank 议付行
Net Price 净价
Non-transferable Letter of Credit 不可转让信用证

O

Ocean Bill of Lading 海运提单
Ocean Transport 海洋运输
Offeree 受盘人
Offerer 发盘人

Overland Transportation All Risks
陆运一切险
Overland Transportation Risks 陆运险

P

Packing List 装箱单
Parcel Post Receipt 邮包收据
Partial Loss 部分损失
Partial Shipment 分批装运
Particular Average 单独海损
Paying Bank 付款行
Payment after Arrival of Goods 货到付款
Payment in Advance 预付货款
Performance Guarantee 履约保函
Port of Destination 目的港
Port of Shipment 装运港
Presenting Bank 提示行
Price Including Commission 含佣价
Price Including Discount 折扣价
Principal 委托人
Purchase Confirmation 购货确认书

R

Railway Transport 铁路运输
Reference Price 参考价
Remittance 汇付
Remitting Bank 托收行
Revocable Letter of Credit
可撤销信用证
Revocation of Offer 发盘的撤销
Revolving Letter of Credit 循环信用证

S

Sales Confirmation 销售确认书
Sales Contract 销售合同
Sea Waybill, SWB 海运单
Seller 卖方
Shipping Advice 装运通知
Special Additional Risk 特殊附加险
Standby Letter of Credit 备用信用证
Strike Risk 罢工险
Subject to Our Final Confirmation
需经我方最后确认
Supplier 供货商

T

Telegraphic Transfer, T/T 电汇
Time of Delivery 交货期
Time of Shipment 装运期
Time of Validity 有效期
Total Loss 全部损失
Total Amount 总值
Trade Term 贸易术语
Transferable Letter of Credit
可转让信用证
Transhipment 转船、转运
Transport Document 装运单据
Trust Receipt, T/R 信托收据

U

UCP 《跟单信用证统一惯例》
Unconfirmed Letter of Credit
非保兑信用证
Underwriter 保险人
Undisclosed Factoring 隐蔽型保理
Unit Price 单价
Usance Letter of Credit 远期信用证

W

War Risk 战争险
Warehouse to Warehouse Clause
“仓至仓”条款
With Particular Average, WPA 水渍险
Withdrawal of Offer 发盘的撤回

附录 B

UCP600（中文版）

第一条 《UCP600》的适用范围
第二条 定义
第三条 解释
第四条 信用证与合同
第五条 单据与货物、服务或履约行为
第六条 兑用方式、截止日和交单地点
第七条 开证行责任
第八条 保兑行责任
第九条 信用证及其修改的通知
第十条 修改
第十一条 电讯传输的和预先通知的信用证和修改
第十二条 指定
第十三条 银行之间的偿付安排
第十四条 单据审核标准
第十五条 相符交单
第十六条 不符单据、放弃及通知
第十七条 正本单据及副本
第十八条 商业发票
第十九条 涵盖至少两种不同运输方式的运输单据
第二十条 提单
第二十一条 不可转让的海运单
第二十二条 租船合同提单
第二十三条 空运单据
第二十四条 公路、铁路或内陆水运单据
第二十五条 快递收据、邮政收据或投邮证明
第二十六条 “货装舱面”“托运人装载和计数”“内容据托运人报称”及运费之外的费用
第二十七条 清洁运输单据
第二十八条 保险单据及保险范围
第二十九条 截止日或最迟交单日的顺延
第三十条 信用证金额、数量与单价的伸缩度
第三十一条 部分支款或部分发运
第三十二条 分期支款或分期发运
第三十三条 交单时间

第一条　《UCP600》的适用范围

《跟单信用证统一惯例》（2007 年修订本，也称《UCP600》）是一套规则，适用于所有的其文本中明确表明受本惯例约束的跟单信用证（下称信用证）（在其可适用的范围内，包括备用信用证）。除非信用证明确修改或排除，本惯例各条文对信用证所有当事人均具有约束力。

第二条　定义

就本惯例而言：

通知行是指应开证行的要求通知信用证的银行。

申请人是指要求开立信用证的一方。

银行工作日是指银行在其履行受本惯例约束的行为的地点通常开业的一天。

受益人是指接受信用证并享受其利益的一方。

相符交单是指与信用证条款、本惯例的相关适用条款以及国际标准银行实务一致的交单。

保兑是指保兑行在开证行承诺之外做出的承付或议付相符交单的确定承诺。

保兑行是指根据开证行的授权或要求对信用证加具保兑的银行。

信用证是指一项不可撤销的安排，无论其名称或描述如何，该项安排构成开证行对相符交单予以承付的确定承诺。

承付是指：

a. 如果信用证为即期付款信用证，则即期付款。

b. 如果信用证为延期付款信用证，则承诺延期付款并在承诺到期日付款。

c. 如果信用证为承兑信用证，则承兑受益人开出的汇票并在汇票到期日付款。

开证行是指应申请人要求或者代表自己开出信用证的银行。

议付是指指定银行在相符交单下，在其应获偿付的银行工作日当天或之前向受益人预付或者同意预付款项，从而购买汇票（其付款人为指定银行以外的其他银行）及/或单据的行为。

指定银行是指信用证可在其处兑用的银行，如信用证可在任一银行兑用，则任何银行均为指定银行。

交单是指向开证行或指定银行提交信用证项下单据的行为，或指按此方式提交的单据。

交单人是指实施交单行为的受益人、银行或其他人。

第三条　解释

就本惯例而言：

如情形适用，单数词形包含复数含义，复数词形包含单数含义。

信用证是不可撤销的，即使未如此表明。

单据签字可用手签、摹样签字、穿孔签字、印戳、符号或任何其他机械或电子的证实方法为之。

诸如单据须履行法定手续、签证、证明等类似要求，可由单据上任何看似满足该要求的签字、标记、印戳或标签来满足。

一家银行在不同国家的分支机构被视为不同的银行。

用诸如“第一流的”“著名的”“合格的”“独立的”“正式的”“有资格的”或“本地的”等词语描述单据的出单人时，允许除受益人之外的任何人出具该单据。

除非要求在单据中使用，否则诸如“迅速”“立刻”或“尽快”等词语将被不予理会。

“在或大概在”（on or about）或类似用语将被视为规定事件发生在指定日期的前后5个日历日之间，起讫日期计算在内。

“至”（to）、“直至”（until、till）、“从……开始”（from）及“在……之间”（between）等词用于确定发运日期时包含提及的日期，使用“在……之前”（before）及“在……之后”（after）时则不包含提及的日期。

“从……开始”（from）及“在……之后”（after）等词用于确定到期日时不包含提及的日期。

“前半月”及“后半月”分别是指一个月的第1日到第15日及第16日到该月的最后一日，起讫日期计算在内。

一个月的“开始”（beginning）、“中间”（middle）及“末尾”（end）分别是指第1到第10日、第11日到第20日及第21日到该月的最后一日，起讫日期计算在内。

第四条　信用证与合同

a. 就其性质而言，信用证与可能作为其开立基础的销售合同或其他合同是相互独立的交易，即使信用证中含有对此类合同的任何援引，银行也与该合同无关，且不受其约束。因此，银行关于承付、议付或履行信用证项下其他义务的承诺，不受申请人基于与开证行或与受益人之间的关系而产生的任何请求或抗辩的影响。

受益人在任何情况下不得利用银行之间或申请人与开证行之间的合同关系。

b. 开证行应劝阻申请人试图将基础合同、形式发票等文件作为信用证组成部分的做法。

第五条　单据与货物、服务或履约行为

银行处理的是单据，而不是单据可能涉及的货物、服务或履约行为。

第六条　兑用方式、截止日和交单地点

a. 信用证必须规定可在其处兑用的银行，或是否可在任一银行兑用。规定在指定银行兑用的信用证同时也可以在开证行兑用。

b. 信用证必须规定其是以即期付款、延期付款、承兑还是议付的方式兑用。

c. 信用证不得开成凭以申请人为付款人的汇票兑用。

d.

i. 信用证必须定一个交单的截止日。规定的承付或议付的截止日将被视为交单的截止日。

ii. 可在其处兑用信用证的银行所在地即为交单地点。可在任一银行兑用的信用证其交单地点为任一银行所在地。除规定的交单地点外，开证行所在地也是交单地点。

e. 除非如第二十九条 a 款规定的情形，否则受益人或者代表受益人的交单应在截止日当天或之前完成。

第七条 开证行责任

a. 只要规定的单据提交给指定银行或开证行，并且构成相符交单，则开证行必须承付，如果信用证为以下情形之一：

i. 信用证规定由开证行即期付款，延期付款或承兑。

ii. 信用证规定由指定银行即期付款但其未付款。

iii. 信用证规定由指定银行延期付款但其未承诺延期付款，或虽已承诺延期付款，但未在到期日付款。

iv. 信用证规定由指定银行承兑，但其未承兑以其为付款人的汇票，或虽然承兑了汇票，但未在到期日付款。

v. 信用证规定由指定银行议付但其未议付。

b. 开证行自开立信用证之时起即不可撤销地承担承付责任。

c. 指定银行承付或议付相符交单并将单据转给开证行之后，开证行即承担偿付该指定银行的责任。对承兑或延期付款信用证下相符交单金额的偿付应在到期日办理，无论指定银行是否在到期日之前预付或购买了单据。开证行偿付指定银行的责任独立于开证行对受益人的责任。

第八条 保兑行责任

a. 只要规定的单据提交给保兑行，或提交给其他任何指定银行，并且构成相符交单，保兑行必须：

i. 承付，如果信用证为以下情形之一：

a）信用证规定由保兑行即期付款、延期付款或承兑。

b）信用证规定由另一指定银行延期付款，但其未付款。

c）信用证规定由另一指定银行延期付款，但其未承诺延期付款，或虽已承诺延期付款但未在到期日付款。

d）信用证规定由另一指定银行承兑，但其未承兑以其为付款人的汇票，或虽已承兑汇票未在到期日付款。

e）信用证规定由另一指定银行议付，但其未议付。

ii. 无追索权地议付，如果信用证规定由保兑行议付。

b. 保兑行自对信用证加具保兑之时起即不可撤销地承担承付或议付的责任。

c. 其他指定银行承付或议付相符交单并将单据转往保兑行之后，保兑行即承担偿付该指定银行的责任。对承兑或延期付款信用证下相符交单金额的偿付应在到期日办理，无论指定银行是否在到期日之前预付或购买了单据。保兑行偿付指定银行的责任独立于保兑行对受益人的责任。

d. 如果开证行授权或要求一银行对信用证加具保兑，而它并不准备照办，则它必须毫不延误地通知开证行，并可通知此信用证而不加保兑。

第九条 信用证及其修改的通知

a. 信用证及其任何修改可以经由通知行通知给受益人。非保兑行的通知行通知信用及修改时不承担承付或议付的责任。

b. 通知行通知信用证或修改的行为表示其已确信信用证或修改的表面真实性，而且其通知准确地反映了其收到的信用证或修改的条款。

c. 通知行可以通过另一银行（“第二通知行”）向受益人通知信用证及修改。第二通知行通知信用证或修改的行为表明其已确信收到的通知的表面真实性，并且其通知准确地反映了收到的信用证或修改的条款。

d. 经由通知行或第二通知行通知信用证的银行必须经由同一银行通知其后的任何修改。

e. 如一银行被要求通知信用证或修改但其决定不予通知，则应毫不延误地告知自其处收到信用证、修改或通知的银行。

f. 如一银行被要求通知信用证或修改但其不能确信信用证、修改或通知的表面真实性，则应毫不延误地通知向其发出该指示的银行。如果通知行或第二通知行决定仍然通知信用证或修改，则应告知受益人或第二通知行其不能确信信用证、修改或通知的表面真实性。

第十条 修改

a. 除第三十八条另有规定者外，未经开证行、保兑行（如有的话）及受益人同意，信用证既不得修改，也不得撤销。

b. 开证行自发出修改之时起，即不可撤销地受其约束。保兑行可将其保兑扩展至修改，并自通知该修改时，即不可撤销地受其约束。但是，保兑行可以选择将修改通知受益人而不对其加具保兑，但它必须毫不延误地将此告知开证行，并在其给受益人的通知中告知受益人。

c. 在受益人告知通知修改的银行其接受该修改之前，原信用证（或含有先前被接受的修改的信用证）的条款对受益人仍然有效。受益人应提供接受或拒绝修改的通知。如果受益人未能给予通知，当交单与信用证以及尚未表示接受的修改的要求一致时，即视为受益人已做出接受修改的通知，并且从此时起，该信用证被修改。

d. 通知修改的银行应将任何接受或拒绝的通知转告发出修改的银行。

e. 对同一修改的内容不允许部分接受，部分接受将被视为拒绝修改的通知。

f. 修改中关于除非受益人在某一时间内拒绝修改否则修改生效的规定应被不予理会。

第十一条 电讯传输的和预先通知的信用证和修改

a. 以经证实的电讯方式发出的信用证或信用证修改即被视为有效的信用证或修改文据，任何后续的邮寄确认书应被不予理会。

如电讯声明“详情后告”（或类似用语）或声明以邮寄确认书为有效信用证或

修改，则该电讯不被视为有效信用证或修改。开证行必须随即不迟延地开立有效信用证或修改，其条款不得与该电讯矛盾。

b. 开证行只有在准备开立有效信用证或做出有效修改时，才可以发出关于开立或修改信用证的初步通知（预先通知）。开证行做出该预先通知，即不可撤销地保证不迟延地开立或修改信用证，且其条款不能与预先通知相矛盾。

第十二条　指定

a. 除非指定银行为保兑行，对于承付或议付的授权并不赋予指定银行承付或议付的义务，除非该指定银行明确表示同意并且告知受益人。

b. 开证行指定一银行承兑汇票或做出延期付款承诺，即为授权该指定银行预付或购买其已承兑的汇票或已做出的延期付款承诺。

c. 非保兑行的指定银行收到或审核并转递单据的行为并不使其承担承付或议付的责任，也不构成其承付或议付的行为。

第十三条　银行之间的偿付安排

a. 如果信用证规定指定银行（索偿行）向另一方（偿付行）获取偿付时，必须同时规定该偿付是否按信用证开立时有效的 ICC 银行间偿付规则进行。

b. 如果信用证没有规定偿付遵守 ICC 银行间偿付规则，则按照以下规定：

i. 开证行必须给予偿付行有关偿付的授权，授权应符合信用证关于兑用方式的规定，且不应设定截止日。

ii. 开证行不应要求索偿行向偿付行提供与信用证条款相符的证明。

iii. 如果偿付行未按信用证条款见索即付，开证行将承担利息损失以及产生的任何其他费用。

iv. 偿付行的费用应由开证行承担。然而，如果此项费用由受益人承担，开证行有责任在信用证及偿付授权中注明。如果偿付行的费用由受益人承担，该费用应在偿付时从付给索偿行的金额中扣取。如果偿付未发生，偿付行的费用仍由开证行负担。

c. 如果偿付行未能见索即付，开证行不能免除偿付责任。

第十四条　单据审核标准

a. 按指定行事的指定银行、保兑行（如果有的话）及开证行须审核交单，并仅基于单据本身确定其是否在表面上构成相符交单。

b. 按指定行事的指定银行、保兑行（如有的话）及开证行各有从交单次日起至多 5 个银行工作日用以确定交单是否相符。这一期限不因交单日适逢信用证截止日或最迟交单日或在其之后而受到缩减或影响。

c. 如果单据中包含一份或多份受第十九、二十、二十一、二十二、二十三、二十四或二十五条规制的正本运输单据，则须由受益人或其代表在不迟于本惯例所指的发运日之后的 21 个日历日内交单，但是在任何情况下都不得迟于信用证的截止日。

d. 单据中的数据，在与信用证、单据本身以及国际标准银行实务参照解读时，无须与该单据本身中的数据、其他要求的单据或信用证中的数据等同一致，但不得矛盾。

e. 除商业发票外，其他单据中的货物、服务或履约行为的描述，如果有的话，可使用与信用证中的描述不矛盾的概括性用语。

f. 如果信用证要求提交运输单据、保险单据或者商业发票之外的单据，却未规定出单人或其数据内容，则只要提交的单据内容看似满足所要求单据的功能，且其他方面符合第十四条 d 款，银行将接受该单据。

g. 提交的非信用证所要求的单据将被不予理会，并可被退还给交单人。

h. 如果信用证含有一项条件，但未规定用以表明该条件得到满足的单据，银行将视为未做规定并不予理会。

i. 单据日期可以早于信用证的开立日期，但不得晚于交单日期。

j. 当受益人和申请人的地址出现在任何规定的单据中时，无须与信用证或其他规定单据中所载相同，但必须与信用证中规定的相应地址同在一国。联络细节（传真、电话、电子邮件及类似细节）作为受益人和申请人地址的一部分时将被不予理会。然而，如果申请人的地址和联络细节为第十九、二十、二十一、二十二、二十三、二十四或二十五条规定的运输单据上的收货人或通知方细节的一部分时，应与信用证规定的相同。

k. 在任何单据中注明的托运人或发货人无须为信用证的受益人。

l. 运输单据可以由任何人出具，无须为承运人、船东、船长或租船人，只要其符合第十九、二十、二十一、二十二、二十三或二十四条的要求。

第十五条　相符交单

a. 当开证行确定交单相符时，必须承付。

b. 当保兑行确定交单相符时，必须承付或者议付并将单据转递给开证行。

c. 当指定银行确定交单相符并承付或议付时，必须将单据转递给保兑行或开证行。

第十六条　不符单据、放弃及通知

a. 当按照指定行事的指定银行、保兑行（如有的话）或者开证行确定交单不符时，可以拒绝承付或议付。

b. 当开证行确定交单不符时，可以自行决定联系申请人放弃不符点。然而这并不能延长第十四条 b 款所指的期限。

c. 当按照指定行事的指定银行、保兑行（如有的话）或开证行决定拒绝承付或议付时，必须给予交单人一份单独的拒付通知。

该通知必须声明：

i. 银行拒绝承付或议付；及

ii. 银行拒绝承付或者议付所依据的每一个不符点；及

iii.

a）银行留存单据听候交单人的进一步指示；或者

b）开证行留存单据直到它从申请人处接到放弃不符点的通知并同意接受该放弃，或者它同意接受对不符点的放弃之前从交单人处收到其进一步指示；或者

c）银行将退回单据；或者

d）银行将按之前从交单人处获得的指示处理。

d. 第十六条 c 款要求的通知必须以电讯方式，如不可能，则以其他快捷方式，在不迟于自交单之翌日起第 5 个银行工作日结束前发出。

e. 按照指定行事的指定银行、保兑行（如有的话）或开证行在按照第十六条 c 款 iii 项 a）或 b）发出了通知后，可以在任何时候将单据退还交单人。

f. 如果开证行或保兑行未能按照本条行事，则无权宣称交单不符。

g. 当开证行拒绝承付或保兑行拒绝承付或者议付，并且按照本条发出了拒付通知后，有权要求返还已偿付的款项及利息。

第十七条　正本单据及副本

a. 信用证规定的每一种单据须至少提交一份正本。

b. 银行应将任何带有看似出单人的原始签名、标记、印戳或标签的单据视为正本单据，除非单据本身表明其非正本。

c. 除非单据本身另有说明，在以下情况下，银行也将其视为正本单据：

i. 单据看似由出单人手写、打字、穿孔或盖章；或者

ii. 单据看似使用出单人的原始信纸出具；或者

iii. 单据声明其为正本单据，除非该声明看似不适用于提交的单据。

d. 如果信用证要求提交单据的副本，提交正本或副本均可。

e. 如果信用证使用诸如“一式两份”（in duplicate）、“两份”（in two fold）、“两套”（in two copies）等用语要求提交多份单据，则提交至少一份正本，其余使用副本即可满足要求，除非单据本身另有说明。

第十八条　商业发票

a. 商业发票：

i. 必须看似由受益人出具（第三十八条规定的情形除外）；

ii. 必须出具成以申请人为抬头（第三十八条 g 款规定的情形除外）；

iii. 必须与信用证的货币相同；且

iv. 无须签名。

b. 按指定行事的指定银行、保兑行（如有的话）或开证行可以接受金额大于信用证允许金额的商业发票，其决定对有关各方均有约束力，只要该银行对超过信用证允许金额的部分未做承付或者议付。

c. 商业发票上的货物、服务或履约行为的描述应该与信用证中的描述一致。

第十九条　涵盖至少两种不同运输方式的运输单据

a. 涵盖至少两种不同运输方式的运输单据（多式或联合运输单据），无论名称如何，必须看似：

i. 表明承运人名称并由以下人员签署：

* 承运人或其具名代理人；或

* 船长或其具名代理人。

承运人、船长或代理人的任何签字，必须标明其承运人、船长或代理人的身份。

代理人签字必须表明其系代表承运人还是船长签字。

ii. 通过以下方式表明货物已经在信用证规定的地点发送、接管或已装船：

＊事先印就的文字；或者

＊表明货物已经被发送、接管或装船日期的印戳或批注。

运输单据的出具日期将被视为发送、接管或装船的日期，也即装运日期。然而如单据以印戳或批注的方式表明了发送、接管或装船日期，该日期将被视为装运日期。

iii. 表明信用证规定的发送、接管或装运地点，以及最终目的地，即使：

a）该运输单据另外还载明了一个不同的发送、接管或装运地点或最终目的地；或者，

b）该运输单据载有“预期的”或类似的关于船只、装货港或卸货港的限定语。

iv. 为唯一的正本运输单据；或者，如果出具多份正本，则为运输单据中表明的全套单据。

v. 载有承运条款和条件，或提示承运条款和条件参见别处（简式/背面空白的运输单据）。银行将不审核承运条款和条件的内容。

vi. 未表明受租船合同约束。

b. 就本条而言，转运是指在从信用证规定的发送、接管或者装运地点至最终目的地的运输过程中从某一运输工具上卸下货物并装上另一运输工具的行为（无论其是否为不同的运输方式）。

c.

i. 运输单据可以表明货物将要或可能被转运，只要全程运输由同一运输单据涵盖。

ii. 即使信用证禁止转运，注明将要或者可能发生转运的运输单据仍可接受。

第二十条　提单

a. 提单，无论名称如何，必须看似：

i. 表明承运人名称，并由下列人员签署：

＊承运人或其具名代理人；或者

＊船长或其具名代理人。

承运人、船长或代理人的任何签字必须标明其承运人、船长或代理人的身份。

代理人的任何签字必须标明其系代表承运人还是船长签字。

ii. 通过以下方式表明货物已在信用证规定的装运港装上具名船只：

＊预先印就的文字；或

＊已装船批注注明货物的装运日期。

提单的出具日期将被视为装运日期，除非提单载有表明装运日期的已装船批注，此时已装船批注中显示的日期将被视为装运日期。

如果提单载有“预期船只”或类似的关于船名的限定语，则需以已装船批注明确装运日期以及实际船名。

iii. 表明货物从信用证规定的装运港发运至卸货港。

如果提单没有表明信用证规定的装运港为装运港，或者其载有“预期的”或类似的关于装运港的限定语，则需以已装船批注表明信用证规定的装运港、装运日期

以及实际船名。即使提单以事先印就的文字表明了货物已装载或装运于具名船只，本规定仍适用。

iv. 为唯一的正本提单，或如果以多份正本出具，为提单中表明的全套正本。

v. 载有承运条款和条件，或提示承运条款和条件参见别处（简式/背面空白的提单）。银行将不审核承运条款和条件的内容。

vi. 未表明受租船合同约束。

b. 就本条而言，转运系指在信用证规定的装运港到卸运港之间的运输过程中，将货物从一船卸下并再装上另一船的行为。

c.

i. 提单可以表明货物将要或可能被转运，只要全程运输由同一提单涵盖。

ii. 即使信用证禁止转运，注明将要或可能发生转运的提单仍可接受，只要它表明货物由集装箱、拖车或子船运输。

d. 提单中声明承运人保留转运权利的条款将被不予理会。

第二十一条　不可转让的海运单

a. 不可转让的海运单，无论名称如何，必须看似：

i. 表明承运人名称并由下列人员签署：

* 承运人或其具名代理人；或者

* 船长或其具名代理人。

承运人、船长或代理人的任何签字必须标明其承运人、船长或代理人的身份。

代理签字必须标明其系代表承运人还是船长签字。

ii. 通过以下方式表明货物已在信用证规定的装运港装上具名船只：

* 预先印就的文字；或者

* 已装船批注表明货物的装运日期。

不可转让海运单的出具日期将被视为装运日期，除非其上带有已装船批注注明装运日期，此时已装船批注注明的日期将被视为装运日期。

如果不可转让海运单载有“预期船只”或类似的关于船名的限定语，则需要以已装船批注表明装运日期和实际船名。

iii. 表明货物从信用证规定的装运港发运至卸货港。

如果不可转让海运单未以信用证规定的装运港为装运港，或者如果其载有“预期的”或类似的关于装运港的限定语，则需要以已装船批注表明信用证规定的装运港、装运日期和船只。即使不可转让海运单以预先印就的文字表明货物已由具名船只装载或装运，本规定也适用。

iv. 为唯一的正本不可转让海运单；或，如果以多份正本出具，为海运单上注明的全套正本。

v. 载有承运条款的条件，或提示承运条款和条件参见别处（简式/背面空白的海运单）。银行将不审核承运条款和条件的内容。

vi. 未注明受租船合同约束。

b. 就本条而言，转运系指在信用证规定的装运港到卸货之间的运输过程中，将货物从一船卸下并装上另一船的行为。

c.

i. 不可转让海运单可以注明货物将要或可能被转运，只要全程运输由同一海运单涵盖。

ii. 即使信用证禁止转运，注明转运将要或可能发生的不可转让的海运单仍可接受，只要其表明货物装于集装箱、拖船或子船中运输。

d. 不可转让的海运单中声明承运人保留转运权利条款将被不予理会。

第二十二条　租船合同提单

a. 表明其受租船合同约束的提单（租船合同提单），无论名称如何，必须看似：

i. 由以下人员签署：

* 船长或其具名代理人；或

* 船东或其具名代理人；或

* 租船人或其具名代理人。

船长、船东、租船人或代理人的任何签字必须标明其船长、船东、租船人或代理人的身份。

代理人签字必须表明其系代表船长、船东还是租船人签字。

代理人代表船东或租船人签字时必须注明船东或租船人的名称。

ii. 通过以下方式表明货物已在信用证规定的装运港装上具名船只：

* 预先印就的文字；或者

* 已装船批注注明货物的装运日期

租船合同提单的出具日期将被视为装运日期，除非租船合同提单载有已装船批注注明装运日期，此时已装船批注上注明的日期将被视为装运日期。

iii. 表明货物从信用证规定的装运港发运至卸货港。卸货港也可显示为信用证规定的港口范围或地理区域。

iv. 为唯一的正本租船合同提单；或，如以多份正本出具，为租船合同提单注明的全套正本。

b. 银行将不审核租船合同，即使信用证要求提交租船合同。

第二十三条　空运单据

a. 空运单据，无论名称如何，必须看似：

i. 表明承运人名称，并由以下人员签署：

* 承运人；或

* 承运人的具名代理人。

承运人或其代理人的任何签字必须标明其承运人或代理人的身份。

代理人签字必须表明其系代表承运人签字。

ii. 表明货物已被收妥待运。

iii. 表明出具日期。该日期将被视为装运日期，除非空运单据载有专门批注注明实际装运日期，此时批注中的日期将被视为装运日期。

空运单据中其他与航班号和航班日期相关的信息将不被用来确定装运日期。

iv. 表明信用证规定的起飞机场和目的地机场。

v. 为开给发货人或托运人的正本，即使信用证规定提交全套正本。

vi. 载有承运条款和条件，或提示条款和条件参见别处。银行将不审核承运条款和条件的内容。

b. 就本条而言，转运是指在信用证规定的起飞机场到目的地机场的运输过程中，将货物从一飞机卸下再装上另一飞机的行为。

c.

i. 空运单据可以注明货物将要或可能转运，只要全程运输由同一空运单据涵盖。

ii. 即使信用证禁止转运，注明将要或可能发生转运的空运单据仍可接受。

第二十四条　公路、铁路或内陆水运单据

a. 公路、铁路或内陆水运单据，无论名称如何，必须看似：

i. 表明承运人名称，并且：

* 由承运人或其具名代理人签署；或者

* 由承运人或其具名代理人以签字、印戳或批注表明货物收讫。

承运人或其具名代理人的收货签字、印戳或批注必须标明其承运人或代理人的身份。

代理人的收货签字、印戳或批注必须标明代理人系代理承运人签字或行事。

如果铁路运输单据没有指明承运人，可以接受铁路运输公司的任何签字或印戳作为承运人签署单据的证据。

ii. 表明货物的信用规定地点的装运日期，或者收讫待运或待发送的日期。运输单据的出具日期将被视为装运日期，除非运输单据上盖有带日期的收货印戳，或注明了收货日期或装运日期。

iii. 表明信用证规定的装运地及目的地。

b.

i. 公路运输单据必须看似为开给发货人或托运人的正本，或没有任何标记表明单据开给何人。

ii. 注明“第二联”的铁路运输单据将被作为正本接受。

iii. 无论是否注明正本字样，铁路或内陆水运单据都被作为正本接受。

c. 如运输单据上未注明出具的正本数量，提交的份数即视为全套正本。

d. 就本条而言，转运是指在信用证规定的装运、发送或运送的地点到目的地之间的运输过程中，在同一运输方式中从一运输工具卸下再装上另一运输工具的行为。

e.

i. 只要全程运输由同一运输单据涵盖，公路、铁路或内陆水运单据可以注明货物将要或可能被转运。

ii. 即使信用证禁止转运，注明将要或可能发生转运的公路、铁路或内陆水运单据仍可接受。

第二十五条　快递收据、邮政收据或投邮证明

a. 证明货物收讫待运的快递收据，无论名称如何，必须看似：

i. 表明快递机构的名称，并在信用证规定的货物发运地点由该具名快递机构盖章或签字；并且

ii. 表明取件或收件的日期或类似词语，该日期将被视为装运日期。

b. 如果要求显示快递费用付讫或预付，快递机构出具的表明快递费由收货人以外的一方支付的运输单据可以满足该项要求。

c. 证明货物收讫待运的邮政收据或投邮证明，无论名称如何，必须看似在信用证规定的货物装运地点盖章或签署并注明日期。该日期将被视为装运日期。

第二十六条 “货装舱面”“托运人装载和计数”“内容据托运人报称”及运费之外的费用

a. 运输单据不得表明货物装于或者将装于舱面。声明货物可能装于舱面的运输单据条款可以接受。

b. 载有诸如“托运人装载和计数”或“内容据托运人报称”条款的运输单据可以接受。

c. 运输单据上可以以印戳或其他方法提及运费之外的费用。

第二十七条 清洁运输单据

银行只接受清洁运输单据，清洁运输单据是指未载有明确宣称货物或包装有缺陷的条款或批注的运输单据。“清洁”一词并不需要在运输单据上出现，即使信用证要求运输单据为“清洁已装船”的。

第二十八条 保险单据及保险范围

a. 保险单据，例如保险单或预约保险项下的保险证明书或者声明书，必须看似由保险公司或承保人或其代理人或代表出具并签署。

b. 如果保险单据表明其以多份正本出具，所有正本均须提交。

c. 暂保单将不被接受。

d. 可以接受保险单代替预约保险项下的保险证明书或声明书。

e. 保险单据日期不得晚于装运日期，除非保险单据表明保险责任不迟于装运日期生效。

f.

i. 保险单据必须表明投保金额并以与信用证相同的货币表示。

ii. 信用证对于投保金额为货物价值、发票金额或类似金额的某一比例的要求，将被视为对最低保额的要求。

如果信用证对投保金额未做规定，投保金额须至少为货物的 CIF 或 CIP 价格的 110%。

如果从单据中不能确定 CIF 或者 CIP 价格，投保金额必须基于要求承付或议付的金额，或者基于发票上显示的货物总值来计算，两者之中取金额较高者。

iii. 保险单据须表明承保的风险区间至少涵盖从信用证规定的货物接管地或装运地开始到卸货地或最终目的地为止。

g. 信用证应规定所需投保的险别及附加险（如有的话）。如果信用证使用诸如“通常风险”或“惯常风险”等含义不确切的用语，则无论是否有漏保之风险，保险单据将被照样接受。

h. 当信用证规定投保“一切险”时，如保险单据载有任何“一切险”批注或条款，无论是否有“一切险”标题，均将被接受，即使其声明任何风险除外。

i. 保险单据可以援引任何除外条款。

j. 保险单据可以注明受免赔率或免赔额（减除额）约束。

第二十九条　截止日或最迟交单日的顺延

a. 如果信用证的截止日或最迟交单日适逢接受交单的银行非因第三十六条所述原因而歇业，则截止日或最迟交单日，视何者适用，将顺延至其重新开业的第一个银行工作日。

b. 如果在顺延后的第一个银行工作日交单，指定银行必须在其致开证行或保兑行的面函中声明交单是在根据第二十九条 a 款顺延的期限内提交的。

c. 最迟装运日期不因第二十九条 a 款规定的原因而顺延。

第三十条　信用证金额、数量与单价的伸缩度

a. “约”或“大约”用于信用证金额或信用证规定的数量或单价时，应解释为允许有关金额或数量或单价有不超过 10% 的伸缩度。

b. 在信用证未以包装单位件数或货物自身件数的方式规定货物数量时，货物数量允许有 5% 的伸缩度，只要总支取金额不超过信用证金额。

c. 如果信用证规定了货物数量，而该数量已全部装运，及如果信用证规定了单价，而该单价又未降低，或当第三十条 b 款不适用时，则即使不允许分批装运，也允许支取的金额有 5% 的减幅。若信用证规定有特定的增减幅度或使用第三十条 a 款提到的用语限定数量，则该减幅不适用。

第三十一条　部分支款或部分发运

a. 允许分批支款或分批装运。

b. 表明使用同一运输工具并经由同次航程运输的数套运输单据在同一次提交时，只要显示相同目的地，将不视为分批装运，即使运输单据上表明的装运日期不同或装运港、接管地或装运地点不同。如果交单由数套运输单据构成，其中最晚的一个装运日期将被视为装运日期。

含有一套或数套运输单据的交单，如果表明在同一种运输方式下经由数件运输工具运输，即使运输工具在同一天出发运往同一目的地，仍将被视为分批装运。

c. 含有一份以上快递收据、邮政收据或投邮证明的交单，如果单据看似由同一快递或邮政机构在同一地点和日期加盖印戳或签字并且表明同一目的地，将不视为分批装运。

第三十二条　分期支款或分期发运

如信用证规定在指定的时间段内分期支款或分期装运，任何一期未按信用证规定期限支取或装运时，信用证对该期及以后各期均告失效。

第三十三条　交单时间

银行在其营业时间外无接受交单的义务。

第三十四条　关于单据有效性的免责

银行对任何单据的形式、充分性、准确性、内容真实性虚假性或法律效力，或对单据中规定或添加的一般或特殊条件，概不负责；银行对任何单据所代表的货

物、服务或其他履约行为的描述、数量、重量、品质、状况、包装、交付、价值或其存在与否，或对发货人、承运人、货运代理人、收货人、货物的保险人或其他任何人的诚信与否、作为或不作为、清偿能力、履约或资信状况，也概不负责。

第三十五条　关于信息传递和翻译的免责

当报文、信件或单据按照信用证的要求传输或发送时，或当信用证未做指示，银行自行选择传送服务时，银行对报文传输或信件或单据的递送过程中发生的延误、中途遗失、残缺或其他错误产生的后果，概不负责。

如果指定银行确定交单相符并将单据发往开证行或保兑行，无论指定银行是否已经承付或议付，开证行或保兑行必须承付或议付，或偿付指定银行，即使单据在指定银行送往开证行或保兑行的途中，或保兑行送往开证行的途中丢失。

银行对技术术语的翻译或解释上的错误不负责任，并可不加翻译地传送信用证条款。

第三十六条　不可抗力

银行对由于天灾、暴动、骚乱、叛乱、战争、恐怖主义行为或任何罢工、停工或其无法控制的任何其他原因导致的营业中断的后果，概不负责。

银行恢复营业时，对于在营业中断期间已逾期的信用证，不再进行承付或议付。

第三十七条　关于被指示方行为的免责

a. 为了执行申请人的指示，银行利用其他银行的服务，其费用和风险由申请人承担。

b. 即使银行自行选择了其他银行，如果发出的指示未被执行，开证行或通知行对此亦不负责。

c. 指示另一银行提供服务的银行有责任负担被指示方因执行指示而发生的任何佣金、手续费、成本或开支（“费用”）。

如果信用证规定费用由受益人负担，而该费用未能收取或从信用证款项中扣除，开证行依然承担支付此费用的责任。

信用证或其修改不应规定向受益人的通知以通知行或第二通知行收到其费用为条件。

d. 外国法律和惯例加诸银行的一切义务和责任，申请人应受其约束，并就此对银行负补偿之责。

第三十八条　可转让信用证

a. 银行无办理信用证转让的义务，除非其明确同意。

b. 就本条而言：

可转让信用证系指特别注明“可转让”（transferable）字样的信用证。可转让信用证可应受益人（第一受益人）的要求转为全部或部分由另一受益人（第二受益人）兑用。

转让行系指办理信用证转让的指定银行，或当信用证规定可在任何银行兑用时，指开证行特别如此授权并实际办理转让的银行。开证行也可担任转让行。

已转让信用证是指已由转让行转为可由第二受益人兑用的信用证。

c. 除非转让时另有约定，有关转让的所有费用（诸如佣金、手续费、成本或开支）须由第一受益人支付。

d. 只要信用证允许分批支款或分批装运，信用证可以分批转让给数名第二受益人。

已转让信用证不得应第二受益人的要求转让给任何其后受益人。第一受益人不视为其后受益人。

e. 任何转让要求须说明是否允许及在何条件下允许将修改通知第二受益人。已转让信用证须明确说明该项条件。

f. 如果信用证转让给数名第二受益人，其中一名或多名第二受益人对信用证修改的拒绝并不影响其他第二受益人接受修改。对接受者而言该已转让信用证即被相应修改，而对拒绝修改的第二受益人而言，该信用证未被修改。

g. 已转让信用证须准确转载原证条款，包括保兑（如果有的话），但下列项目除外：

—信用证金额；

—规定的任何单价；

—截止日；

—交单期限；或

—最迟装运日期或装运期。

以上任何一项或全部均可减少或缩短。

必须投保的保险比例可以增加，以达到原信用证或本惯例规定的保险金额。

可用第一受益人的名称替换原证中的开证申请人名称。

如果原证特别要求开证申请人名称应在除发票以外的任何单据出现时，已转让信用证必须反映该项要求。

h. 第一受益人有权以自己的发票和汇票（如有的话）替换第二受益人的发票和汇票，其金额不得超过原信用证的金额。经过替换后，第一受益人可在原信用证项下支取自己发票与第二受益人发票间的差价（如有的话）。

i. 如果第一受益人应提交其自己的发票和汇票（如有的话），但未能在第一次要求时照办，或第一受益人提交的发票导致了第二受益人的交单中本不存在的不符点，而它未能在第一次要求时修正，转让行有权将从第二受益人处收到的单据照交开证行，并不再对第一受益人承担责任。

j. 在要求转让时，第一受益人可以要求在信用证转让后的兑用地点，在原信用证的截止日之前（包括截止日），对第二受益人承付或议付。本规定并不得损害第一受益人在第三十八条 h 款下的权利。

k. 第二受益人或代表第二受益人的交单必须交给转让行。

第三十九条　款项让渡

信用证未注明可转让，并不影响受益人根据所适用的法律规定，将该信用证项下其可能有权或可能将成为有权获得的款项让渡给他人的权利。本条只涉及款项的让渡，而不涉及在信用证项下履行行为的权利让渡。

附录 C

联合国国际货物销售合同公约（中文版）

1980 年 4 月 11 日订于维也纳

序言

本公约各缔约国铭记联合国大会第六届特别会议通过的关于建立新的国际经济秩序的各项决议的广泛目标，考虑到在平等互利基础上发展国际贸易是促进各国间友好关系的一个重要因素，认为采用照顾到不同的社会、经济和法律制度的国际货物销售合同统一规则，将有助于减少国际贸易的法律障碍，促进国际贸易的发展，兹协议如下：

第一部分　适用范围和总则

第一章　适用范围

第一条

（1）本公约适用于营业地在不同国家的当事人之间所订立的货物销售合同：

（a）如果这些国家是缔约国；或

（b）如果国际私法规则导致适用某一缔约国的法律。

（2）当事人营业地在不同国家的事实，如果从合同或从订立合同前任何时候或订立合同时，当事人之间的任何交易或当事人透露的情报均看不出，应不予考虑。

（3）在确定本公约的适用时，当事人的国籍和当事人或合同的民事或商业性质，应不予考虑。

第二条

本公约不适用于以下的销售：

（a）购供私人、家人或家庭使用的货物的销售，除非卖方在订立合同前任何时候或订立合同时不知道而且没有理由知道这些货物是购供任何这种使用。

（b）经由拍卖的销售。

（c）根据法律执行令状或其他令状的销售。

（d）公债、股票、投资证券、流通票据或货币的销售。

（e）船舶、船只、气垫船或飞机的销售。

（f）电力的销售。

第三条

（1）供应尚待制造或生产的货物的合同应视为销售合同，除非订购货物的当事人保证供应这种制造或生产所需的大部分重要材料。

（2）本公约不适用于供应货物一方的绝大部分义务在于供应劳动力或其他服务的合同。

第四条

本公约只适用于销售合同的订立以及卖方和买方因此种合同而产生的权利和义

务。特别是，本公约除非另有明文规定，与以下事项无关：

(a) 合同的效力，或其任何条款的效力，或任何惯例的效力。

(b) 合同对所售货物所有权可能产生的影响。

第五条

本公约不适用于卖方对于货物对任何人所造成的死亡或伤害的责任。

第六条

双方当事人可以不适用本公约，或在第十二条的条件下，减损本公约的任何规定或改变其效力。

第二章　总则

第七条

(1) 在解释本公约时，应考虑到本公约的国际性质和促进其适用的统一以及在国际贸易上遵守诚信的需要。

(2) 凡本公约未明确解决的属于本公约范围的问题，应按照本公约所依据的一般原则来解决，在没有一般原则的情况下，则应按照国际私法规定适用的法律来解决。

第八条

(1) 为本公约的目的，一方当事人所做的声明和其他行为，应依照他的意旨解释，如果另一方当事人已知道或者不可能不知道此意旨。

(2) 如果上一款的规定不适用，当事人所做的声明和其他行为，应按照一个与另一方当事人同等资格、通情达理的人处于相同情况中，应有的理解来解释。

(3) 在确定一方当事人的意旨或一个通情达理的人应有的理解时，应适当地考虑到与事实有关的一切情况，包括谈判情形、当事人之间确立的任何习惯做法、惯例和当事人其后的任何行为。

第九条

(1) 双方当事人业已同意的任何惯例和他们之间确立的任何习惯做法，对双方当事人均有约束力。

(2) 除非另有协议，双方当事人应视为已默示地同意对他们的合同或合同的订立适用双方当事人已知道或理应知道的惯例，而这种惯例在国际贸易上已为有关特定贸易所涉同类合同的当事人所广泛知道并为他们所经常遵守。

第十条

为本公约的目的：

(a) 如果当事人有一个以上的营业地，则以与合同及合同的履行关系最密切的营业地为其营业地，但要考虑到双方当事人在订立合同前任何时候或订立合同时所知道或所设想的情况。

(b) 如果当事人没有营业地，则以其惯常居住地为准。

第十一条

销售合同无须以书面订立或证明，在形式方面不受任何其他条件的限制。销售合同可以用包括证明人在内的任何方式证明。

第十二条

本公约第十一条、第二十九条或第二部分准许的销售合同或其更改或根据协议终止，或者任何发盘、接受或其他意旨表示得以书面以外任何形式做出的任何规定不适用，如果任何一方当事人的营业地是在已按照本公约第九十六条做出了声明的一个缔约国内。各当事人不得减损本条或改变其效力。

第十三条

为本公约的目的，“书面”包括电报和电传。

第二部分　合同的订立

第十四条

（1）向一个或一个以上特定的人提出的订立合同的建议，如果十分确定，并且表明发盘人在得到接受时承受约束的意旨，即构成发盘。一个建议如果写明货物并且明示或暗示地规定数量和价格或规定如何确定数量和价格，即为十分确定。

（2）非向一个或一个以上特定的人提出的建议，仅应视为邀请做出发盘，除非提出建议的人明确地表示相反的意向。

第十五条

（1）发盘于送达受盘人时生效。

（2）一项发盘，即使是不可撤销的，也可以撤回，如果撤回的通知在发盘到达受盘人之前或同时到达受盘人。

第十六条

（1）在未订立合同之前，发盘可以撤销，如果撤销的通知于受盘人发出接受通知之前送达受盘人。

（2）但在下列情况下，发盘不得撤销：

（a）发盘中写明了发盘的有效期或以其他方式表示发盘是不可撤销的；或

（b）受盘人有理由信赖该发盘是不可撤销的，而且受盘人已本着对该发盘的信赖行事。

第十七条

一项发盘，即使是不可撤销的，也应于拒绝通知送达发盘人时终止。

第十八条

（1）受盘人声明或做出其他行为表示同意一项发盘，即为接受，沉默或不行动本身不等于接受。

（2）接受发盘于表示同意的通知送达发盘人时生效。如果表示同意的通知在发盘人所规定的时间内，如未规定时间，在一段合理的时间内，未曾送达发盘人，接受就成为无效，但须适当地考虑到交易的情况，包括发盘人所使用的通信方法的迅速程序。对口头发盘必须立即接受，但情况有别者不在此限。

（3）但是，如果根据该项发盘或者依照当事人之间确立的习惯做法或惯例，受盘人可以做出某种行为，例如与发运货物或支付价款有关的行为，来表示同意，而无须向发盘人发出通知，则接受于该项行为做出时生效，但该项行为必须在上一款规定的期限内做出。

第十九条

(1) 对发盘表示接受但载有添加、限制或其他更改的答复，即为拒绝该项发盘，并构成还盘。

(2) 但是，对发盘表示接受但载有添加或不同条件的答复，如所载的添加或不同条件在实质上并不改变该项发盘的条件，除发盘人在不过分迟延的期间内以口头或书面通知反对其差异外，仍构成接受。如果发盘人不做出这种反对，合同的条件就以该项发盘的条件以及接受通知内所载的更改为准。

(3) 有关货物价格、付款、货物质量和数量、交货地点和时间、一方当事人对另一方当事人赔偿责任范围或解决争端等的添加或不同条件，均视为实质性变更发盘的条件。

第二十条

(1) 发盘人在电报或信件内规定的接受期间，从电报交发时刻或信上载明的发信日期起算，如信上未载明发信日期，则从信封上所载日期起算。发盘人以电话、电传或其他快速通信方法规定的接受期间，从发盘送达受盘人时起算。

(2) 在计算接受期间时，接受期间内的正式假日或非营业日应计算在内。但是，如果接受通知在接受期间的最后1天未能送到发盘人的地址，因为那天在发盘人营业地是正式假日或非营业日，则接受期间应顺延至下一个营业日。

第二十一条

(1) 迟到的接受仍具有接受的效力，如果发盘人毫不迟延地用口头或书面将此种意见通知受盘人。

(2) 如果载有迟到的接受的信件或其他书面文件表明，它在传递正常的情况下是能够及时送达发盘人的，则该项迟到的接受仍具有接受的效力，除非发盘人毫不迟延地用口头或书面方式通知受盘人，他认为发盘已经失效。

第二十二条

接受得予撤回，如果撤回的通知于接受原应生效之前或同时送达发盘人。

第二十三条

合同于按照本公约规定对发盘的接受生效时订立。

第二十四条

为公约本部分的目的，发盘、接受声明或任何其他意旨表示“送达”对方，系指用口头通知对方或通过任何其他方法送交对方本人，或其营业地或通信地址，如无营业地或通信地址，则送交对方惯常居住地。

第三部分　货物销售

第一章　总则

第二十五条

一方当事人违反合同的结果，如使另一方当事人蒙受损害，以致实际上剥夺了他根据合同规定有权期待得到的东西，即为根本违反合同，除非违反合同一方并不预知而且一个同等资格、通情达理的人处于相同情况中也没有理由预知会发生这种结果。

第二十六条

宣告合同无效的声明，必须向另一方当事人发出通知，方始有效。

第二十七条

除非公约本部分另有明文规定，当事人按照本部分的规定，以适合情况的方法发出任何通知、要求或其他通知后，这种通知如在传递上发生耽搁或错误，或者未能到达，并不使该当事人丧失依靠该项通知的权利。

第二十八条

如果按照本公约的规定，一方当事人有权要求另一方当事人履行某一义务，法院没有义务做出判决，要求具体履行此一义务，除非法院依照其本身的法律对不属本公约范围的类似销售合同愿意这样做。

第二十九条

（1）合同只需双方当事人协议，就可更改或终止。

（2）规定任何更改或根据协议终止必须以书面做出的书面合同，不得以任何其他方式更改或根据协议终止。但是，一方当事人的行为，如经另一方当事人寄以信赖，就不得坚持此项规定。

第二章　卖方的义务

第三十条

卖方必须按照合同和本公约的规定，交付货物，移交一切与货物有关的单据并转移货物所有权。

第一节　交付货物和移交单据

第三十一条

如果卖方没有义务要在任何其他特定地点交付货物，则他的交货义务如下：

（a）如果销售合同涉及货物的运输，卖方应把货物移交给第一承运人，以运交给买方。

（b）在不属于上款规定的情况下，如果合同指的是特定货物或从特定存货中提取的或尚待制造或生产的未经特定化的货物，而双方当事人在订立合同时已知道这些货物是在某一特定地点，或将在某一特定地点制造或生产，卖方应在该地点把货物交给买方处置。

（c）在其他情况下，卖方应在他于订立合同时的营业地把货物交给买方处置。

第三十二条

（1）如果卖方按照合同或本公约的规定将货物交付给承运人，但货物没有以货物上加标记或以装运单据或其他方式清楚地注明有关合同，卖方必须向买方发出列明货物的发货通知。

（2）如果卖方有义务安排货物的运输，他必须订立必要的合同，以按照通常运输条件，用适合情况的运输工具，把货物运到指定地点。

（3）如果卖方没有义务对货物的运输办理保险，他必须在买方提出要求时，向买方提供一切现有的必要资料，使他能够办理这种保险。

第三十三条

卖方必须按以下规定的日期交付货物：

(a) 如果合同规定有日期，或从合同可以确定日期，应在该日期交货。

(b) 如果合同规定有一段时间，或从合同可以确定一段时间，除非情况表明应由买方选定一个日期外，应在该段时间内任何时候交货；或者

(c) 在其他情况下，应在订立合同后一段合理时间内交货。

第三十四条

如果卖方有义务移交与货物有关的单据，他必须按照合同所规定的时间、地点和方式移交这些单据。如果卖方在那个时间以前已移交这些单据，他可以在那个时间到达前纠正单据中任何不符合同规定的情形，但是，此一权利的行使不得使买方遭受不合理的不便或承担不合理的开支。但是，买方保留本公约所规定的要求损害赔偿的任何权利。

第二节　货物相符与第三方要求

第三十五条

(1) 卖方交付的货物必须与合同所规定的数量、质量和规格相符，并须按照合同所规定的方式装箱或包装。

(2) 除双方当事人业已另有协议外，货物除非符合以下规定，否则即为与合同不符：

(a) 货物适用于同一规格货物通常使用的目的。

(b) 货物适用于订立合同时曾明示或默示地通知卖方的任何特定目的，除非情况表明买方并不依赖卖方的技能和判断力，或者这种依赖对他是不合理的。

(c) 货物的质量与卖方向买方提供的货物样品或样式相同。

(d) 货物按照同类货物通用的方式装箱或包装，如果没有此种通用方式，则按照足以保全和保护货物的方式装箱或包装。

(3) 如果买方在订立合同时知道或者不可能不知道货物不符合同，卖方就无须按上一款 (a) 项至 (d) 项负有此种不符合同的责任。

第三十六条

(1) 卖方应按照合同和本公约的规定，对风险移转到买方时所存在的任何不符合同情形，负有责任，即使这种不符合同情形在该时间后方始明显。

(2) 卖方对在上一款所述时间后发生的任何不符合同情形，也应负有责任，如果这种不符合同情形是由于卖方违反他的某项义务所致，包括违反关于在一段时间内货物将继续适用于其通常使用的目的或某种特定目的，或将保持某种特定质量或性质的任何保证。

第三十七条

如果卖方在交货日期前交付货物，他可以在那个日期到达前，交付任何缺漏部分或补足所交付货物的不足数量，或交付用以替换所交付不符合同规定的货物，或对所交付货物中任何不符合同规定的情形做出补救，但是，此一权利的行使不得使买方遭受不合理的不便或承担不合理的开支。但是，买方保留本公约所规定的要求损害赔偿的任何权利。

第三十八条

(1) 买方必须在按情况实际可行的最短时间内检验货物或由他人检验货物。

（2）如果合同涉及货物的运输，检验可推迟到货物到达目的地后进行。

（3）如果货物在运输途中改运或买方须再发运货物，没有合理机会加以检验，而卖方在订立合同时已知道或理应知道这种改运或再发运的可能性，检验可推迟到货物到达新目的地后进行。

第三十九条

（1）买方对货物不符合同，必须在发现或理应发现不符情形后一段合理时间内通知卖方，说明不符合同情形的性质，否则就丧失声称货物不符合同的权利。

（2）无论如何，如果买方不在实际收到货物之日起两年内将货物不符合同情形通知卖方，他就丧失声称货物不符合同的权利，除非这一时限与合同规定的保证期限不符。

第四十条

如果货物不符合同规定指的是卖方已知道或不可能不知道而又没有告知买方的一些事实，则卖方无权援引第三十八条和第三十九条的规定。

第四十一条

卖方所交付的货物，必须是第三方不能提出任何权利或要求的货物，除非买方同意在这种权利或要求的条件下，收取货物。但是，如果这种权利或要求是以工业产权或其他知识产权为基础的，卖方的义务应依照第四十二条的规定。

第四十二条

（1）卖方所交付的货物，必须是第三方不能根据工业产权或其他知识产权主张任何权利或要求的货物，但以卖方在订立合同时已知道或不可能不知道的权利或要求为限，而且这种权利或要求根据以下国家的法律规定是以工业产权或其他知识产权为基础的：

（a）如果双方当事人在订立合同时预期货物将在某一国境内转售或做其他使用，则根据货物将在其境内转售或做其他使用的国家的法律；或者

（b）在任何其他情况下，根据买方营业地所在国家的法律。

（2）卖方在上一款中的义务不适用于以下情况：

（a）买方在订立合同时已知道或不可能不知道此项权利或要求；或者

（b）此项权利或要求的发生，是由于卖方要遵照买方所提供的技术图样、图案、程式或其他规格。

第四十三条

（1）买方如果不在已知道或理应知道第三方的权利或要求后一段合理时间内，将此一权利或要求的性质通知卖方，就丧失援引第四十一条或第四十二条规定的权利。

（2）卖方如果知道第三方的权利或要求以及此一权利或要求的性质，就无权援引上一款的规定。

第四十四条

尽管有第三十九条第（1）款和第四十三条第（1）款的规定，买方如果对他未发出所需的通知具备合理的理由，仍可按照第五十条规定降低价格，或要求利润损失以外的损害赔偿。

第三节　卖方违反合同的补救办法

第四十五条

(1) 如果卖方不履行他在合同和本公约中的任何义务，买方可以：

(a) 行使第四十六条至第五十二条所规定的权利。

(b) 按照第七十四条至第七十七条的规定，要求损害赔偿。

(2) 买方可能享有的要求损害赔偿的任何权利，不因他行使采取其他补救办法的权利而丧失。

(3) 如果买方对违反合同采取某种补救办法，法院或仲裁庭不得给予卖方宽限期。

第四十六条

(1) 买方可以要求卖方履行义务，除非买方已采取与此要求相抵触的某种补救办法。

(2) 如果货物不符合同，买方只有在此种不符合同情形构成根本违反合同时，才可以要求交付替代货物，而且关于替代货物的要求，必须与依照第三十九条发出的通知同时提出，或者在该项通知发出后一段合理时间内提出。

(3) 如果货物不符合同，买方可以要求卖方通过修理对不符合同之处做出补救，除非他考虑了所有情况之后，认为这样做是不合理的。修理的要求必须与依照第三十九条发出的通知同时提出，或者在该项通知发出后一段合理时间内提出。

第四十七条

(1) 买方可以规定一段合理时限的额外时间，让卖方履行其义务。

(2) 除非买方收到卖方的通知，声称他将不在所规定的时间内履行义务，买方在这段时间内不得对违反合同采取任何补救办法。但是，买方并不因此丧失他对迟延履行义务可能享有的要求损害赔偿的任何权利。

第四十八条

(1) 在第四十九条的条件下，卖方即使在交货日期之后，仍可自付费用，对任何不履行义务做出补救，但这种补救不得造成不合理的迟延，也不得使买方遭受不合理的不便，或无法确定卖方是否将偿付买方预付的费用。但是，买方保留本公约所规定的要求损害赔偿的任何权利。

(2) 如果卖方要求买方表明他是否接受卖方履行义务，而买方不在一段合理时间内对此要求做出答复，则卖方可以按其要求中所指明的时间履行义务。买方不得在该段时间内采取与卖方履行义务相抵触的任何补救办法。

(3) 卖方表明他将在某一特定时间内履行义务的通知，应视为包括根据上一款规定要买方表明决定的要求在内。

(4) 卖方按照本条第 (2) 和第 (3) 款做出的要求或通知，必须在买方收到后，始生效力。

第四十九条

(1) 买方在以下情况下可以宣告合同无效：

(a) 卖方不履行其在合同或本公约中的任何义务，等于根本违反合同；或

(b) 如果发生不交货的情况，卖方不在买方按照第四十七条第 (1) 款规定的

额外时间内交付货物，或卖方声明他将不在所规定的时间内交付货物。

（2）但是，如果卖方已交付货物，买方就丧失宣告合同无效的权利，除非：

（a）对于迟延交货，他在知道交货后一段合理时间内这样做。

（b）对于迟延交货以外的任何违反合同的事情：

（ⅰ）他在已知道或理应知道这种违反合同后一段合理时间内这样做；或

（ⅱ）他在买方按照第四十七条第（1）款规定的任何额外时间满期后，或在卖方声明他将不在这一额外时间履行义务后一段合理时间内这样做；或

（ⅲ）他在卖方按照第四十八条第（2）款指明的任何额外时间满期后，或在买方声明他将不接受卖方履行义务后一段合理时间内这样做。

第五十条

如果货物不符合同，不论价款是否已付，买方都可以降低价格，减价按实际交付的货物在交货时的价值与符合合同的货物在当时的价值两者之差计算。但是，如果卖方按照第三十七条或第四十八条的规定对任何不履行义务做出补救，或者买方拒绝接受卖方按照该两条规定履行义务，则买方不得降低价格。

第五十一条

（1）如果卖方只交付一部分货物，或者交付的货物中只有一部分符合合同规定，第四十六条至第五十条的规定适用于缺漏部分及不符合同规定部分的货物。

（2）买方只有在完全不交付货物或不按照合同规定交付货物等于根本违反合同时，才可以宣告整个合同无效。

第五十二条

（1）如果卖方在规定的日期前交付货物，买方可以收取货物，也可以拒绝收取货物。

（2）如果卖方交付的货物数量大于合同规定的数量，买方可以收取也可以拒绝收取多交部分的货物。如果买方收取多交部分货物的全部或一部分，他必须按合同价格付款。

第三章　买方的义务

第五十三条

买方必须按照合同和本公约规定支付货物价款和收取货物。

第一节　支付价款

第五十四条

买方支付价款的义务包括根据合同或任何有关法律和规章规定的步骤和手续支付价款。

第五十五条

如果合同已有效订立，但没有明示或暗示地规定价格或规定如何确定价格，在没有任何相反表示的情况下，双方当事人应视为已默示地引用订立合同时此种货物在有关贸易的类似情况下销售的通常价格。

第五十六条

如果价格是按货物的重量规定的，如有疑问，应按净重确定。

第五十七条

(1) 如果买方没有义务在任何其他特定地点支付价款，他必须在以下地点向卖方支付价款：

(a) 卖方的营业地；或者

(b) 如凭移交货物或单据支付价款，则为移交货物或单据的地点。

(2) 卖方必须承担因其营业地在订立合同后发生变动而增加的支付方面的有关费用。

第五十八条

(1) 如果买方没有义务在任何其他特定时间内支付价款，他必须于卖方按照合同和本公约规定将货物或控制货物处置权的单据交给买方处置时支付价款。卖方可以支付价款作为移交货物或单据的条件。

(2) 如果合同涉及货物的运输，卖方可以在买方支付价款后方可把货物或控制货物处置权的单据移交给买方作为发运货物的条件。

(3) 买方在未有机会检验货物前，无义务支付价款，除非这种机会与双方当事人议定的交货或支付程序相抵触。

第五十九条

买方必须按合同和本公约规定的日期或从合同和本公约可以确定的日期支付价款，而无须卖方提出任何要求或办理任何手续。

第二节　收取货物

第六十条

买方收取货物的义务如下：采取一切理应采取的行动，以期卖方能交付货物；接收货物。

第三节　买方违反合同的补救办法

第六十一条

(1) 如果买方不履行他在合同和本公约中的任何义务，卖方可以：

(a) 行使第六十二条至第六十五条所规定的权利。

(b) 按照第七十四至第七十七条的规定，要求损害赔偿。

(2) 卖方可能享有的要求损害赔偿的任何权利，不因他行使采取其他补救办法的权利而丧失。

(3) 如果卖方对违反合同采取某种补救办法，法院或仲裁庭不得给予买方宽限期。

第六十二条

卖方可以要求买方支付价款、收取货物或履行他的其他义务，除非卖方已采取与此要求相抵触的某种补救办法。

第六十三条

(1) 卖方可以规定一段合理时限的额外时间，让买方履行义务。

(2) 除非卖方收到买方的通知，声称他将不在所规定的时间内履行义务，卖方不得在这段时间内对违反合同采取任何补救办法。但是，卖方并不因此丧失他对迟延履行义务可能享有的要求损害赔偿的任何权利。

第六十四条

（1）卖方在以下情况下可以宣告合同无效：

（a）买方不履行其在合同或本公约中的任何义务，等于根本违反合同；或

（b）买方不在卖方按照第六十三条第（1）款规定的额外时间内履行支付价款的义务或收取货物，或买方声明他将不在所规定的时间内这样做。

（2）但是，如果买方已支付价款，卖方就丧失宣告合同无效的权利，除非：

（a）对于买方迟延履行义务，他在知道买方履行义务前这样做；或者

（b）对于买方迟延履行义务以外的任何违反合同的事情：

（ⅰ）他在已知道或理应知道这种违反合同后一段合理时间内这样做；或

（ⅱ）他在卖方按照第六十三条第（1）款规定的任何额外时间满期后或在买方声明他将不在这一额外时间内履行义务后一段合理时间内这样做。

第六十五条

（1）如果买方应根据合同规定订明货物的形状、大小或其他特征，而他在议定的日期或在收到卖方的要求后一段合理时间内没有订明这些规格，则卖方在不损害其可能享有的任何其他权利的情况下，可以依照他所知的买方的要求，自己订明规格。

（2）如果卖方自己订明规格，他必须把订明规格的细节通知买方，而且必须规定一段合理时间，让买方可以在该段时间内订出不同的规格。如果买方在收到这种通知后没有在该段时间内这样做，卖方所订的规格就具有约束力。

第四章　风险移转

第六十六条

货物在风险移转到买方承担后遗失或损坏，买方支付价款的义务并不因此解除，除非这种遗失或损坏是由于卖方的行为或不行为所造成。

第六十七条

（1）如果销售合同涉及货物的运输，但卖方没有义务在某一特定地点交付货物，自货物按照销售合同交付给第一承运人以转交给买方时起，风险就移转到买方承担。如果卖方有义务在某一特定地点把货物交付给承运人，在货物于该地点交付给承运人以前，风险不移转到买方承担。卖方被授权保留控制货物处置权的单据，并不影响风险的移转。

（2）但是，在货物以货物上加标记或以装运单据或向买方发出通知或其他方式清楚地注明有关合同以前，风险不移转到买方承担。

第六十八条

对于在运输途中销售的货物，从订立合同时起，风险就移转到买方承担。但是，如果情况表明有此需要，从货物交付给签发载有运输合同单据的承运人时起，风险就由买方承担。尽管如此，如果卖方在订立合同时已知道或理应知道货物已经遗失或损坏，而他又不将这一事实告之买方，则这种遗失或损坏应由卖方负责。

第六十九条

（1）在不属于第六十七条和第六十八条规定的情况下，从买方接收货物时起，

或如果买方不在适当时间内这样做，则从货物交给他处置但他不收取货物从而违反合同时起，风险移转到买方承担。

(2) 但是，如果买方有义务在卖方营业地以外的某一地点接收货物，当交货时间已到而买方知道货物已在该地点交给他处置时，风险方始移转。

(3) 如果合同指的是当时未加识别的货物，则这些货物在未清楚注明有关合同以前，不得视为已交给买方处置。

第七十条

如果卖方已根本违反合同，第六十七条、第六十八条和第六十九条的规定不损害买方因此种违反合同而可以采取的各种补救办法。

第五章 卖方和买方义务的一般规定

第一节 预期违反合同和分批交货合同

第七十一条

(1) 如果订立合同后，另一方当事人由于下列原因显然将不履行其大部分重要义务，一方当事人可以中止履行义务：

(a) 他履行义务的能力或他的信用有严重缺陷；或

(b) 他在准备履行合同或履行合同中的行为。

(2) 如果卖方在上一款所述的理由明显化以前已将货物装运，他可以阻止将货物交给买方，即使买方持有其有权获得货物的单据。本款规定只与买方和卖方间对货物的权利有关。

(3) 中止履行义务的一方当事人不论是在货物装运前还是装运后，都必须立即通知另一方当事人，如经另一方当事人对履行义务提供充分保证，则他必须继续履行义务。

第七十二条

(1) 如果在履行合同日期之前，明显看出一方当事人将根本违反合同，另一方当事人可以宣告合同无效。

(2) 如果时间许可，打算宣告合同无效的一方当事人必须向另一方当事人发出合理的通知，使他可以对履行义务提供充分保证。

(3) 如果另一方当事人已声明他将不履行其义务，则上一款的规定不适用。

第七十三条

(1) 对于分批交付货物的合同，如果一方当事人不履行对任何一批货物的义务，便对该批货物构成根本违反合同，则另一方当事人可以宣告合同对该批货物无效。

(2) 如果一方当事人不履行对任何一批货物的义务，使另一方当事人有充分理由断定对今后各批货物将会发生根本违反合同，该另一方当事人可以在一段合理时间内宣告合同今后无效。

(3) 买方宣告合同对任何一批货物的交付为无效时，可以同时宣告合同对已交付的或今后交付的各批货物均为无效，如果各批货物是互相依存的，不能单独用于双方当事人在订立合同时所设想的目的。

第二节　损害赔偿

第七十四条

一方当事人违反合同应付的损害赔偿额，应与另一方当事人因他违反合同而遭受的包括利润在内的损失额相等。这种损害赔偿不得超过违反合同一方在订立合同时，依照他当时已知道或理应知道的事实和情况，对违反合同预料到或理应预料到的可能损失。

第七十五条

如果合同被宣告无效，而在宣告无效后一段合理时间内，买方已以合理方式购买替代货物，或者卖方已以合理方式把货物转卖，则要求损害赔偿的一方可以取得合同价格和替代货物交易价格之间的差额以及按照第七十四条规定可以取得的任何其他损害赔偿。

第七十六条

（1）如果合同被宣告无效，而货物又有时价，要求损害赔偿的一方，如果没有根据第七十五条规定进行购买或转卖，则可以取得合同规定的价格和宣告合同无效时的时价之间的差额以及按照第七十四条规定可以取得的任何其他损害赔偿。但是，如果要求损害赔偿的一方在接收货物之后宣告合同无效，则应适用接收货物时的时价，而不适用宣告合同无效时的时价。

（2）为上一款的目的，时价是指原应交付货物地点的现行价格，如果该地点没有时价，则指另一合理替代地点的价格，但应适当地考虑货物运费的差额。

第七十七条

声称另一方违反合同的一方，必须按情况采取合理措施，减轻由于该另一方违反合同而引起的损失，包括利润方面的损失。如果他不采取这种措施，违反合同一方可以要求从损害赔偿中扣除原可以减轻的损失数额。

第三节　利息

第七十八条

如果一方当事人没有支付价款或任何其他拖欠金额，另一方当事人有权对这些款额收取利息，但不妨碍要求按照第七十四条规定可以取得的损害赔偿。

第四节　免责

第七十九条

（1）当事人对不履行义务不负责任，如果他能证明此种不履行义务，是由于某种非他所能控制的障碍，而且对于这种障碍，没有理由预期他在订立合同时能考虑到或能避免或克服它或它的后果。

（2）如果当事人不履行义务是由于他所雇用履行合同的全部或一部分规定的第三方不履行义务所致，该当事人只有在以下情况下才能免除责任：

（a）他按照上一款的规定应免除责任；和

（b）假如该项的规定也适用于他所雇用的人，这个人也同样会免除责任。

（3）本条所规定的免责对障碍存在的期间有效。

（4）不履行义务的一方必须将障碍及其对他履行义务能力的影响通知另一方。

如果该项通知在不履行义务的一方已知道或理应知道此一障碍后一段合理时间内仍未为另一方收到，则他对由于另一方未收到通知而造成的损害应负赔偿责任。

(5) 本条规定不妨碍任何一方行使本公约规定的要求损害赔偿以外的任何权利。

第八十条

一方当事人因其行为或不行为而使得另一方当事人不履行义务时，不得声称该另一方当事人不履行义务。

第五节　宣告合同无效的效果

第八十一条

(1) 宣告合同无效解除了双方在合同中的义务，但应负责的任何损害赔偿仍应负责。宣告合同无效不影响合同关于解决争端的任何规定，也不影响合同中关于双方在宣告合同无效后权利和义务的任何其他规定。

(2) 已全部或局部履行合同的一方，可以要求另一方归还他按照合同供应的货物或支付的价款，如果双方都须归还，他们必须同时这样做。

第八十二条

(1) 买方如果不可能按实际收到货物的原状归还货物，他就丧失宣告合同无效或要求卖方交付替代货物的权利。

(2) 上一款的规定不适用于以下情况：

(a) 如果不可能归还货物或不可能按实际收到货物的原状归还货物，并非由于买方的行为或不行为所造成；或者

(b) 如果货物或其中一部分的毁灭或变坏，是由于按照第三十八条规定进行检验所致；或者

(c) 如果货物或其中一部分，在买方发现或理应发现与合同不符以前，已为买方在正常营业过程中售出，或在正常使用过程中消费或改变。

第八十三条

买方虽然依第八十二条规定丧失宣告合同无效或要求卖方交付替代货物的权利，但是根据合同和本公约规定，他仍保有采取一切其他补救办法的权利。

第八十四条

(1) 如果卖方有义务归还价款，他必须同时从支付价款之日起支付价款利息。

(2) 在以下情况下，买方必须向卖方说明他从货物或其中一部分得到的一切利益：

(a) 如果他必须归还货物或其中一部分；或者

(b) 如果他不可能归还全部或一部分货物，或不可能按实际收到货物的原状归还全部或一部分货物，但他已宣告合同无效或已要求卖方支付替代货物。

第六节　保全货物

第八十五条

如果买方推迟收取货物，或在支付价款和交付货物应同时履行时，买方没有支付价款，而卖方仍拥有这些货物或仍能控制这些货物的处置权，卖方必须按情况采

取合理措施，以保全货物。他有权保有这些货物，直至买方把他所付的合理费用偿还他为止。

第八十六条

（1）如果买方已收到货物，但打算行使合同或本公约规定的任何权利把货物退回，他必须按情况采取合理措施，以保全货物。他有权保有这些货物，直至卖方把他所付的合理费用偿还给他为止。

（2）如果发运给买方的货物已到达目的地，并交给买方处置，而买方行使退货权利，则买方必须代表卖方收取货物，除非他这样做需要支付价款而且会使他遭受不合理的不便或需承担不合理的费用。如果卖方或授权代表他掌管货物的人也在目的地，则此规定不适用。如果买方根据本款规定收取货物，他的权利和义务与上一款所规定的相同。

第八十七条

有义务采取措施以保全货物的一方当事人，可以把货物寄放在第三方的仓库，由另一方当事人担负费用，但该项费用必须合理。

第八十八条

（1）如果另一方当事人在收取货物或收回货物或支付价款或保全货物费用方面有不合理的迟延，按照第八十五条或第八十六条规定有义务保全货物的一方当事人，可以采取任何适当办法，把货物出售，但必须事前向另一方当事人发出合理的意向通知。

（2）如果货物易于迅速变坏，或者货物的保全牵涉到不合理的费用，则按照第八十五条或第八十六条规定有义务保全货物的一方当事人，必须采取合理措施，把货物出售，在可能的范围内，他必须把出售货物的打算通知另一方当事人。

（3）出售货物的一方当事人，有权从销售所得收入中扣回为保全货物和销售货物而付的合理费用。他必须向另一方当事人说明所余款项。

第四部分　最后条款

第八十九条

兹指定联合国秘书长为本公约保管人。

第九十条

本公约不优于业已缔结或可以缔结并载有与属于本公约范围内事项有关的条款的任何国际协定，但以双方当事人的营业地均在这种协定的缔约国内为限。

第九十一条

（1）本公约在联合国国际货物销售合同会议闭幕会议上开放签字，并在纽约联合国总部继续开放签字，直至 1981 年 9 月 30 日为止。

（2）本公约须经签字国批准、接受或核准。

（3）本公约从开放签字之日起开放给所有非签字国加入。

（4）批准书、接受书、核准书和加入书应送交联合国秘书长存放。

第九十二条

（1）缔约国可在签字、批准、接受、核准或加入时声明他不受本公约第二部分的约束或不受本公约第三部分的约束。

（2）按照上一款规定就本公约第二部分或第三部分做出声明的缔约国，在该声明适用的部分所规定事项上，不得视为本公约第一条第（1）款范围内的缔约国。

第九十三条

（1）如果缔约国具有两个或两个以上的领土单位，而依照该国宪法规定、各领土单位对本公约所规定的事项适用不同的法律制度，则该国得在签字、批准、接受、核准或加入时声明本公约适用于该国全部领土单位或仅适用于其中的一个或数个领土单位，并且可以随时提出另一声明来修改其所做的声明。

（2）此种声明应通知保管人，并且明确地说明适用本公约的领土单位。

（3）如果根据按本条做出的声明，本公约适用于缔约国的一个或数个但不是全部领土单位，而且一方当事人的营业地位于该缔约国内，则为本公约的目的，该营业地除非位于本公约适用的领土单位内，否则视为不在缔约国内。

（4）如果缔约国没有按照本条第（1）款做出声明，则本公约适用于该国所有领土单位。

第九十四条

（1）对属于本公约范围的事项具有相同或非常近似的法律规则的两个或两个以上的缔约国，可随时声明本公约不适用于营业地在这些缔约国内的当事人之间的销售合同，也不适用于这些合同的订立。此种声明可联合做出，也可以以相互单方面声明的方式做出。

（2）对属于本公约范围的事项具有与一个或一个以上非缔约国相同或非常近似的法律规则的缔约国，可随时声明本公约不适用于营业地在这些非缔约国内的当事人之间的销售合同，也不适用于这些合同的订立。

（3）作为根据上一款所做声明对象的国家如果后来成为缔约国，这项声明从本公约对该新缔约国生效之日起，具有根据第（1）款所做声明的效力，但以该新缔约国加入这项声明，或做出相互单方面声明为限。

第九十五条

任何国家在交存其批准书、接受书、核准书或加入书时，可声明它不受本公约第一条第（1）款（b）项的约束。

第九十六条

本国法律规定销售合同必须以书面订立或书面证明的缔约国，可以随时按照第十二条的规定，声明本公约第十一条、第二十九条或第二部分准许的销售合同或其更改或根据协议终止，或者任何发盘、接受或其他意旨表示得以书面以外任何形式做出的任何规定不适用，如果任何一方当事人的营业地是在该缔约国内。

第九十七条

（1）根据本公约规定在签字时做出的声明，须在批准、接受或核准时加以确认。

（2）声明和声明的确认，应以书面提出，并应正式通知保管人。

（3）声明在本公约对有关国家开始生效时同时生效。但是，保管人于此种生效后收到正式通知的声明，应于保管人收到声明之日起6个月后的第1个月第1天生效。根据第九十四条规定做出的相互单方面声明，应于保管人收到最后一份声明之日起6个月后的第1个月第1天生效。

（4）根据本公约规定做出声明的任何国家可以随时以书面形式正式通知保管人撤回该项声明。此种撤回于保管人收到通知之日起6个月后的第1个月第1天生效。

（5）撤回根据第九十四条做出的声明，自撤回生效之日起，就会使另一国家根据该条所做的任何相互声明失效。

第九十八条

除本公约明文许可的保留外，不得做任何保留。

第九十九条

（1）在本条第（6）款规定的条件下，本公约在第10件批准书、接受书、核准书或加入书、包括载有根据第九十二条规定做出的声明的文书交存之日起12月后的第1个月第1天生效。

（2）在本条第（6）款规定的条件下，对于在第10件批准书、接受书、核准书或加入书交存后才批准、接受、核准或加入本公约的国家，本公约在该国交存其批准书、接受书、核准车或加入书之日起12个月后的第1个月第1天对该国生效，但不适用的部分除外。

（3）批准、接受、核准或加入本公约的国家，如果是1964年7月1日海牙签订的《关于国际货物销售合同的订立统一法公约》（《1964年海牙订立合同公约》）和1964年7月1日在海牙签订的《关于国际货物销售统一法的公约》（《1964年海牙货物销售公约》）中一项或两项公约的缔约国，应按情况同时通知荷兰政府声明退出《1964年海牙货物销售公约》或《1964年海牙订立合同公约》）或退出该两公约。

（4）凡为《1964年海牙货物销售公约》缔约国并批准、接受、核准或加入本公约和根据第九十二条规定声明或业已声明不受本公约第二部分约束的国家，应于批准、接受、核准或加入时通知荷兰政府声明退出《1964年海牙货物销售公约》。

（5）凡为《1964年海牙订立合同公约》缔约国并批准、接受、核准或加入本公约和根据第九十二条规定声明或业已声明不受本公约第三部分约束的国家，应于批准、接受、核准或加入时通知荷兰政府声明退出《1964年海牙订立合同公约》。

（6）为本条的目的，《1964年海牙订立合同公约》或《1964年海牙货物销售公约》的缔约国的批准、接受、核准或加入本公约，应在这些国家按照规定退出该两公约生效后方始生效。本公约保管人应与1964年两公约的保管人荷兰政府进行协商，以确保在这方面进行必要的协调。

第一百条

（1）本公约适用于合同的订立，只要订立该合同的建议是在本公约对第一条第（1）款（a）项所指缔约国或第一条第（1）款（b）项所指缔约国生效之日或其后做出的。

（2）本公约只适用于在它对第一条第（1）款（a）项所指缔约国或第一条第（1）款（b）项所指缔约国生效之日或其后订立的合同。

第一百零一条

（1）缔约国可以以书面形式正式通知保管人声明退出本公约，或本公约第二部分或第三部分。

（2）退出于保管人收到通知12个月后的第1个月第1天起生效。凡通知内订明一段退出生效的更长时间，则退出于保管人收到通知后该段更长时间期满时起生效。

1980年4月11日订于维也纳，正本1份，其阿拉伯文本、中文本、英文本、法文本、俄文本和西班牙文本都具有同等效力。

下列全权代表，经各自政府正式授权，在本公约上签字，以资证明。

本公约于1988年1月1日生效。

参考文献

[1] 查德利. 国际贸易实务 [M]. 重庆：重庆大学出版社，2002.
[2] 冷柏军. 国际贸易实务 [M]. 北京：高等教育出版社，2008.
[3] 黎孝先. 国际贸易实务 [M]. 北京：中国人民大学出版社，2008.
[4] 梁树新，张宏. 国际贸易实务教程 [M]. 北京：人民邮电出版社，2007.
[5] 叶劲松. 国际贸易实务 [M]. 北京：中国纺织出版社，2009.
[6] 王斌义，顾永才. 进口贸易操作 15 步 [M]. 北京：首都经济贸易大学出版社，2006.
[7] 罗农. 进出口贸易实训及案例分析 [M]. 北京：中国人民大学出版社，2006.
[8] 余世明. 国际贸易实务 [M]. 广州：暨南大学出版社，2005.
[9] 孟祥年. 国际贸易实务操作教程 [M]. 北京：对外经济贸易大学出版社，2005.
[10] 余世明，丛凤英. 国际商务单证 [M]. 广州：暨南大学出版社，2003.
[11] 吴百福，徐小薇. 进出口贸易实务教程 [M]. 5 版. 上海：上海人民出版社，2007.
[12] 陈红蕾. 国际贸易实务 [M]. 广州：暨南大学出版社，2001.
[13] 彭福永. 国际贸易实务教程 [M]. 2 版. 上海：上海财经大学出版社，2000.
[14] 侯海英，栾红. 国际贸易业务实训 [M]. 北京：经济科学出版社，2007.
[15] 王斌义，顾永才. 出口贸易操作 20 步 [M]. 北京：首都经济贸易大学出版社，2006.
[16] 刘文广. 国际贸易实务 [M]. 大连：东北财经大学出版社，2007.
[17] 钟昌标. 国际贸易实务 [M]. 北京：中央广播电视大学出版社，2010.
[18] 李成钢. 国际贸易岗位综合实训 [M]. 上海：上海财经大学出版社，2006.
[19] 姚新超. 国际贸易惯例与规则实务 [M]. 北京：对外经济贸易大学出版社，2005.
[20] 叶陈云，叶陈刚. 国际结算 [M]. 上海：复旦大学出版社，2007.
[21] 姜学军. 国际结算 [M]. 大连：东北财经大学出版社，2003.
[22] 石玉川，徐进亮. 进出口交易与案例 [M]. 北京：中国纺织出版社，2008.